本书为国家社科基金重大招标项目"汉代铜器资料整理及其综合研究"（项目编号：19ZDA197）的阶段性成果，同时得到湖南大学岳麓书院发展基金、湖南大学科研启动费（中央高校基本科研业务费）的资助。

鐎 斗 考

吴小平　著

科学出版社
北京

内 容 简 介

作为中古时期一种特殊的器具,鐎斗的用途和时代引起学界较大的争议,其根本原因在于资料的收集、研究方法的系统性和研究视角存在差异。本书首次系统收集了所有公开发表的材料,尝试构建完整的鐎斗演变体系,以此观察其从江东地域性器类逐渐演变为全国性器类的过程。在此基础上,进一步探讨了其对丧葬习俗的影响,从而揭示出中古时期社会生活和丧葬习俗的重大变化。

本书可供考古学、历史学等学科研究者,以及相关专业的高等院校师生参考、阅读。

图书在版编目(CIP)数据

鐎斗考 / 吴小平著. -- 北京:科学出版社,2024.11
ISBN 978-7-03-077287-9

Ⅰ.①鐎… Ⅱ.①吴… Ⅲ.①茶具-发展史-研究-中国 Ⅳ.①K875.24

中国国家版本馆CIP数据核字(2023)第251749号

责任编辑:柴丽丽 / 责任校对:韩 杨
责任印制:肖 兴 / 封面设计:程星涛

科学出版社 出版
北京东黄城根北街 16 号
邮政编码:100717
http://www.sciencep.com
北京中科印刷有限公司印刷
科学出版社发行 各地新华书店经销

*

2024年11月第 一 版 开本:787×1092 1/16
2024年11月第一次印刷 印张:16 1/2
字数:388 000
定价:180.00元
(如有印装质量问题,我社负责调换)

前　言

本书要讨论的鐎斗，是一种三足带柄器。对这种器物名称的认定，学界走过了漫长的道路。

最早提到鐎斗的是东汉时期的许慎，其《说文解字》云"鐎，鐎斗也，从金焦声"①。可知鐎斗在东汉时期便已出现，但把鐎认定为鐎斗则未必。因为考古所出不少自铭为"鐎"的器物，多属鐎壶。例如，太原东太堡出土一件西汉时期的鐎壶，上面即铭刻"瓶□主""瓶□主。（盖钮左侧）鐎。第二。容三升，重六斤五两。（右侧）孙氏家（器柄）""孙氏家"②；《秦汉金文录》卷四记载一件，铭刻"富平候家铜温酒鐎一，容三升，重三斤六两。元延三年十二月辛未造。第一"③，可知，西汉时期鐎壶也被称为鐎。鐎壶盛行于西汉时期，进入东汉后急剧衰落，在许慎生活的东汉中期前后，黄淮及以北地区鐎壶基本消亡殆尽。也恰恰因为鐎壶消失在大众日常视野内的缘故，才产生对鐎进行阐释的需要，故也不难理解许慎对其解释而产生的偏差。

之后很长时间世人对鐎或鐎斗的解释未摆脱许慎的影响。梁代顾野王《大广益会玉篇》卷十八"鐎，温器，有柄也"④；唐代颜师古注《急就篇》云"鐎谓鐎斗，温器也，似铫而无缘"⑤；唐代《一切经音义》卷十五"索鐎"条引《韵集》"鐎，温器也，三足有柄"⑥。根据这些描述，很难对鐎斗与鐎壶进行区分，因为根据考古所出可知鐎壶也有三足和柄，亦属温器。不过，南朝至唐代鐎壶罕见。

至宋代，对鐎斗造型的描述则十分具体。赵希鹄在《洞天清录》中云"鐎斗，

---

①　（汉）许慎：《说文解字》，中华书局，1963年，第295页。

②　戴尊德：《太原东太堡发现西汉孙氏家铜鐎》，《考古》1982年第5期；徐正考：《汉代铜器铭文综合研究》附录二《汉代铜器铭文汇集》，作家出版社，2007年，第354页。

③　容庚编著：《秦汉金文录》，中华书局，2012年，第399、474页。

④　（梁）顾野王：《大广益会玉篇》，中华书局，1987年，第83页。

⑤　（汉）史游：《急就篇》，岳麓书社，1989年，第160页。

⑥　（唐）释慧琳：《一切经音义》，中华书局，1985年，第726页。

亦如今有柄铫子，而加三足"①。但问题是，铫的形制如何？

据唐代《一切经音义》卷十四"须铫"条云"铫形似铛而无脚，上加踞龙为攀也"②；明代《正字通》亦云："今釜之小而有柄有流者亦曰铫"③。若据《一切经音义》，则又涉及铛。

据《太平御览》卷七百五十七器物部"铛"引《通俗文》云"鬴有足曰铛"④；《古今通韵》卷六："铛釜属，有耳足者"⑤。

综合上述文献的描述，大致可知鐎斗、铛和铫造型接近，均为釜属。其中，鐎斗有鋬和足，口沿有流；铛则有足和耳；铫则有柄而无足，部分有流。当然，鉴于所据文献的时代，其记载只能反映出唐宋元明时期器物的特征。

清末端方《陶斋吉金录》卷六著录一件青铜器⑥，刻"建始二年六月十四日中尚方造铜鐎斗重三斤九两容一斗"铭文，且提供了可直观的线图。据图可知其器形特征为：器身为盆铞，三蹄足，一侧有龙首曲柄。由于"建始二年"鐎斗有图和自铭，有关鐎斗造型的争论渐趋平息，但对其功能的认识依旧难以统一，一些主要的研究观点如下。

马衡认为"鐎斗，温器也。三足有柄，所以煮物"⑦。徐家珍在对比熨斗、鐎斗和刁斗的基础上，认为鐎斗即刁斗，有三足和柄⑧。林巳奈夫认为鐎斗可加热液体，与铫相似⑨。孙机认为鐎斗为温酒器，唐代让位于铛⑩。张小东认为鐎斗源自鐎壶，属日常炊器，与刁斗有别⑪。朱启新认为刁斗和鐎斗实属同类，仅使用者的地位、身份导致器形有别，均属炊器⑫。《中国陶瓷史》认为，"鐎斗，器身作洗形，腹部装横柄一个，底部安有三足，它常与形状如钵、胎壁较厚、口缘安有对称的半环形双

① （宋）赵希鹄等：《洞天清录》（外二种），浙江人民美术出版社，2016年，第28页。

② （唐）释慧琳：《一切经音义》，中华书局，1985年，第657页。

③ （明）张自烈编，（清）廖文英补：《正字通》（下），国际文化出版公司，1996年，第1275页。

④ （宋）李昉等：《太平御览》（七），上海古籍出版社，2008年，第690页。

⑤ （清）毛奇龄：《古今通韵》卷六，《景印文渊阁四库全书》第240册，台湾商务印书馆，1982年，第2页。

⑥ （清）端方：《陶斋吉金录》（下），朝华出版社，2018年，第701页。

⑦ 马衡：《凡将斋金石丛稿》，中华书局，1977年，第49页。

⑧ 徐家珍：《"熨斗"和"鐎斗"、"刁斗"》，《文物参考资料》1958年第1期。

⑨ 〔日〕林巳奈夫：《汉代の文物》，京都大学人文科学研究所，1977年，第91页。

⑩ 孙机：《汉代物质文化资料图说》（修定本），中华书局，2020年，第398页。

⑪ 张小东：《鐎斗考》，《故宫博物院院刊》1992年第2期。

⑫ 朱启新：《金桥与刁斗》，《文史知识》2000年第11期。

鼻的火盆共存，说明鑶斗被搁置火盆之中，盆中加放炭火即可用来温食，应该是当时'暖锅'的模仿"①。笔者考察了铜鑶斗的出现、发展和衰落的变化过程，结合共出物品，认为鑶斗并非一般炊器，而是煮茶器具②。李倩楠在收集各种质地器类的基础上，推断鑶斗可能与养生的服石散有关③。

可见，对鑶斗的认识过程大致分为两个阶段：《陶斋吉金录》著录之前，主要围绕形制展开；之后则集中于功能方面。

就形制和功能展开研究，是器物展开研究的基础，鑶斗也不例外。有关鑶斗的形制，学界目前基本无异议，而功能方面则分歧不断，概括起来大致有四种观点：炊器、温食器、煮茶器、养生器。分歧的产生，主要与资料的掌握和考古学研究方法的适用程度有关。显然，对鑶斗的功能进行研究，除了开展器内残留物成分分析外，结合器形的时空变化和共出物品的定性分析进行综合判断无疑是更好的途径。问题是对器形的时空特征的准确把握与否？对共出器物的分析如何？对鑶斗的整个流变过程掌握的程度如何？

另外，对鑶斗的研究亦不能仅仅局限于形制或者用途方面的考证，如鑶斗的流变过程、文化交流、在文化结构中的地位等，也应纳入研究范围。

可见，有关鑶斗的研究仍存在很大的空间。有鉴于此，本文将围绕以下几个方面展开探讨。

（1）对各类鑶斗的时空特征和演变进行系统分析。

（2）根据考古同出物，辅助部分图像及文献材料，对其用途进行综合推定。

（3）以鑶斗为线索，分析各区域的文化交流状况及背景。

（4）结合社会生活史，考察鑶斗流变、衰落的原因。

---

① 中国硅酸盐学会：《中国陶瓷史》，文物出版社，1982年，第125页。

② 吴小平：《铜鑶斗的器形演变及用途考》，《考古》2008年第3期。

③ 李倩楠：《古代鑶斗初步研究》，山西大学硕士学位论文，2018年，第108～111页。

目　　录

插 图 目 录

插 表 目 录

第一章　类型和年代

　　鐎斗的质地有铜、铁和陶瓷三类，各种质地器形特征、数量规模、所处时代及空间区域均有较大差异。为方便观察不同质地鐎斗的特征和差异，探讨其相互的关系，下面便尝试对铜、铁和陶瓷类鐎斗各自特征和演变分别进行讨论。

　　鐎斗的构件较为复杂，有器身、柄、足。其中，足的形态多样，可分（半）圆蹄足[①]、扁蹄足、扁锥形足、狮蹄足、禽蹼足、S形足、扁平足；柄的形态亦复杂，可分直柄（有銎、实心）、曲柄（龙首、兔首）、折柄。鉴于足的地域性更强，而柄不然，故下面先按足的差异进行大的分类。

　　另外，铜鐎斗的数量规模大，种类众多，且发展演变序列完整，故首先对铜鐎斗进行考察。

一、铜　质　类

　　根据足的差异，分（半）圆蹄足、扁锥形足、扁蹄足、扁平足、S形足、禽蹼足、狮蹄足七大类。

第壹类：（半）圆蹄足

根据柄的不同分以下几类。

第一类：有銎直柄

侈口，折沿，弧腹。

---

① 不少鐎斗线图缺乏足的断面，很难区分其属半圆还是圆蹄足，故暂且统一为同类。

所出甚多，基本集中在江东境内。例如，萧山溪头黄M29[①]（图一，1）、龙游东华山M70[②]（图一，2）、长兴七女墩M2[③]、嵊州剡山M68[④]、上虞驮山M28[⑤]、金华马铺岭M1[⑥]、萧山瓜沥[⑦]、高淳固城M1[⑧]、南京栖霞山[⑨]、湖州杨家埠[⑩]等。其他地区如天长槽坊M1[⑪]、贵港深钉岭M12[⑫]（图一，3）、兴安石马坪M10[⑬]也有出土。此外，桐乡、缙云、海宁等博物馆有收藏。

贵港深钉岭M12、金华马铺岭M1、天长槽坊M1、兴安石马坪M10所出墓葬时代在西汉晚期或末期；长兴七女墩M2、嵊州剡山M68、上虞驮山M28、龙游东华山M70、高淳固城M1等所出大致在东汉早期，萧山溪头黄M29为东汉中期，南京栖霞山所出为东汉中晚期。

可知其时代集中在两汉之际至东汉中晚期。

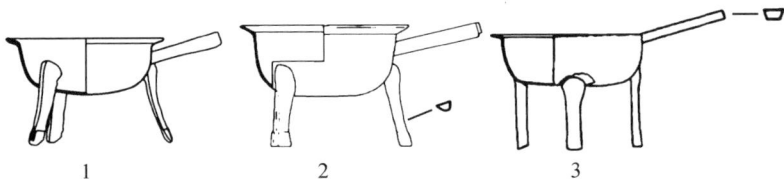

图一　第壹类—第一类［（半）圆蹄足—有銴直柄］铜鐎斗

1. 萧山溪头黄M29　2. 龙游东华山M70　3. 贵港深钉岭M12

---

① 杭州市文物考古研究所、萧山博物馆：《萧山溪头黄战国汉六朝墓》，文物出版社，2018年，第77页。

② 衢州博物馆：《衢州汉墓研究》，文物出版社，2015年，第17页。

③ 胡秋凉：《长兴七女墩墓葬群清理简报》，《东方博物》（第四十三辑），浙江大学出版社，2012年，第30页。

④ 张恒：《浙江嵊州市剡山汉墓》，《东南文化》2004年第2期。

⑤ 浙江省文物考古研究所：《上虞驮山古墓葬发掘》，《沪杭甬高速公路考古报告》，文物出版社，2002年，第233页。

⑥ 金华地区文管会：《浙江省金华马铺岭汉墓》，《考古》1982年第3期。

⑦ 施加农主编：《发现萧山》，西泠印社出版社，2014年，第180页。

⑧ 南京市博物馆：《江苏高淳固城汉墓发掘简报》，《东南文化》1992年第5期。

⑨ 葛家瑾：《南京栖霞山及其附近汉墓清理简报》，《考古》1959年第1期。

⑩ 浙江省博物馆编：《越地范金》，浙江古籍出版社，2009年，第86页。

⑪ 天长市博物馆、天长市文物管理所：《安徽天长市槽坊汉墓群发掘简报》，《文物研究》（第19辑），科学出版社，2012年，第128页。

⑫ 广西壮族自治区文物工作队、贵港市文物管理所：《广西贵港深钉岭汉墓发掘报告》，《考古学报》2006年第1期。

⑬ 广西壮族自治区文物工作队、兴安县博物馆：《兴安石马坪汉墓》，《广西考古文集》，文物出版社，2004年，第249页。

第二类：实心直柄

扁平实心直柄。

根据口沿、足和柄的变化分三式。

Ⅰ式：侈口，窄折沿，矮足，短柄。

六安双龙机床厂M819[①]（图二，1）、安吉五福M1[②]（图二，2）出土。

墓葬时代分别为西汉晚期和东汉早期。

Ⅱ式：沿变宽、略深，形成敞口。

临沂洗砚池M1西[③]出土（图二，3）。

墓葬时代为西晋。

Ⅲ式：口沿有短流，高足，长柄，柄尾端有圆环。

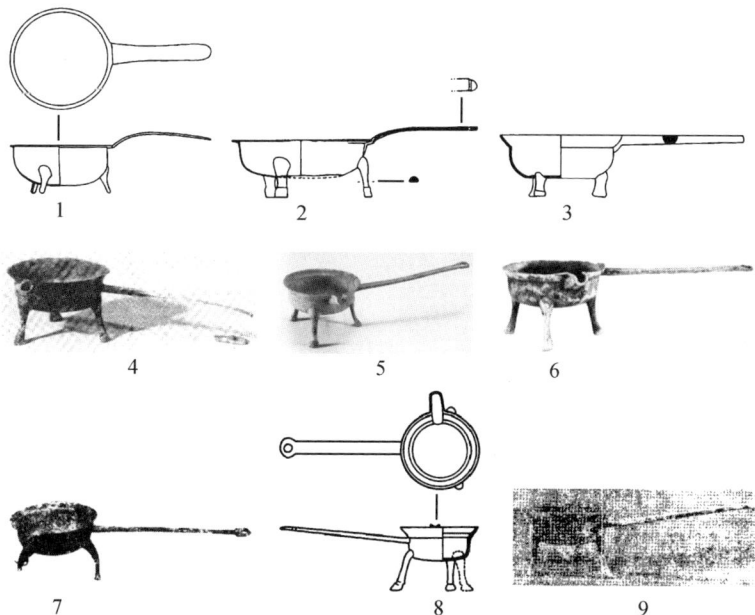

图二 第壹类—第二类［（半）圆蹄足—实心直柄］铜鐎斗

1、2. Ⅰ式（六安双龙机床厂M819、安吉五福M1） 3. Ⅱ式（临沂洗砚池M1西） 4~9. Ⅲ式（长沙黄泥塘M3、南京黑墨营、瑞安山前山M1、昭化宝轮镇M23、大同全家湾M7、广州下塘狮带岗M5）

---

① 安徽省文物考古研究所、武汉大学历史学院考古系、六安市文物局：《安徽六安城东墓地——双龙机床厂墓群发掘报告》（四），上海古籍出版社，2016年，第1523页。

② 浙江省文物考古研究所：《浙江安吉五福第八号墩汉墓》，《东方博物》（第五十三辑），中国书店，2015年，第87页。

③ 山东省文物考古研究所、临沂市文化广电新闻出版局：《临沂洗砚池晋墓》，文物出版社，2016年，第81页。

发现不多，分布较为零散。长沙黄泥塘M3[①]（图二，4）、南京黑墨营[②]（图二，5）、瑞安山前山M1[③]（图二，6）、昭化宝轮镇M23[④]（图二，7）、大同全家湾M7[⑤]（图二，8）、广州下塘狮带岗M5[⑥]（图二，9）出土。

长沙、南京、瑞安、广州所出墓葬时代为东晋，昭化所出墓葬时代为东晋或南朝初期，大同所出墓葬时代为北魏平城时期。可见，此式的时代为东晋至南北朝早期。

第三类：龙首曲柄

有的柄与口沿有道横梁连接，有的无，其中有横梁的分布地域十分集中。据此分两小类。

甲类：无横梁。

根据足根有无兽面装饰分二型。

A型　无装饰。

根据口沿、腹部和足的变化分以下五式。

Ⅰ式：侈口，浅折沿，弧腹，矮蹄足。

苏州吴中区狮子山M1[⑦]（图三，1）、诸城西公村M1[⑧]（图三，2）、南京富贵山M2[⑨]（图三，3）、南京富贵山M4[⑩]（图三，4）、朝阳袁台子M1[⑪]（图三，5）、南京迈皋桥[⑫]（图三，6）出土。

① 湖南省博物馆：《长沙南郊的两晋南朝隋代墓葬》，《考古》1965年第5期。

② 南京市博物馆：《六朝风采》，文物出版社，2004年，第115页。

③ 浙江省博物馆编：《越地范金》，浙江古籍出版社，2009年，第86页。

④ 沈仲常：《四川昭化宝轮镇南北朝时期的崖墓》，《考古学报》1959年第2期。

⑤ 山西省考古研究所、大同市考古研究所：《山西大同南郊全家湾北魏墓（M7、M9）发掘简报》，《文物》2015年第12期。

⑥ 广州市文物管理委员会：《广州市下塘狮带岗晋墓发掘简报》，《考古》1996年第1期。

⑦ 张志新：《江苏吴县狮子山西晋墓清理简报》，《文物资料丛刊》（3），文物出版社，1980年，第135页。

⑧ 诸城县博物馆：《山东省诸城县西晋墓清理简报》，《考古》1985年第12期。

⑨ 南京市博物馆、南京市玄武区文化局：《江苏南京市富贵山六朝墓地发掘简报》，《考古》1998年第8期。

⑩ 南京市博物馆、南京市玄武区文化局：《江苏南京市富贵山六朝墓地发掘简报》，《考古》1998年第8期。

⑪ 辽宁省博物馆文物队、朝阳地区博物馆文物队、朝阳县文化馆：《朝阳袁台子东晋壁画墓》，《文物》1984年第6期。

⑫ 南京市文物保管委员会：《南京迈皋桥西晋墓清理》，《考古》1966年第4期。

图三 第壹类—第三类—甲类A型〔（半）圆蹄足—龙首曲柄—无横梁—足无装饰〕铜鐎斗
1~6. I 式（苏州吴中区狮子山M1、诸城西公村M1、南京富贵山M2、南京富贵山M4、朝阳袁台子M1、
南京迈皋桥） 7~11. II 式（江宁殷巷M1、南京邓府山M1、集安七星山M96、恭城长茶地M2、梧州市郊）
12、13. III 式（义乌义亭、安吉上马山） 14~19. IV 式（孟津朱仓M1、福州屏山M1、郎溪营盘村、定海紫微、
晋江、故宫博物院藏） 20~24. V 式（故宫博物院藏、灌阳古城岗、长沙文物征集、北京拣选、商河县文物
管理所藏）

部分出自纪年墓葬中，如苏州吴中区狮子山为公元295年，诸城西公村为公元285年，南京迈皋桥为公元308年。可知时代大致属西晋时期或略早。

Ⅱ式：沿略宽，蹄足略高。

江宁殷巷M1①（图三，7）、南京邓府山M1②（图三，8）、集安七星山M96③（图三，9）、恭城长茶地M2④（图三，10）、梧州市郊⑤（图三，11）出土。

江宁殷巷墓葬时代为西晋，南京邓府山墓葬时代属东晋。恭城长茶地M2所出虽然为南朝早期，但可能属沿用器。集安七星山M96为高句丽时期。梧州市郊所出大致属东晋。可知时代大致在西晋至东晋十六国前后。

Ⅲ式：口沿变深形成盘口，深直腹，蹄足高，足呈竹节状。

义乌义亭⑥（图三，12）、安吉上马山⑦（图三，13）藏。由于均为博物馆藏品，根据前、后式所处时代，推定在南北朝时期。

Ⅳ式：出现长流。

孟津朱仓M1⑧（图三，14）、福州屏山M1⑨（图三，15）、郎溪营盘村⑩（图三，16）、定海紫微⑪（图三，17）、晋江⑫（图三，18）、故宫博物院⑬（图三，19）所出或所藏。孟津和福州所出墓葬时代为南北朝中晚期。

---

① 南京市博物馆：《南京郊县四座吴墓发掘简报》，《文物资料丛刊》（8），文物出版社，1983年，第6页。

② 南京博物院：《南京邓府山古残墓二次至四次清理简介》，《文物参考资料》1955年第11期，第35页。

③ 集安县文物保管所：《集安县两座高句丽积石墓的清理》，《考古》1979年第1期。

④ 广西壮族自治区文物工作队：《广西恭城新街长茶地南朝墓》，《考古》1979年第2期。

⑤ 广西梧州市博物馆：《梧州市博物馆文物藏品精粹》，印刷品，2013年，第68页。

⑥ 浙江省义乌市博物馆：《义乌文物精粹》，文物出版社，2003年，第138页。

⑦ 钱菲菲：《安吉县博物馆藏青铜鐎斗之我见》，《东方博物》（第六十四辑），中国书店，2017年，第99页。

⑧ 洛阳市文物考古研究院：《洛阳孟津朱仓北魏墓》，《文物》2012年第12期。

⑨ 福建省博物馆：《福州屏山南朝墓》，《考古》1985年第1期。

⑩ 宋永祥：《郎溪县发现一批六朝窖藏铜器》，《文物研究》（第六辑），黄山书社，1990年，第159页。

⑪ 王和平：《浙江定海县发现汉代鐎斗》，《文物资料丛刊》（4），文物出版社，1981年，第222页。

⑫ 承蒙晋江博物馆林清哲先生提供资料。

⑬ 杜迺松主编：《故宫博物院藏文物珍品大系：青铜生活器》，上海科学技术出版社，2007年，第157页。

Ⅴ式：口沿一侧出现鋬，腹部分上下层。

故宫博物院所藏[①]（图三，20）、灌阳古城岗出土[②]（图三，21）、长沙文物征集[③]（图三，22）、北京拣选[④]（图三，23）、商河县文物管理所藏[⑤]（图三，24），时代为唐至北宋。

可见，此类型的变化规律为：侈口、浅折沿—宽、深—盘口；腹部由浅弧腹—深直腹—腹部分上下层；蹄足由矮—高—竹节形；流、鋬从无—有流—鋬。

B型　足根装饰兽面纹。

根据口沿、腹部和足的变化分三式。

Ⅰ式：侈口，浅折沿，浅弧腹，矮蹄足。个别口沿有流。

牟平崑嵛山林场[⑥]（图四，1）、邹城刘宝墓[⑦]（图四，2）、沂水[⑧]（图四，3）、临沂洗砚池[⑨]（图四，4、5）、寿光纪国故城[⑩]（图四，6）、新乡代店村[⑪]（图四，7）、焦作嘉禾屯[⑫]（图四，8）、邳州煎药庙M7[⑬]（图四，9）、青州杨姑桥[⑭]（图四，10）、咸阳平陵M1[⑮]、咸阳头道塬M3[⑯]（图四，11）征集或出土。

① 杜廼松主编：《故宫博物院藏文物珍品大系：青铜生活器》，上海科学技术出版社，2007年，第156页。

② https://www.sohu.com/a/221583918-201548。

③ 长沙市文物局：《长沙市文物征集集锦》，湖南美术出版社，2007年，第24页。

④ 程长新、张先得：《历尽沧桑　重放光华——北京市拣选古代青铜器展览简记》，《文物》1982年第9期。

⑤ 济南市文物局、济南市博物馆、济南市考古研究所：《济南文物精粹》（馆藏卷），文物出版社，2018年，第129页。

⑥ 林仙庭、宋协礼：《山东牟平发现十六国时期文物》，《考古》1994年第2期。

⑦ 山东邹城市文物局：《山东邹城西晋刘宝墓》，《文物》2005年第1期。

⑧ 孔繁刚：《山东沂水一批汉代铜器》，《东南文化》1993年第4期。

⑨ 山东省文物考古研究所、临沂市文化广电新闻出版局：《临沂洗砚池晋墓》，文物出版社，2006年，第37、81页。

⑩ 寿光县博物馆：《纪国故城附近出土一批汉代铜器》，《考古》1984年第1期。

⑪ 冯广瓒、张新斌：《河南省新乡县发现的三国铜器》，《考古与文物》1990年第3期。

⑫ 郭继斌：《焦作市博物馆馆藏文物精粹》，中州古籍出版社，2012年，第119页。

⑬ 南京博物院、邳州市博物馆：《煎药庙西晋墓地》，文物出版社，2023年，第233页。

⑭ 青州市博物馆：《青州杨姑桥遗址调查报告》，《海岱考古》（第五辑），科学出版社，2012年，第246页。

⑮ 咸阳市文物考古研究所：《咸阳十六国墓》，文物出版社，2006年，第90页。

⑯ 咸阳市文物考古研究所：《陕西咸阳市头道塬十六国墓葬》，《考古》2005年第6期。

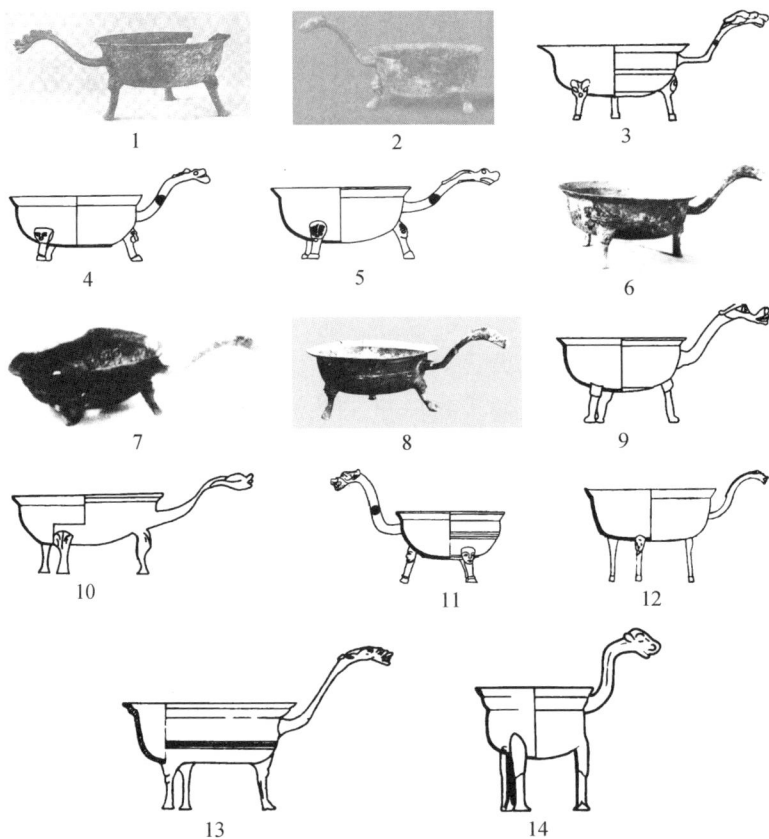

图四　第壹类—第三类—甲类B型［（半）圆蹄足—龙首曲柄—无横梁—足有装饰］铜鐎斗

1~11. Ⅰ式（牟平崗嵛山林场、邹城刘宝墓、沂水征集、临沂洗砚池M1东、临沂洗砚池M1西、寿光纪国故城、新乡代店村、焦作嘉禾屯、邳州煎药庙M7、青州杨姑桥、咸阳头道塬M3）　12、13. Ⅱ式（锦州靠山屯、北票仓粮窖）　14. Ⅲ式（咸阳武帝孝陵）

　　除了咸阳所出墓葬为十六国时期外，其他墓葬的时代均为三国西晋，如邹城刘宝墓的墓葬时代为公元301年。可知Ⅰ式的时代当为西晋，咸阳所出很可能为沿用器。

　　Ⅱ式：足略变高。

　　锦州靠山屯[①]（图四，12）、北票仓粮窖[②]（图四，13）出土。

　　北票所出为前燕初期，锦州所出为后燕。故Ⅱ式时代大致属十六国。

　　Ⅲ式：口沿变深形成盘口，腹近直、深，蹄高，足呈明显两节。

　　咸阳武帝孝陵[③]（图四，14）出土。

---

①　刘谦：《锦州北魏墓清理简报》，《考古》1990年第5期。

②　孙国平、李智：《辽宁北票仓粮窖鲜卑墓》，《文物》1994年第11期。

③　陕西省考古研究所、咸阳市考古研究所：《北周武帝孝陵发掘简报》，《考古与文物》1997年第2期。

咸阳武帝孝陵墓主为北周武帝宇文邕和皇后阿史那氏。前者卒于宣政元年（公元578年），后者卒于开皇八年（公元588年）。即为北朝晚期。

此类型的变化规律为：浅折沿—侈口变深—盘口；浅弧腹变深；足由矮变高。

乙类：有横梁。

根据足根装饰的有无分二型。

A型 无装饰。

根据口沿、腹和足的变化分四式。

Ⅰ式：宽折沿，浅弧腹，矮足。

甘泉潘家圪崂村①（图五，1）出土。

时代大致为十六国或稍后。

Ⅱ式：腹近直，足高。

浙江省博物馆②（图五，2）、土默特旗麦岱村③（图五，3）、西安博物院④（图五，4）、西安凤栖原M9⑤（图五，5）藏或出土。

墓葬时代为十六国至北魏时期。

Ⅲ式：口沿深，形成盘口。

乌审旗郭家梁M5⑥（图五，6）、固原西郊雷祖庙村⑦（图五，7）、卢氏县⑧（图五，8）、隆德博物馆⑨（图五，9）藏或出土。

所出墓葬的时代大致为北朝中晚期。

Ⅳ式：重腹、直，蹄高，足呈现为竹节状。

镇原县博物馆藏⑩（图五，10）。大致属北朝晚期。

---

① 曹玮主编：《陕北出土青铜器》（第二卷），巴蜀书社，2009年，第265页。

② 浙江省博物馆编：《越地范金》，浙江古籍出版社，2009年，第87页。

③ 李逸友：《内蒙古土默特旗出土的汉代铜器》，《考古通讯》1956年第2期。

④ 西安市文物保护考古所：《西安文物精华·青铜器》，世界图书出版公司，2005年，第34页。

⑤ 西安市文物保护考古研究院：《西安凤栖原十六国墓发掘简报》，《文博》2014年第1期。

⑥ 内蒙古自治区文物考古研究所、鄂尔多斯博物馆、乌审旗文物管理所：《内蒙古乌审旗郭家梁村北魏墓葬发掘简报》，《中原文物》2012年第1期。

⑦ 固原县文物工作站：《宁夏固原北魏墓清理简报》，《文物》1984年第6期；宁夏固原博物馆：《固原文物精品图集》（中），宁夏人民出版社，2011年，第110、111页。

⑧ 三门峡市文物考古研究所：《三门峡文物精粹》，北京燕山出版社，2004年，第144、145页。

⑨ 刘世友、高科、夏福德：《宁夏隆德县博物馆收藏的两件鐎斗》，《文物天地》2019年第12期。

⑩ 镇原县博物馆：《镇原博物馆文物精品图集》，甘肃文化出版社，2015年，第131页。

图五　第壹类—第三类—乙类〔（半）圆蹄足—龙首曲柄—有横梁〕铜鐎斗

1. A型Ⅰ式（甘泉潘家圪垏村）　2～5. A型Ⅱ式（浙江省博物馆藏、土默特旗麦岱村、西安博物院藏、
西安凤栖原M9）　6～9. A型Ⅲ式（乌审旗郭家梁M5、固原西郊雷祖庙村、卢氏县、隆德博物馆藏）
10. A型Ⅳ式（镇原县博物馆藏）　11、12. B型（北票冯素弗墓、大同交通苑）

此型的变化趋势为：侈口变盘口；弧腹变直，再至重腹；蹄足变高。

B型　足根装饰兽面纹。

宽折沿，弧腹，圜底，蹄足略高。北票冯素弗墓[1]（图五，11）、大同交通苑[2]（图五，12）出土，圜底近平。

冯素弗墓的时代为公元415年，大同所出属北朝早期，可知乙B型的时代大致属十六国后期至北朝早期。

① 辽宁省博物馆：《北燕冯素弗墓》，文物出版社，2015年，第30页。

② 大同市博物馆编，王利民主编：《平城文物精粹——大同市博物馆馆藏精品录》，江苏凤凰美术出版社，2016年，第57页。

第四类：折柄

柄扁平，前端上斜折。

根据口沿和柄之间有无横梁分两小类。

甲类：无横梁。

根据口沿、腹、足的变化分四式。

Ⅰ式：侈口，浅折沿，浅弧腹，足略高，短流。

南京马群[1]（图六，1）、大余宝珠山[2]（图六，2）出土。

大余所出为公元431年，南京马群墓葬的时代据发掘报告为刘宋时期。可知此式的时代属南朝早期。

Ⅱ式：口沿变深，形成盘口。

句容春城[3]（图六，3）、西安乙弗虬夫妇合葬墓[4]（图六，4）、西安吐谷浑公主与茹茹大将军合葬墓[5]、西安康城恺公柳带韦墓[6]、孟津朱仓北魏墓[7]、洛阳北魏元祉墓[8]、侯马虒祁[9]出土。

句容春城的墓葬时代为公元439年，乙弗虬卒于西魏恭帝元年（554年），葬于次年（555年），夫人席氏卒且葬于隋开皇六年（586年），茹茹大将军墓时代为公元541年，柳带韦墓时代为公元577年，洛阳元祉墓时代为公元529年，侯马虒祁墓为公元516年。可知此式的时代大致为南北朝早期至隋。

Ⅲ式：腹近直、深，流变长。

---

① 南京博物院：《南京马群六朝墓》，《考古》1985年第11期。

② 张小平：《江西大余清理一座南朝宋纪年墓》，《考古》1987年第4期。

③ 镇江博物馆、句容市博物馆：《江苏句容春城南朝宋元嘉十六年墓》，《东南文化》2010年第3期。

④ 西安市文物保护考古研究院：《陕西西安西魏乙弗虬及夫人隋代席氏合葬墓发掘简报》，《考古与文物》2020年第1期。

⑤ 陕西省考古研究院、陕西历史博物馆、长安区旅游民族宗教文物局：《陕西西安西魏吐谷浑公主与茹茹大将军合葬墓发掘简报》，《考古与文物》2019年第4期。

⑥ 西安市文物保护考古研究院：《陕西西安北周康城恺公柳带韦墓发掘简报》，《文博》2020年第5期。

⑦ 洛阳市文物考古研究院：《洛阳孟津朱仓北魏墓》，《文物》2012年第12期。

⑧ 洛阳市文物考古研究院：《洛阳北魏元祉墓》，中州古籍出版社，2018年，第242页。

⑨ 山西省考古研究院：《山西侯马虒祁北魏墓（M1007）发掘简报》，《文物》2021年第2期。

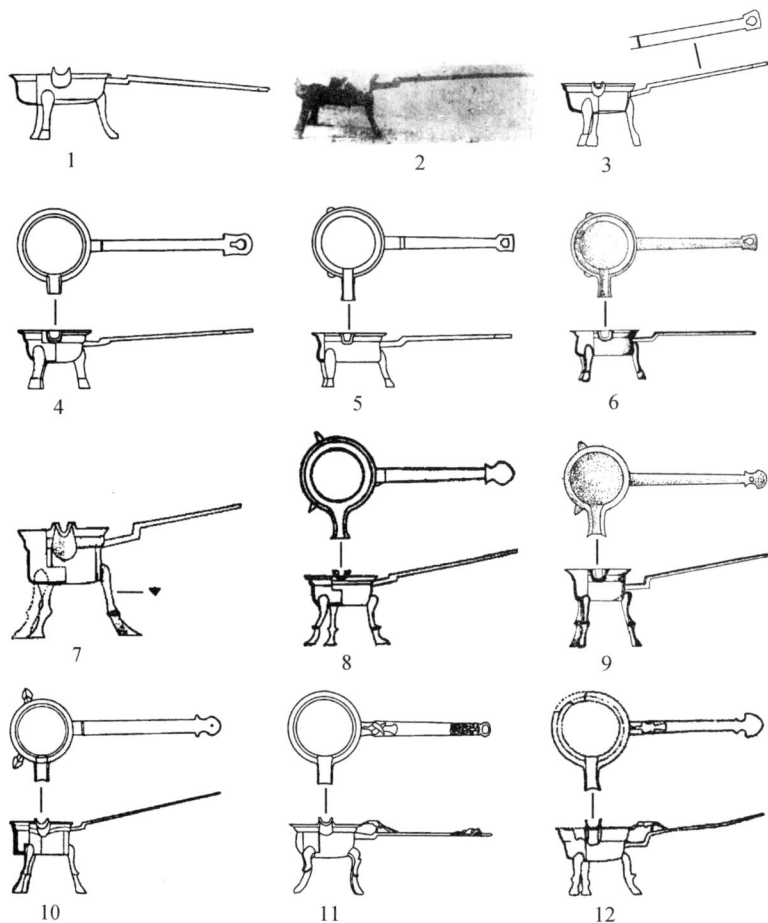

图六　第壹类—第四类［（半）圆蹄足—折柄］铜鐎斗

1、2. 甲类Ⅰ式（南京马群、大余宝珠山）　3、4. 甲类Ⅱ式（句容春城、西安乙弗虬夫妇合葬墓）
5、6. 甲类Ⅲ式（江都大桥窖藏、平坝马场M37）　7~10. 甲类Ⅳ式（绍兴缪家桥、绵阳园艺乡、
平坝马场M55、安阳固岸村M34）　11、12. 乙类（大同二电厂M37、固原南郊M4）

江都大桥窖藏[1]（图六，5）、应城高庙[2]、安吉递铺[3]、滁州博物馆[4]、福州

① 夏根林：《江苏江都大桥窖藏青铜器》，《东南文化》2010年第1期。
② 应城市博物馆：《应城市高庙南朝墓清理简报》，《江汉考古》1990年第2期。
③ 安吉县博物馆编：《苕水流长》，浙江摄影出版社，2012年，第231页。
④ 滁州市文物所编：《滁州馆藏文物精萃》，黄山书社，2014年，第41页。

铁头山①、闽侯关口桥M1②、彰明常山村③、绵阳西山④、平坝尹关⑤、平坝马场M34⑥、平坝马场M37⑦（图六，6）、曲阳嘉峪村⑧、平山北齐崔昂墓⑨、临淄大武乡⑩、朝阳左才墓⑪藏或出土。

曲阳嘉峪村墓葬时代为公元524年，平山崔昂墓为公元566年，临淄大武乡为公元493年。可知其时代在南北朝中晚期。朝阳左才墓的时代为唐咸亨四年，即公元673年，不排除为沿用。

Ⅳ式：蹄高，足呈竹节状。

张家川平王村⑫、福州仓山桃花山⑬、福州仓山福建师范学院附中⑭、镇江金山园艺场⑮、苏州澄湖Ⅳ J165⑯、宜春万载⑰、绍兴缪家桥⑱（图六，7）、安吉递铺后

① 福州市文物管理局编：《福州文物集粹》，福建人民出版社，1999年，第6页。

② 福建省文物管理委员会：《福建闽侯关口桥头山发现古墓》，《考古》1965年第8期。

③ 石光明、沈仲常、张彦煌：《四川彰明县常山村崖墓清理简报》，《考古通讯》1955年第5期。

④ 绵阳博物馆：《四川绵阳西山六朝崖墓》，《考古》1990年第11期。

⑤ 贵州省博物馆：《贵州平坝县尹关六朝墓》，《考古》1959年第1期。

⑥ 贵州省文物考古研究所、中国社会科学院考古研究所、贵州省博物馆等：《黔中遗珍——贵安新区出土文物精粹》，科学出版社，2016年，第155页。

⑦ 贵州省博物馆考古组：《贵州平坝马场东晋南朝墓发掘简报》，《考古》1973年第6期。

⑧ 河北省博物馆 文物管理处：《河北曲阳发现北魏墓》，《考古》1972年第5期。

⑨ 河北省博物馆、河北省文物管理处：《河北平山北齐崔昂墓调查报告》，《文物》1973年第11期。

⑩ 临淄市博物馆、临淄区文管所：《临淄北朝崔氏墓地第二次清理简报》，《考古》1985年第3期。

⑪ 辽宁省博物馆文物队：《辽宁朝阳唐左才墓》，《文物资料丛刊》（6），文物出版社，1982年，第106页。

⑫ 秦明智、任步云：《甘肃张家川发现"大赵神平二年"墓》，《文物》1975年第6期。

⑬ 马春卿、赵肃芳：《福州市发现六朝古墓》，《考古通讯》1955年第2期。

⑭ 福建博物院编：《福建考古资料汇编》（1953～1959），科学出版社，2011年，第136页。

⑮ 刘兴：《江苏梁太清二年窖藏铜器》，《考古》1985年第6期。

⑯ 苏州博物馆编：《苏州文物考古新发现——苏州考古发掘报告专辑（2001—2006年）》，古吴轩出版社，2007年，第156页。

⑰ 王虹光：《江西宜春征集到铜鐎斗》，《南方文物》1993年第2期。

⑱ 绍兴县文物管理委员会：《浙江绍兴缪家桥宋井发掘简报》，《考古》1964年第11期。

场[1]、绵阳园艺乡[2]（图六，8）、平坝马场M55[3]（图六，9）、安阳固岸村M34[4]（图六，10）、赞皇东魏李希宗墓[5]、寿阳贾家庄北齐厍狄迴洛墓[6]、西安李静训墓[7]、上蔡徐庄村[8]等出土。另外，西安博物院[9]、晋中榆次区博物馆[10]、齐国故城遗址博物馆[11]有藏。

张家川平王村所出时代为公元528年，福州仓山桃花山为公元489年，福州仓山福建师范学院附中为公元486年，闽侯关口桥头山M4属南齐，镇江金山园艺场为公元548年，厍狄迴洛墓为公元562年，李希宗墓为公元540年，李静训墓为公元608年。可知其时代为南北朝晚期。

可见甲类的变化规律为：口沿由浅至深；流从短至长；腹部由浅弧至深直；足由高到竹节状蹄足。

乙类：有一道横梁。

大同二电厂M37[12]（图六，11）、固原南郊M4[13]（图六，12）出土。柄和口沿之间的横梁为一伏鹰。有长流，口沿略深形成盘口，腹近直，足呈竹节状。

墓葬时代为北朝晚期。

———————————

① 钱菲菲：《安吉县博物馆藏青铜鐎斗之我见》，《东方博物》（第六十四辑），中国书店，2017年，第99页。

② 何志国、唐光孝：《四川绵阳市园艺乡发现南朝墓》，《考古》1996年第8期。

③ 贵州省博物馆考古组：《贵州平坝马场东晋南朝墓发掘简报》，《考古》1973年第6期。

④ 安阳市文物考古研究所、濮阳市戚城文物景区管理处：《2018年安阳固岸村北齐墓发掘简报》，《中原文物》2021年第4期。

⑤ 石家庄地区革委会文化局文物发掘组：《河北赞皇东魏李希宗墓》，《考古》1977年第6期。

⑥ 王克林：《北齐厍狄迴洛墓》，《考古学报》1979年第3期。

⑦ 中国社会科学院考古研究所：《唐长安城郊隋唐墓》，文物出版社，1980年，第20页。

⑧ 驻马店市博物馆编：《厚重天中——驻马店历史文物陈列》，大象出版社，2018年，第211页。

⑨ 西安市文物保护考古所：《西安文物精华·青铜器》，世界图书出版公司，2005年，第34页。

⑩ 闫震、杨健：《榆次馆藏集珍——榆次区第一次全国可移动文物普查成果》，山西经济出版社，2019年，第48页。

⑪ 齐国故城遗址博物馆：《齐国故城遗址博物馆馆藏青铜器精品》，文物出版社，2015年，第176页。

⑫ 大同市考古研究所：《山西大同二电厂北魏墓群发掘简报》，《文物》2019年第8期。

⑬ 宁夏回族自治区文物考古研究所：《固原南郊北魏墓发掘简报》，《中原文物》2020年第5期。

第贰类：扁锥形足

根据柄的差异分以下几类。

第一类：有錾直柄

敞口，曲腹。南京山阴路口①出土，时代为西晋（图七，1）。

第二类：实心直柄

敞口，曲腹。高淳博物馆藏②（图七，2）。时代为西晋。

第三类：龙首曲柄

根据口沿的差异分两小类。
甲类：敞口，曲腹。
主要集中在长江中下游地区。例如，南京江宁冯村M1③（图七，3）、马鞍山桃冲M3④（图七，4）、安吉天子岗⑤（图七，5）、保靖四方城M11⑥（图七，6）、鄂城M2017⑦（图七，7）、长兴泗安镇⑧、安吉三官⑨、南京梅家山M1⑩、南京甘家巷

---

① 谷建祥：《南京市山阴路口西晋墓》，《东南文化》1985年（第一辑）。
② 南京市高淳区博物馆：《高淳出土青铜器》，科学出版社，2021年，第142页。
③ 南京市博物馆：《南京江宁冯村西晋墓》，《南京文物考古新发现》（第三辑），文物出版社，2014年，第72页。
④ 马鞍山市文物管理所、马鞍山市博物馆：《安徽马鞍山桃冲村三座晋墓清理简报》，《文物》1993年第11期。
⑤ 安吉县博物馆：《浙江安吉天子岗汉晋墓》，《文物》1995年第6期。
⑥ 湘西自治州文物管理处、保靖县文物管理所：《保靖县四方城晋、唐、元墓发掘清理简报》，《湖南考古2002》（上），岳麓书社，2004年，第295页。
⑦ 南京大学历史系考古专业、湖北省文物考古研究所、鄂州市博物馆：《鄂城六朝墓》，科学出版社，2007年，第242页。
⑧ 长兴县博物馆：《物阜长兴：长兴文物精华》，浙江人民美术出版社，2009年，第131页。
⑨ 转引自钱菲菲：《安吉县博物馆藏青铜鐎斗之我见》，《东方博物》（第六十四辑），中国书店，2017年，第98页。
⑩ 屠思华、李鉴昭：《南京梅家山六朝墓清理记略》，《文物参考资料》1956年第4期。

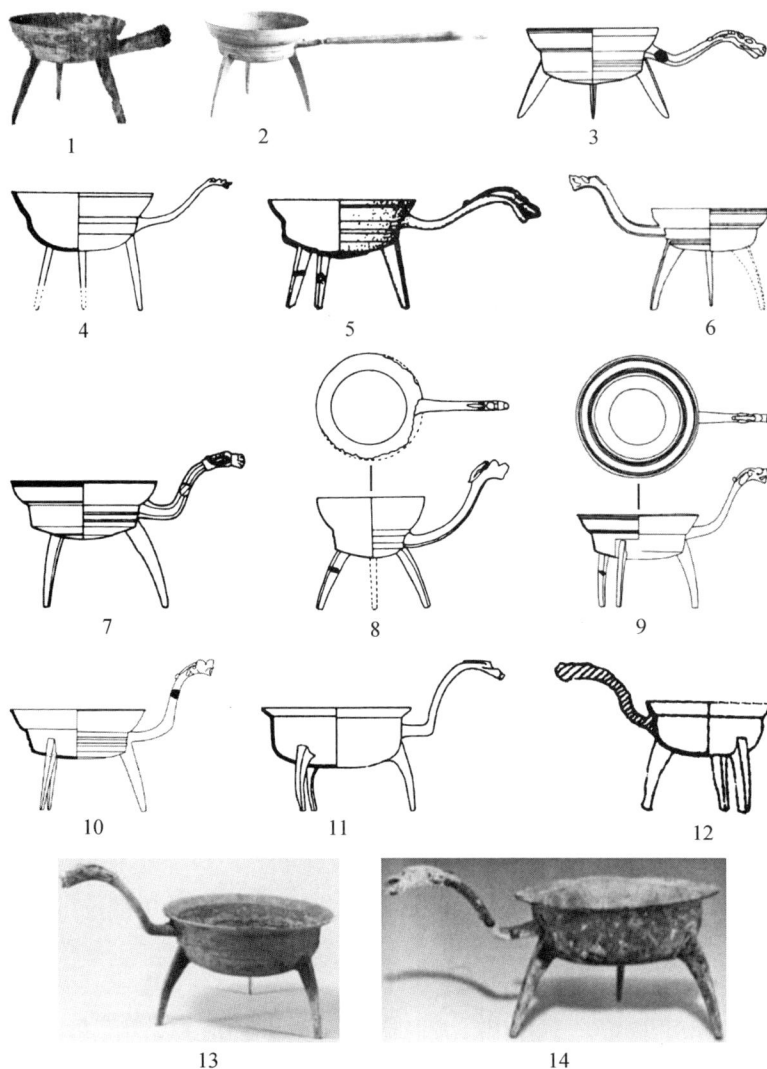

图七　第贰类（扁锥形足）铜鐎斗

1. 第一类（南京山阴路口）　2. 第二类（高淳博物馆藏）　3～10. 第三类甲类（南京江宁冯村M1、马鞍山桃冲M3、安吉天子岗、保靖四方城M11、鄂城M2017、阳朔高田LM25、邳州煎药庙M1、临沂洗砚池M1西）

11～14. 第三类乙类（镇江润州山M11、镇江"优山美地"M7、南京东善桥、南京市溧水区博物馆藏）

前头山[①]、南京卫岗[②]、句容孙西村[③]、和县张集乡[④]、马鞍山东苑小区[⑤]、广德长安

---

① 金琦：《南京甘家巷和童家山六朝墓》，《考古》1963年第6期。

② 南京博物院：《南京市卫岗南京农业大学西晋墓发掘简报》，《东南文化》1991年第5期。

③ 南波：《江苏句容西晋元康四年墓》，《考古》1976年第6期。

④ 张钟云、李开和：《和县张集乡西晋墓发掘简报》，《文物研究》（第十一辑），黄山书社，1998年，第149页。

⑤ 吴志兴、王俊、殷春梅：《马鞍山东苑小区六朝墓清理简报》，《文物研究》（第十一辑），黄山书社，1998年，第152、153页。

村①、宣城外贸巷②、临海沿江镇麻车③、松阳周垄村④、宁波鄞州蜈蚣岭⑤、攸县网岭连滩⑥、秭归新县城窖藏⑦、鄂州新庙大鹰山⑧等。

岭南境内仅发现于阳朔高田LM25⑨（图七，8）。在邳州煎药庙M1⑩（图七，9）、临沂洗砚池M1西⑪（图七，10）亦有出土。另外，河北大学博物馆⑫有收藏。

部分出自纪年墓，如江宁冯村M1的年代为公元298年、句容孙西村为公元294年、和县张集乡为公元295年、马鞍山桃冲M2、M3为公元316、308年，鄞州蜈蚣岭为公元260年，可知此类型的时代属三国西晋。

乙类：侈口，弧腹。

仅发现于江东境内。镇江润州山M11⑬（图七，11）、镇江"优山美地"M7⑭（图七，12）、南京东善桥⑮（图七，13）出土，南京市溧水区博物馆藏1例⑯（图七，14）。

墓葬时代集中于西晋前后。

① 广德县文化局：《广德县双河乡长安村西晋墓清理报告》，《文物研究》（第二期），黄山书社，1986年，第26页。

② 宣城市博物馆：《宣城市外贸巷西晋墓清理简报》，《文物研究》（第十三辑），黄山书社，2001年，第167页。

③ 王薇、滕雪慧：《临海市沿江镇麻车古墓初探》，《东方博物》（第五十八辑），中国书店，2016年，第37页。

④ 潘贤达：《浙江松阳县周垄村发现三国吴墓》，《考古》2003年第3期。

⑤ 宁波市文物考古研究所、宁波市鄞州区文物管理委员会办公室：《浙江宁波市蜈蚣岭吴晋纪年墓葬》，《考古》2008年第11期。

⑥ 陈少华：《湖南攸县出土东吴窖藏文物》，《考古》1990年第2期。

⑦ 谭传旺、周昊：《秭归新县城发现窖藏铜器》，《江汉考古》1997年第1期。

⑧ 鄂州市博物馆、湖北省文物考古研究所：《湖北鄂城新庙大鹰山孙吴墓发掘简报》，《江汉考古》2022年第1期。

⑨ 广西文物考古研究所、桂林市文物工作队、阳朔县文物管理所：《2005年阳朔县高田镇古墓葬发掘报告》，《广西考古文集》（第三辑），文物出版社，2007年，第213页。

⑩ 南京博物院、邳州市博物馆：《煎药庙西晋墓地》，文物出版社，2023年，第150页。

⑪ 山东省文物考古研究所、临沂市文化广电新闻出版局：《临沂洗砚池晋墓》，文物出版社，2016年，第81页。

⑫ 邵凤芝：《介绍两件馆藏青铜器》，《文物春秋》2014年第2期。

⑬ 镇江博物馆：《江苏镇江润州山六朝墓葬及窑址发掘报告》，《东南文化》2019年第2期。

⑭ 镇江博物馆：《镇江"优山美地"小区六朝墓发掘简报》，《印记与重塑：镇江博物馆考古报告集（2001～2009）》，江苏大学出版社，2010年，第191页。

⑮ 南京市博物馆：《六朝风采》，文物出版社，2004年，第114页。

⑯ 溧水县文化局编：《溧水文物集粹》，东南大学出版社，2009年，第147页。

第叁类：扁蹄足

均为龙首曲柄。
根据足根有无装饰分两类。

第一类：无装饰

敞口，曲腹。南昌市区^①（图八，1）、南京长岗村M5^②（图八，2）出土。
南昌所出墓葬时代为西晋，南京长岗村M5为东吴，故此类型的时代属三国西晋。

第二类：足根装饰兽面纹

侈口，弧腹。根据腹部的变化分二式。
Ⅰ式：腹略浅。
丹徒葛村^③（图八，3），邗江甘泉六里M109^④（图八，4），鄂城M2011（图八，5）、M2082（图八，6）、M2181（图八，7）^⑤，和平龙子山^⑥（图八，8），松政渭田^⑦（图八，9）出土。
Ⅱ式：腹略变深。
马鞍山盆山^⑧（图八，10）、南昌京家山^⑨（图八，11）、余杭七里亭M5^⑩（图

① 刘玲琳：《南昌市博物馆馆藏珍品选萃》，《南方文物》2003年第3期。
② 南京市博物馆：《南京长岗村五号墓发掘简报》，《文物》2002年第7期。
③ 镇江博物馆：《镇江东吴西晋墓》，《考古》1984年第6期。
④ 扬州博物馆：《江苏邗江甘泉六里东晋墓》，《东南文化》1986年第2期。
⑤ 南京大学历史系考古专业、湖北省文物考古研究所、鄂州市博物馆：《鄂城六朝墓》，科学出版社，2007年，第242页。
⑥ 广东省文物考古研究所、和平县博物馆：《广东和平县晋至五代墓葬的清理》，《考古》2000年第6期。
⑦ 卢茂村：《福建松政县发现西晋墓》，《文物》1975年第4期。
⑧ 马鞍山市文物管理所：《马鞍山市盆山发现六朝墓》，《文物研究》（第六辑），黄山书社，1990年，第155页。
⑨ 江西省博物馆：《江西南昌市郊的两座晋墓》，《考古》1981年第6期。
⑩ 杭州市文物考古研究所、余杭博物馆：《杭州余杭汉六朝墓》，文物出版社，2017年，第67页。

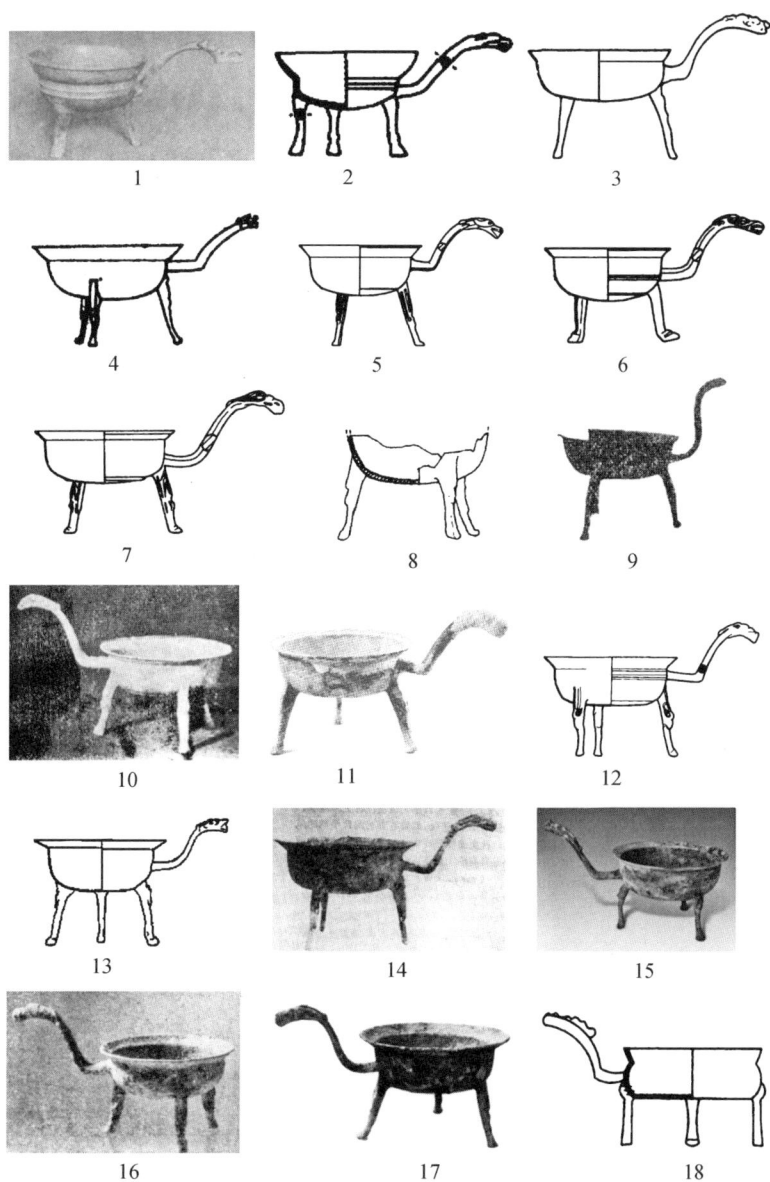

图八　第叁类（扁蹄足）铜鐎斗

1、2.第一类（南昌市区、南京长岗村M5）　3～9.第二类Ⅰ式（丹徒葛村、邗江甘泉六里M109、
鄂城M2011、鄂城M2082、鄂城M2181、和平龙子山、松政渭田）　10～18.第二类Ⅱ式（马鞍山盆山、
南昌京家山、余杭七里亭M5、汉阳蔡甸M1、肇庆晋墓、芦山县博物馆藏、南京象山M5、南京象山M7、
镇江"东城绿洲"M1）

八，12）、汉阳蔡甸M1[①]（图八，13）、肇庆晋墓[②]（图八，14）、芦山县博物馆[③]（图八，15）、南京象山M5[④]（图八，16）、南京象山M7（图八，17）、镇江"东城绿洲"M1[⑤]（图八，18）出土或所藏。

部分出自纪年墓葬中，如松政渭田所出为公元306年，余杭七里亭所出为东晋咸和年间（公元326～334年），南京象山M5为公元358年。结合部分墓葬，大致推断：Ⅰ式，属三国西晋；Ⅱ式，属西晋至东晋。

第肆类：扁平足

仅发现1例，柄残。都兰热水[⑥]出土，口略侈，直腹，平底。时代为吐蕃时期（图九）。

图九　第肆类（扁平足）铜鐎斗
（都兰热水出土）

第伍类：S形足

均为凫首柄。器形接近，口略侈，腹近直，重腹。有流和鋬，鋬为心形。

考古所出不多，仅发现于句容暨南农场M1[⑦]（图一〇，1）、金华乾西乡[⑧]（图一〇，2）、宿松隘口[⑨]、偃师杏园李景由墓[⑩]（图一〇，3）、江夏流芳M1[⑪]（图

① 湖北省博物馆：《湖北汉阳蔡甸一号墓清理》，《考古》1966年第4期。

② 肇庆市文化局：《广东肇庆晋墓》，《文物资料丛刊》（2），文物出版社，1978年，第103页。

③ 雅安市博物馆、四川省文物考古研究院：《清风雅雨间——雅安文物精萃》，文物出版社，2010年，第57页。

④ 南京市博物馆：《南京象山5号、6号、7号墓清理简报》，《文物》1972年第11期。

⑤ 镇江博物馆：《镇江"东城绿洲"工地六朝墓发掘简报》，《印记与重塑：镇江博物馆考古报告集（2001～2009）》，江苏大学出版社，2010年，第209页。

⑥ 都兰县博物馆展厅。

⑦ 镇江博物馆：《江苏镇江唐墓》，《考古》1985年第2期。

⑧ 金华市文物局、金华市博物馆编：《八婺古韵——金华市博物馆基本陈列》，中国书店，2017年，第51页。

⑨ 见安徽宿松文博网：www.sssbw.cn/HTML/NewsFile/2015/5916154049.html。

⑩ 中国社会科学院考古研究所河南第二工作队：《河南偃师杏园村的六座纪年唐墓》，《考古》1986年第5期。

⑪ 武汉市文物考古研究所、武汉市江夏区博物馆：《武汉江夏流芳唐墓清理发掘简报》，《江汉考古》2003年第4期。

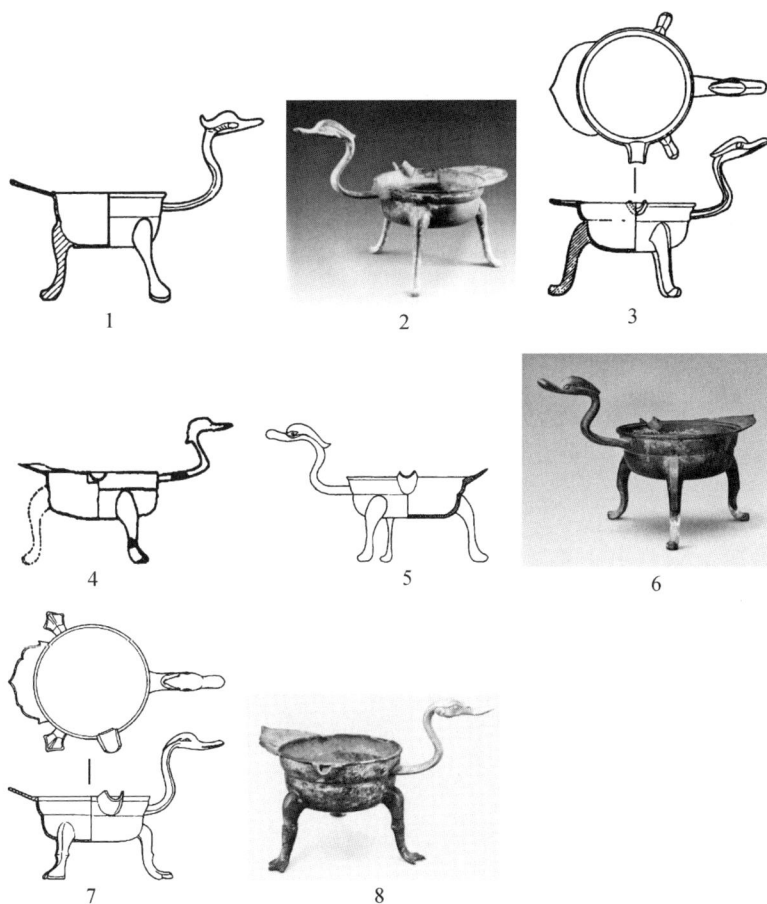

图一〇　第伍类（S形足）、第陆类（禽蹼足）铜鐎斗

1~6.第伍类（句容暨南农场M1、金华乾西乡、偃师杏园李景由墓、江夏流芳M1、南康龙华、故宫博物院）

7、8.第陆类（郑州西岗郑令同墓、长沙博物馆藏）

一〇，4）、南康龙华[①]（图一〇，5）。另外，浙江省博物馆[②]、长沙博物馆[③]、故宫博物院[④]（图一〇，6）、萍乡博物馆[⑤]、上海博物馆[⑥]等均有收藏。

① 赣州地区博物馆、南康县博物馆：《江西南康龙华晋墓》，《南方文物》1993年第3期。

② 浙江省博物馆编：《越地范金》，浙江古籍出版社，2009年，第87页。

③ 长沙市文物局：《长沙馆藏文物精华》，湖南美术出版社，2007年，第43页。

④ 杜迺松主编：《故宫博物院藏文物珍品大系：青铜生活器》，上海科学技术出版社，2007年，第155页。

⑤ 萍乡博物馆官网：http://www.pxmuseum.com/h-nd-2270.html。

⑥ 上海博物馆：《荷浦珠还——荷兰倪汉克新近捐赠文物》，上海书画出版社，2020年，第80页。

偃师杏园李景由墓的时代为开元二十六年，即公元738年。江夏流芳墓葬中同出有铜钵、青瓷盘口壶、碗钵及开元通宝之类，句容暨南农场M1同出铜钵、开元通宝和四鸟花枝铜镜，时代均为唐代中期。南康龙华墓葬的年代报告推断为晋代，所出青瓷四系罐和盅与唐代早期接近，判断有误。

故时代大致可推断在唐代早期至中期。

第陆类：禽蹼足

足为禽爪状，有蹼。口略侈，腹近直，重腹。有流和錾，錾心形。

郑州西岗郑令同墓①（图一〇，7）出土，另外长沙博物馆藏有一例②（图一〇，8）。

郑州西岗郑令同墓出土墓志，时代为公元820年。大致可知时代为唐代晚期。

第柒类：狮蹄足

根据柄的不同分以下几类。

第一类：龙首曲柄

口沿均有錾和流，双腹、直，平底。

根据口沿的变化分二式。

Ⅰ式：侈口。

济南市章丘区博物馆藏③（图一一，1）。

Ⅱ式：盘口。

大余④（图一一，2）、浦城三里亭⑤（图一一，3）出土，另外克利夫兰艺术博

---

① 郑州市文物考古研究院：《河南郑州西岗唐郑令同夫妇合葬墓发掘简报》，《文物》2022年第6期。

② 周英主编：《长沙市文物征集集萃》，湖南美术出版社，2007年，第24页。

③ 济南市文物局、济南市博物馆、济南市考古研究所编：《济南文物精粹》（馆藏卷），文物出版社，2018年，第131页。

④ 张小平：《大余县出土西晋龙首凤尾青铜鐎斗》，《文物》1984年第11期。

⑤ 赵洪章：《浦城出土唐代铜鐎斗》，《考古》1986年第4期；福建省文物局官网（点击：馆藏文物——唐龙首柄铜鐎斗。）

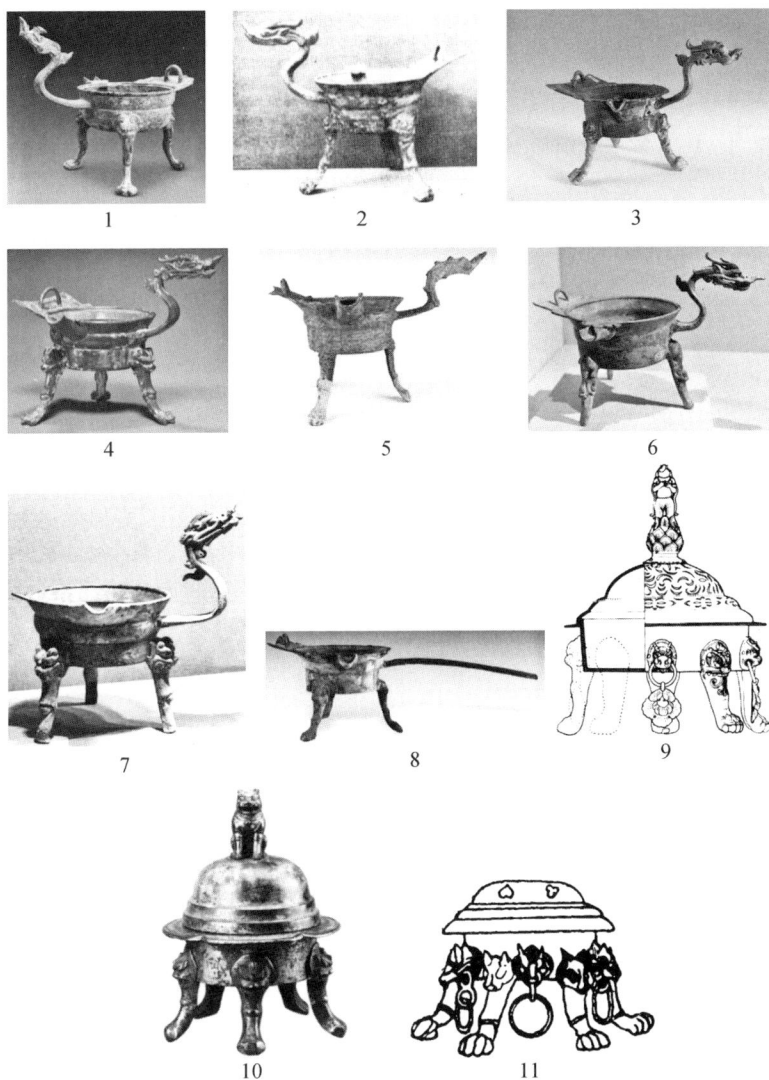

图一一 第柒类（狮蹄足）铜鐎斗和狮蹄足香炉

1. 第一类Ⅰ式（济南市章丘区博物馆藏） 2～7. 第一类Ⅱ式（大余、浦城三里亭、克利夫兰艺术博物馆藏、连云港市博物馆藏、纽约大都会博物馆藏、湖南博物院藏） 8. 第二类（衡阳博物馆藏） 9～11. 狮蹄足香炉（法门寺地宫、福建博物院藏、临潼庆山寺地宫）

物馆[1]（图一一，4）、连云港市博物馆[2]（图一一，5）、纽约大都会博物馆[3]（图一一，6）、湖南博物院[4]（图一一，7）有收藏。

---

[1] 见克利夫兰艺术博物馆官网https://www.clevelandart.org/。

[2] 连云港市博物馆展厅。

[3] 见http://art.ifeng.com/2020/0226/3496838.shtml。

[4] 见湖南博物院官网：https://de.hnmuseum.com/collection/collectionDetails.html?id=100222931977
2143616&type=index#。

第二类：实心直柄

盘口，双腹、直，口沿有錾和流。衡阳博物馆藏[1]（图一一，8），时代为唐代。

类似蹄足与法门寺地宫所出铜香炉[2]（图一一，9）、福建博物院藏天祐四年（公元907年）鎏金铜香炉[3]（图一一，10）、临潼庆山寺地宫所出公元739年铜香炉[4]（图九，11）的器足类似。另浦城所出来自墓葬，同出唐代典型的青瓷盘口壶、碗、钵和四鸟花枝铜镜，时代大致为唐代中期前后。故推断此类鐎斗的年代在唐代中晚期。

二、铁 质 类

铁鐎斗由于腐蚀、不易保存等，柄或足多残缺或装饰模糊不清，为类型的划分和数量统计带来不少困难。

根据足的不同分以下四大类。

第壹类：（半）圆蹄足

根据柄的差异分三类。

第一类：实心直柄

敞口，弧腹。

江宁前郑家边M2[5]（图一二，1），龙游东华山M9[6]（图一二，2），鄂城

① 李安元主编：《岁月衡阳——衡阳博物馆馆藏文物精选》，岳麓书社，2010年，第32页。
② 陕西省考古研究院、法门寺博物馆、宝鸡市文物局、扶风县博物馆：《法门寺考古发掘报告》（上），文物出版社，2007年，第210页。
③ 黎毓馨：《吴越胜览——唐宋之间的东南乐国》，中国书店，2011年，第207页。
④ 临潼县博物馆：《临潼唐庆山寺舍利塔基精室清理记》，《文博》1985年第5期。
⑤ 南京市博物馆、南京市江宁区博物馆：《南京江宁前郑家边东汉墓发掘简报》，《南京文物考古新发现》（第三辑），文物出版社，2014年，第45页。
⑥ 朱土生：《浙江龙游县东华山汉墓》，《考古》1993年第4期。

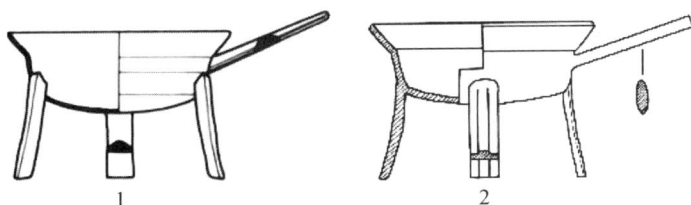

图一二　第壹类—第一类〔（半）圆蹄足—实心直柄〕铁鐎斗
1. 江宁前郑家边M2　　2. 龙游东华山M9

M1006[①]，嵊州剡山M17[②]，奉化南岙M137[③]、M1[④]，余杭星桥里山M13[⑤]，余姚湖山M28[⑥]出土。

墓葬时代，除了鄂城所出为三国外，余均在东汉。

第二类：龙首曲柄

根据口、腹和足部的变化分四式。

Ⅰ式：侈口，浅折沿，弧腹，蹄足不高。

忠县大坟坝M2[⑦]（图一三，1）、忠县土地岩BM17[⑧]（图一三，2）、济南魏家庄[⑨]出土。

墓葬时代为东晋至南朝。

Ⅱ式：口沿变深，形成盘口，直腹略深，足变高。

_____

① 南京大学历史系考古专业、湖北省文物考古研究所、鄂州市博物馆：《鄂城六朝墓》，科学出版社，2007年，第249页。

② 张恒：《浙江嵊州市剡山汉墓》，《东南文化》2004年第2期。

③ 浙江省文物考古研究所：《浙江汉六朝墓报告集》，科学出版社，2012年，第284页。

④ 浙江奉化市文物保护管理所：《浙江奉化市南岙东汉墓抢救清理简报》，《南方文物》2014年第1期。

⑤ 杭州市文物考古研究所、余杭博物馆：《杭州余杭汉六朝墓》，文物出版社，2017年，第218页。

⑥ 鲁怒放：《余姚市湖山乡汉—南朝墓葬群发掘报告》，《东南文化》2000年第7期。

⑦ 北京大学考古文博学院：《重庆忠县大坟坝六朝墓葬发掘报告》，《东南文化》2005年第4期。

⑧ 重庆市文物局、重庆市移民局编：《忠县仙人洞与土地岩墓地》，科学出版社，2008年，第146页。

⑨ 济南市考古研究所：《济南魏家庄——战国至明清墓葬》，线装书局，2017年，第11页。

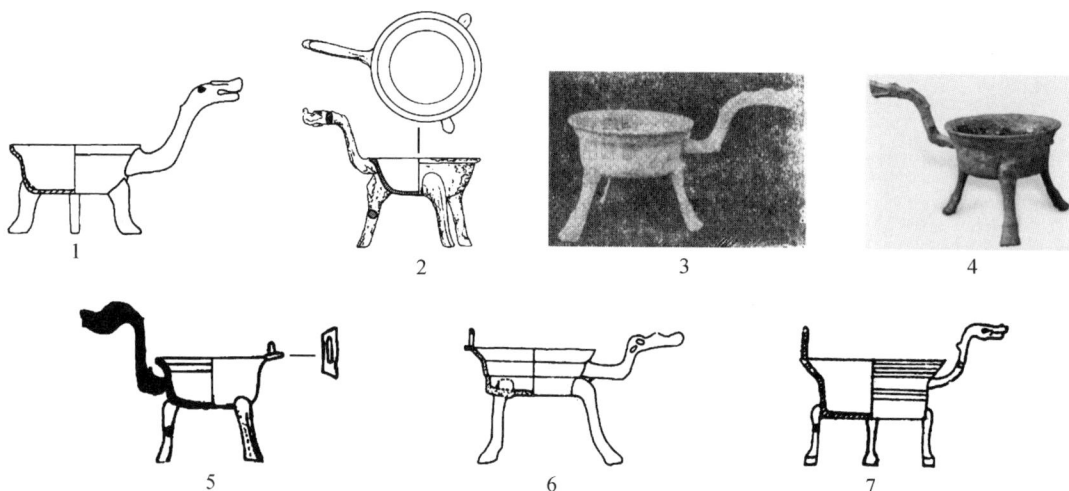

图一三　第壹类—第二类［（半）圆蹄足—龙首曲柄］铁鐎斗
1、2. Ⅰ式（忠县大坟坝M2、忠县土地岩BM17）　3、4. Ⅱ式（绵阳西山、绵阳白虎嘴）
5. Ⅲ式（北京琉璃河M1）　6、7. Ⅳ式（泰安旧县村、沂水何家庄子）

绵阳西山[①]（图一三，3）、绵阳白虎嘴[②]（图一三，4）出土。

墓葬时代为南朝。

Ⅲ式：出现鋬，有环耳。

北京琉璃河M1[③]（图一三，5）出土。

墓葬时代为唐。

Ⅳ式：重腹，鋬消失，仅剩环耳。

泰安旧县村[④]（图一三，6）、沂水何家庄子[⑤]（图一三，7）出土。

时代为唐至北宋。

可以看出，此类型的变化规律为：侈口—盘口；腹部由浅弧腹—直、深腹—重腹；沿面无鋬、耳—鋬、耳共存—仅剩耳。

---

① 绵阳博物馆：《四川绵阳西山六朝崖墓》，《考古》1990年第11期。

② 绵阳市文物管理局、绵阳博物馆：《涪江遗珠——绵阳可移动文物》，科学出版社，2015年，第77页。

③ 北京市文物研究所、北京大学考古文博院、中国社会科学院考古研究所：《1997年琉璃河遗址墓葬发掘简报》，《文物》2000年第11期。

④ 程继林：《泰安旧县村发现汉魏窖藏》，《文物》1991年第9期。

⑤ 沂水县文物管理站：《山东沂水县发现汉代铁器窖藏》，《考古》1988年第6期。

第三类：凫首柄

西安东郊秦川机械厂M16[1]（图一四）出土，深折沿，弧腹，平底。口沿一侧有流。

时代为唐。

第贰类：扁锥形足

根据柄的不同分两类。

图一四 第壹类—第三类〔（半）圆蹄足—凫首柄〕铁鏶斗（西安秦川机械厂M16）

第一类：龙首曲柄

敞口，曲腹。衢州街路村[2]（图一五，1）、鄂州鄂钢饮料厂M1[3]、瑞昌马头[4]（图一五，2）出土。

墓葬时代为三国西晋。

第二类：素曲柄

鄂城M2162[5]（图一五，3）出土，足残。但根据器形与第一类相同，如均为敞口、曲腹，推断足很可能为扁锥形。

墓葬时代为三国西晋。

图一五 第贰类（扁锥形足）铁鏶斗
1、2.第一类（衢州街路村、瑞昌马头） 3.第二类（鄂城M2162）

---

① 西安市文物管理处：《西安东郊秦川机械厂汉唐墓葬发掘简报》，《考古与文物》1992年第3期。
② 衢县文化馆：《浙江衢县街路村西晋墓》，《考古》1974年第6期。
③ 鄂州博物馆、湖北省文物考古研究所：《湖北鄂州鄂钢饮料厂一号墓发掘报告》，《考古学报》1998年第1期。
④ 江西省博物馆：《江西瑞昌马头西晋墓》，《考古》1974年第1期。
⑤ 南京大学历史系考古专业、湖北省文物考古研究所、鄂州市博物馆：《鄂城六朝墓》，科学出版社，2007年，第249页。

第叁类：扁平足

根据柄的差异分以下几类。

第一类：龙首曲柄[①]

根据口沿和腹部的变化分三式。

Ⅰ式：侈口，弧腹。

万州武陵M12[②]（图一六，1）、万州大坪M64[③]（图一六，2）、忠县翠屏山M410[④]（图一六，3）、忠县仙人洞M30[⑤]出土。

墓葬时代为南朝。

Ⅱ式：侈口，深直腹。

会昌西江大园背[⑥]（图一六，4）、繁昌闸口村M1[⑦]出土（图一六，5）。

会昌所出墓葬时代大致属隋，繁昌闸口村M1时代为唐。

Ⅲ式：部分口沿变深形成盘口。出现流和鋬。

蠡县王庄M1[⑧]（图一六，6）、通州次渠M4[⑨]（图一六，7）出土。

墓葬时代为唐代。

第二类：有鋬直柄

敛口，弧腹，圜底。口沿有鋬或流。

房山焦庄[⑩]（图一七，1）出土。

根据发掘报告，可知墓葬时代为辽或金。

---

① 铁器易腐蚀，部分素曲柄很可能是龙首柄，故暂将其归属龙首柄类。
② 重庆市文物局、重庆市移民局编：《万州武陵墓群》，科学出版社，2018年，第78页。
③ 重庆市文物局、重庆市移民局编：《万州大坪墓地》，科学出版社，2006年，第170页。
④ 重庆市文物局、重庆市移民局编：《忠县翠屏山崖墓》，科学出版社，2011年，第87页。
⑤ 重庆市文物局、重庆市移民局编：《忠县仙人洞与土地岩墓地》，科学出版社，2008年，第15页。
⑥ 会昌县博物馆：《会昌县西江隋唐墓葬》，《江西文物》1990年第1期。
⑦ 汪发志：《安徽繁昌县闸口村发现一座唐墓》，《考古》2003年第2期。
⑧ 河北省文物研究所、保定市文物管理所、蠡县文物保管所：《河北蠡县王庄唐代墓群发掘简报》，《文物春秋》2015年第5期。
⑨ 北京市文物研究所：《北京通州次渠唐金墓发掘简报》，《文物春秋》2015年第1期。
⑩ 北京市文物工作队：《北京出土的辽、金时代铁器》，《考古》1963年第3期。

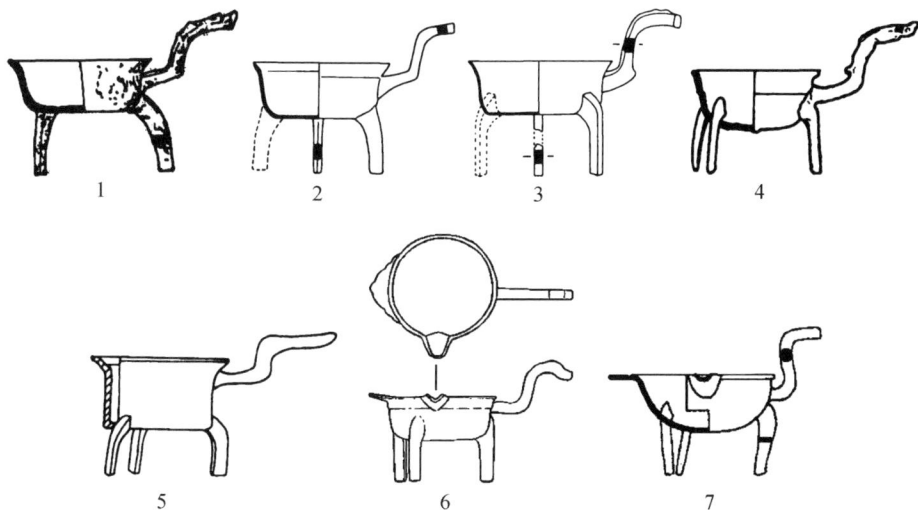

图一六 第叁类—第一类（扁平足—龙首曲柄）铁鐎斗

1~3. Ⅰ式（万州武陵M12、万州大坪M64、忠县翠屏山M410） 4、5. Ⅱ式（会昌西江大园背、
繁昌闸口村M1） 6、7. Ⅲ式（蠡县王庄M1、通州次渠M4）

第三类：折柄

敞口，部分重腹。孝感田家岗[①]（图一七，2）、忠县土地岩M18[②]（图一七，
3）出土。

墓葬时代为唐代中晚期。

第四类：凫首曲柄

侈口，斜直腹，平底，口沿有錾。北京亦庄M25[③]（图一七，4）、M8[④]（图
一七，5）出土。

墓葬时代为唐代。

---

① 孝感市博物馆：《孝感田家岗东汉南朝及唐墓清理简报》，《江汉考古》1996年第3期。

② 重庆市文物局、重庆市移民局：《忠县仙人洞与土地岩墓地》，科学出版社，2008年，第
74页。

③ 北京市文物研究所：《北京亦庄考古发掘报告2003—2005年》，科学出版社，2009年，第
183页。

④ 北京市文物研究所：《北京亦庄考古发掘报告2003—2005年》，科学出版社，2009年，第
170页。

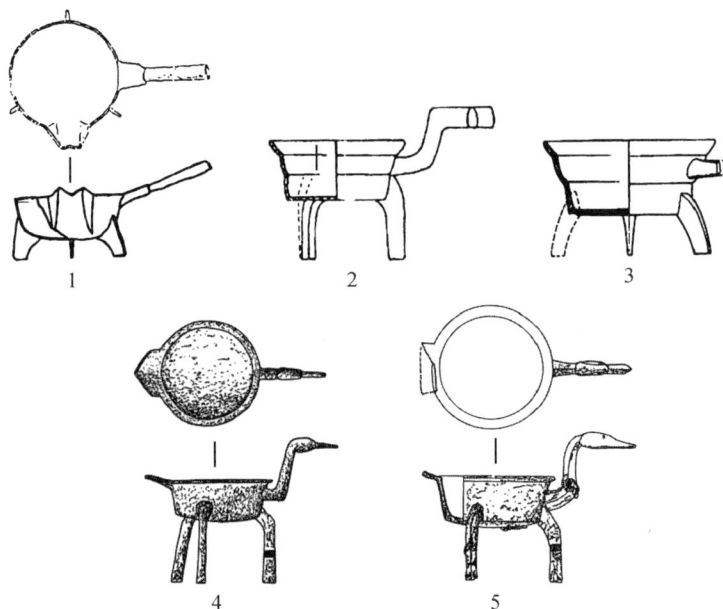

图一七 第叁类—第二、三、四类（扁平足—有鋬直柄、折柄、凫首曲柄）铁鐎斗
1.第二类（房山焦庄） 2、3.第三类（孝感田家岗、忠县土地岩M18） 4、5.第四类（北京亦庄M25、
北京亦庄M8）

第肆类：S形足

根据柄的不同分以下几类。

第一类：凫首曲柄

侈口，弧腹，圜底。会昌西江西源村[1]（图一八，1）、广昌甘竹段[2]、邵武斗米山M1[3]（图一八，2）、朝阳韩贞墓[4]（图一八，3）出土。另外，沂水黄挨头[5]（图一八，4）、南乐前王落M17[6]（图一八，5）所出残，可能亦属此类，口沿有流。

---

① 池小琴：《江西会昌西江镇唐墓》，《南方文物》1998年第3期。

② 江西省文物考古研究所、江西省广昌县博物馆：《昌厦公路广昌甘竹段墓葬发掘简报》，《南方文物》1999年第4期。

③ 福建省博物馆：《邵武斗米山的汉唐遗存》，《福建文博》2002年第1期。

④ 朝阳地区博物馆：《辽宁朝阳唐韩贞墓》，《考古》1973年第6期。

⑤ 马玺伦：《山东沂水出土窖藏铁器》，《考古》1989年第11期。

⑥ 濮阳市博物馆、濮阳市文物队、南乐县文化馆：《南乐县前王落古墓葬清理简报》，《中原文物》1988年第2期。

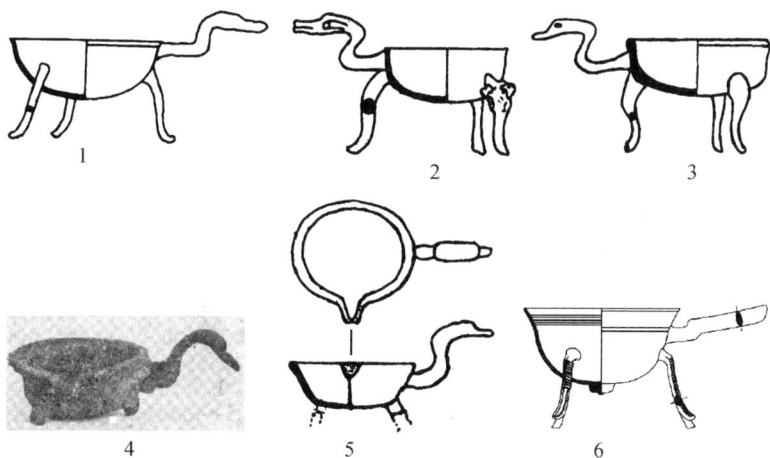

图一八　第肆类（S形足）铁鐎斗

1~5.第一类（会昌西江西源村、邵武斗米山M1、朝阳韩贞墓、沂水黄挨头、南乐前王落M17）
6.第二类（武汉新洲朱家堤）

朝阳韩贞墓的时代为开元廿四年（736年），邵武、南乐和会昌的墓葬时代为唐，广昌、沂水黄挨头所出大致为北宋。可知其时代跨越唐和北宋。

第二类：折柄

敞口，弧腹。武汉新洲朱家堤[①]（图一八，6）出土。
墓葬时代为公元1101年之后的北宋晚期。

第伍类：锥形足

均为有鋬直柄。敛口，弧腹，圜底。
朝阳姑营子M3[②]（图一九，1）、朝阳姑营子M2[③]（图一九，2）、朝阳杜杖子M1[④]

---

① 武汉市文物考古研究所、武汉市新洲区博物馆：《湖北武汉市新洲朱家堤宋墓发掘简报》，《北方文物》2022年第1期。

② 朝阳博物馆、朝阳市城区博物馆：《辽宁朝阳市姑营子辽代耿氏家族3、4号墓发掘简报》，《考古》2011年第8期。

③ 朝阳地区博物馆：《辽宁朝阳姑营子辽耿氏墓发掘报告》，《考古学集刊》（第3集），中国社会科学出版社，1983年，第186页。

④ 朝阳市博物馆、朝阳市龙城区博物馆：《辽宁朝阳杜杖子辽代墓葬发掘简报》，《文物》2014年第11期。

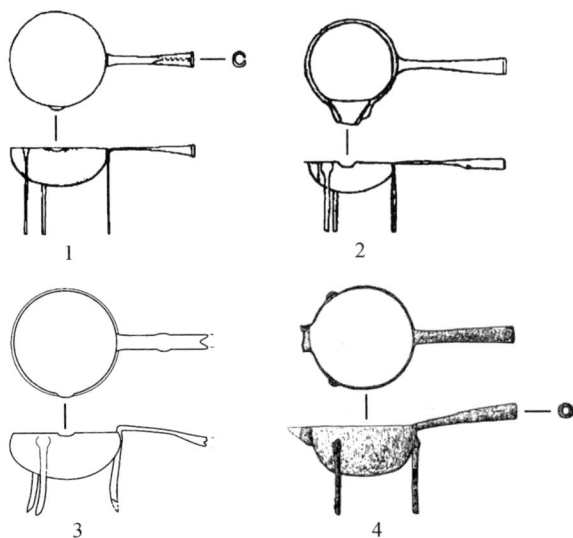

图一九　第伍类（锥形足）铁鐎斗
1. 朝阳姑营子M3　2. 朝阳姑营子M2　3. 朝阳杜杖子M1　4. 北京亦庄M18

（图一九，3）、北京亦庄M18[①]（图一七，4）出土。

墓葬的时代为辽。

三、陶 瓷 类

陶瓷类鐎斗多为明器类，制作较为随意。但部分底部亦发现有烟炱痕迹，可知为实用器。明器和实用器在造型和地域方面存在很大差异，故暂且分开探讨。

（一）明 器 类

根据足的不同分以下四大类。

第壹类：（半）圆蹄足

根据柄的差异分三类。

① 北京市文物研究所：《北京亦庄考古发掘报告2003—2005年》，科学出版社，2009年，第244页。

第一类：实心直柄

敞口，弧腹，圜底。上虞凤凰山M250[1]出土（图二〇，1）。

墓葬时代为东汉中晚期。

第二类：短弧柄

根据口沿的不同分两小类。

甲类：敞口。

弧腹，平底。绍兴官山岙[2]（图二〇，2）、绍兴凤凰山[3]（图二〇，3）、江宁张家山[4]（图二〇，4）出土。

绍兴官山岙的时代为西晋，凤凰山墓葬的年代为公元313年，张家山墓葬的时代为公元297年。可知其时代为西晋。

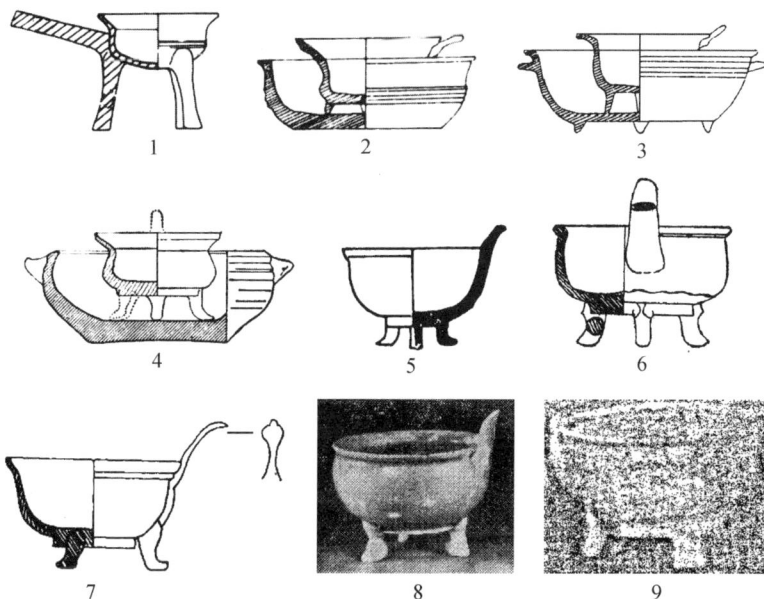

图二〇　第壹类—第一、二类［（半）圆蹄足—实心直柄、短弧柄］陶瓷明器类镰斗

1. 第一类（上虞凤凰山M250）　2~4. 第二类甲类（绍兴官山岙、绍兴凤凰山、江宁张家山）　5~9. 第二类乙类（高安左家村南朝墓、清江山前M6、德安高塘乡、永修南朝墓、建瓯木墩）

① 浙江省文物考古研究所、上虞县文物管理所：《浙江上虞凤凰山古墓葬发掘报告》，《浙江省文物考古研究所学刊——建所十周年纪念（1980—1990）》，科学出版社，1993年，第226页。

② 梁志明：《浙江绍兴官山岙西晋墓》，《文物》1991年第6期。

③ 沈作霖：《浙江绍兴凤凰山西晋永嘉七年墓》，《文物》1991年第6期。

④ 南京博物院：《江苏江宁县张家山西晋墓》，《考古》1985年第10期。

乙类：侈口。

深弧腹，平底，假圈足。高安左家村南朝墓[1]（图二〇，5）、清江山前M6[2]（图二〇，6）、德安高塘乡南朝墓[3]（图二〇，7）、永修南朝墓[4]（图二〇，8）、建瓯木墩[5]（图二〇，9）、南昌小兰乡砖瓦厂南朝墓[6]等出土。

清江山前M6的墓葬时代为建武三年，即公元496年；永修南朝墓为天监九年，即公元510年；建瓯木墩梁墓时代为天监五年，即公元506年。可知其时代集中为南朝中晚期。

第三类：龙首曲柄

根据足的变化分二式。

Ⅰ式：高蹄足。

福州郊区[7]（图二一，1）、福州洪塘金鸡山[8]（图二一，2、3）、福州台江龙岭小学M1[9]（图二一，4）、闽侯荆山[10]（图二一，5）、闽侯南屿[11]（图二一，6）、南安丰州[12]（图二一，7）、南安皇冠山[13]（图二一，8、9）、南安桃源M1[14]

① 高安县博物馆：《江西高安清理一座南朝墓》，《考古》1985年第9期。

② 清江县博物馆：《清江县山前南朝墓》，《江西历史文物》1981年第1期。

③ 于少先：《江西德安南朝墓》，《南方文物》1993年第4期。

④ 杨厚礼：《永修县发现南朝梁墓》，《江西历史文物》1981年第1期；杨后礼：《江西永修南朝梁墓》，《考古》1984年第1期。

⑤ 许清泉：《福建建瓯木墩梁墓》，《考古》1959年第1期。

⑥ 涂伟华：《江西南昌县小兰乡南朝墓葬出土彩色陶俑》，《南方文物》2006年第4期。

⑦ 福建省博物馆：《福建福州郊区南朝墓》，《考古》1974年第4期。

⑧ 曾凡：《福州洪塘金鸡山古墓葬》，《考古》1992年第10期。

⑨ 福州市文物考古工作队：《福州市台江区龙岭小学南朝墓清理简报》，《福建文博》2012年第1期。

⑩ 黄汉杰：《福建闽侯荆山、杜武南朝、唐墓清理记》，《考古》1959年第4期。

⑪ 福建省博物馆：《福建闽侯南屿南朝墓》，《考古》1980年第1期。

⑫ 福建省文物管理委员会：《福建南安丰州东晋、南朝、唐墓清理简报》，《考古通讯》1958年第6期。

⑬ 福建博物院、泉州市博物馆、南安市博物馆：《福建南安市皇冠山六朝墓群的发掘》，《考古》2014年第5期；福建博物院、泉州市博物馆：《福建南安丰州皇冠山"天监十一年"墓发掘简报》，《东南文化》2017年第4期。

⑭ 泉州市博物馆：《南安市丰州桃源南朝墓清理简报》，《福建文博》2014年第4期。

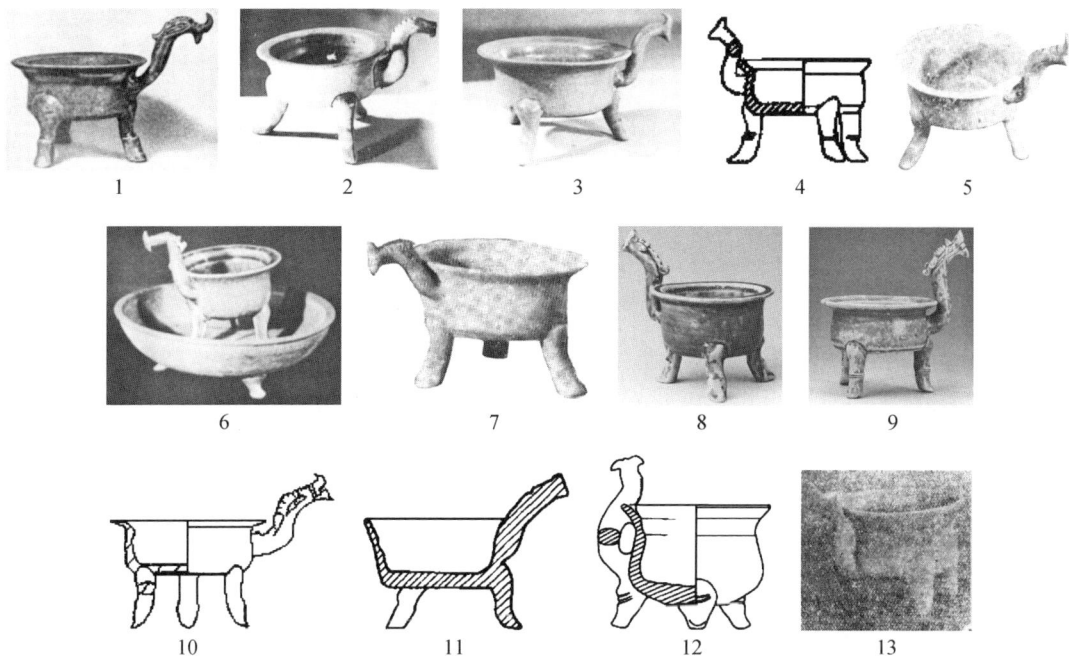

图二一　第壹类—第三类［（半）圆蹄足—龙首曲柄］陶瓷明器类鐎斗

1～11.Ⅰ式（福州郊区、福州洪塘金鸡山M11、福州洪塘金鸡山M6、福州台江龙岭小学M1、闽侯荆山、闽侯南屿、南安丰州M9、南安皇冠山M12、南安皇冠山M9、南安桃源M1、惠安曾厝村）　12、13.Ⅱ式（福州仓山万春一三区M1、福州东郊）

（图二一，10）、惠安曾厝村[①]（图二一，11）等墓葬出土。

南安皇冠山M12的时代为天监十一年，即公元512年，惠安曾厝村墓葬时代为开皇十七年，即公元597年。可知时代大致为南朝中晚期至隋。

Ⅱ式：足蜕化变矮。

福州仓山万春一三区M1[②]（图二一，12）、福州东郊唐墓[③]（图二一，13）出土。

墓葬时代为唐代。

---

① 泉州市文管会、惠安县博物馆：《福建惠安县曾厝村发现两座隋墓》，《考古》1998年第11期。

② 福州市文物考古工作队：《福州市仓山区万春一三区唐墓发掘简报》，《福建文博》2014年第3期。

③ 福州市文物管理委员会：《福州东郊清理一座唐代墓葬》，《考古》1987年第5期。

第貳类：扁平足

根据柄的不同分两类。

第一类：实心直柄

侈口，折沿，弧腹，平底。口沿有流和鋬。密云大唐庄M108[①]（图二二，1）、宣化张恭诱墓[②]（图二二，2）出土。

张恭诱卒于天庆三年（1113年），天庆七年（1117年）葬于祖茔。结合密云大唐庄M108属唐代来看，可知此类墓葬时代为唐至辽代。

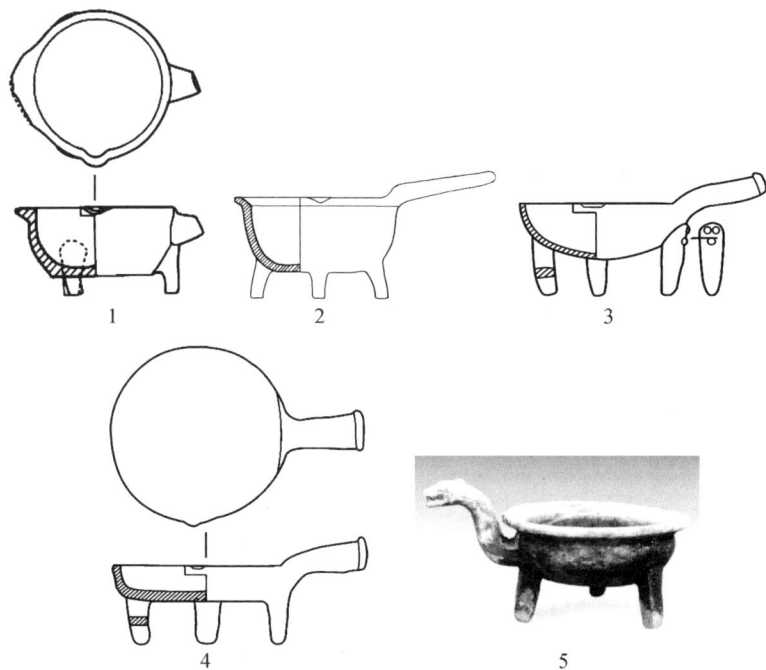

图二二　第貳类（扁平足）陶瓷明器类鐎斗

1、2.第一类（密云大唐庄M108、宣化张恭诱墓）　3、4.第二类（朝阳水泉M10：13、朝阳水泉M10：14）
5.第三类（敦煌佛爷庙湾M72）

---

① 北京市文物研究所：《密云大唐庄——白河流域古代墓葬发掘报告》，上海古籍出版社，2010年，第75页。

② 河北省文物研究所：《宣化辽墓——1974～1993年考古发掘报告》，文物出版社，2001年，第283页。

第二类：有錾直柄

敛口，弧腹，圈底或平底。朝阳水泉M10[1]出土（图二二，3、4）。
墓葬时代为公元1098年。

第三类：龙首曲柄

敞口，弧腹。敦煌佛爷庙湾M72[2]出土（图二二，5）。
墓葬时代为公元394年。

第叁类：锥形足

根据柄的差异分以下几类。

第一类：龙首曲柄

根据口沿的不同分两小类。
甲类：敞口，曲腹。
临安小山弄[3]出土（图二三，1）。
墓葬时代为元康三年，即293年。
乙类：侈口，弧腹。
金华古方M30[4]（图二三，2）、平阳横河[5]（图二三，3）、句容孙西村[6]（图二三，4）、宜兴周墓墩M2[7]（图二三，5）出土。
古方墓葬时代为太康二年，即公元281年；平阳墓葬时代为元康元年，即公元291年；句容墓葬时代为元康四年，即公元294年；宜兴M2的时代为元康七年，即公元297年。

---

① 朝阳市龙城区博物馆：《辽宁朝阳市水泉三座辽代纪年墓》，《北方文物》2020年第4期。
② 甘肃省文物考古研究所：《甘肃敦煌佛爷庙湾墓群2014年发掘简报》，《文物》2019年第9期。
③ 临安市文物馆：《临安小山弄西晋纪年墓发掘简报》，《东方博物》（第三十一辑），浙江大学出版社，2009年，第77页。
④ 金华地区文管会：《浙江金华古方六朝墓》，《考古》1984年第9期。
⑤ 徐定水、金柏东：《浙江平阳发现一座晋墓》，《考古》1988年第10期。
⑥ 南波：《江苏句容西晋元康四年墓》，《考古》1976年第6期。
⑦ 罗宗真：《江苏宜兴晋墓发掘报告——兼论出土的青瓷器》，《考古学报》1957年第4期。

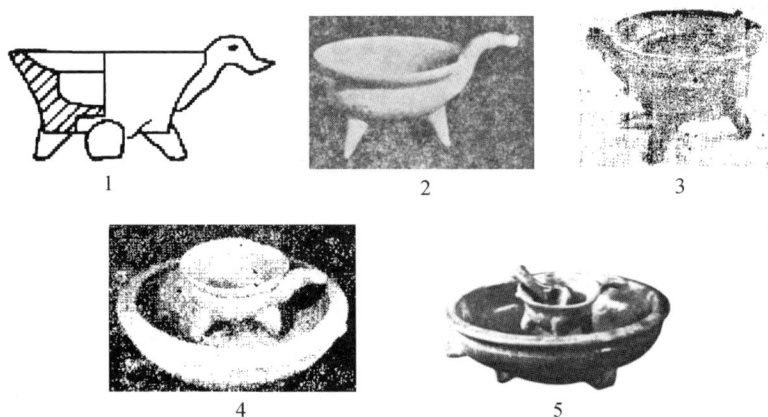

图二三　第叁类—第一类（锥形足—龙首柄）陶瓷明器类鐎斗

1. 甲类（临安小山弄）　　2～5.乙类（金华古方M30、平阳横河、句容孙西村、宜兴周墓墩M2）

第二类：短弧柄

根据口沿的差异分三小类。

甲类：敞口，曲腹，平底。

南京狮子山M1[①]（图二四，1）、江宁索墅M1[②]（图二四，2）、嵊州大塘岭M95[③]（图二四，3）出土。

南京狮子山墓葬的时代为西晋；江宁索墅M1时代为公元280年；嵊州大塘岭M95时代为永安六年，即公元263年。属三国西晋。

乙类：侈口，弧腹。

嵊州苕苕山M75[④]、松阳周垄村[⑤]（图二四，4）、鄞州老虎岩M5[⑥]、安吉天子岗M2和M3[⑦]（图二四，5）、奉化中心粮库M6[⑧]（图二四，6）、南京东善桥[⑨]（图

---

①　南京市博物馆：《南京狮子山、江宁索墅西晋墓》，《考古》1987年第7期。

②　南京市博物馆：《南京狮子山、江宁索墅西晋墓》，《考古》1987年第7期。

③　嵊县文管会：《浙江嵊县大塘岭东吴墓》，《考古》1991年第3期。

④　嵊县文管会：《浙江嵊县六朝墓》，《考古》1988年第9期。

⑤　潘贤达：《浙江松阳县周垄村发现三国吴墓》，《考古》2003年第3期。

⑥　宁波市文物考古研究所、鄞州区文物管理委员会：《宁波鄞州老虎岩三国至唐代墓葬发掘报告》，《东南文化》2011年第2期。

⑦　安吉博物馆：《浙江安吉天子岗汉晋墓》，《文物》1995年第6期。

⑧　宁波市文物考古研究所、奉化市文物保护管理所：《奉化中心粮库古代墓葬和窑址的发掘》，《东方博物》（第三十五辑），浙江大学出版社，2010年，第87页。

⑨　南京市博物馆、江宁县博物馆：《南京市东善桥"凤凰三年"东吴墓》，《文物》1999年第4期。

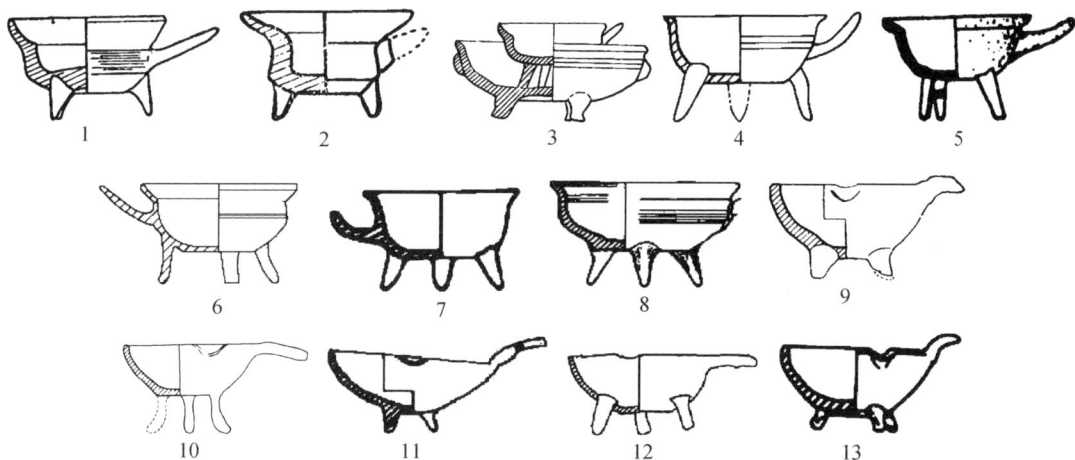

图二四 第叁类—第二类（锥形足—短弧柄）陶瓷明器类鐎斗

1～3. 甲类（南京狮子山M1、江宁索墅M1、嵊州大塘岭M95） 4～8. 乙类（松阳周垄村、安吉天子岗M3、奉化中心粮库M6、南京东善桥、南京仙鹤山M5） 9～13. 丙类（三河行仁庄M1、宣化张世本墓、廊坊西永丰村、蓟州区弥勒院村、固安大土村M3）

二四，7）、南京幕府山M1[①]、南京仙鹤山M5[②]（图二四，8）、绍兴坡塘M308[③]出土。

嵊州M75的年代为太康九年，即公元288年；安吉天子岗M2时代为太康六年，即公元285年；南京东善桥墓葬时代为凤凰三年，即公元274年；幕府山墓葬时代为五凤元年，即公元254年；仙鹤山M5墓葬时代为赤乌十年，即公元247年；绍兴坡塘M308时代为太康七年，即公元286年。可知其年代为三国西晋时期。

丙类：敛口，弧腹，口沿侧均有短流。

三河行仁庄M1[④]（图二四，9）、宣化张世古墓和张世本墓[⑤]（图二四，10）、

① 南京市博物馆：《南京郊县四座吴墓发掘简报》，《文物资料丛刊》（8），文物出版社，1983年，第4页。

② 南京市博物馆、南京师范大学文物与博物馆学系：《南京仙鹤山孙吴、西晋墓》，《文物》2007年第1期。

③ 绍兴县文管所：《浙江绍头坡塘乡后家岭晋太康七年墓》，《考古》1992年第5期。

④ 河北省文物研究所、河北大学历史系、三河县文物保管所：《河北三河县辽金元时代墓葬出土遗物》，《考古》1993年第12期。

⑤ 河北省文物研究所：《宣化辽墓——1974～1993年考古发掘报告》（上），文物出版社，2001年，第261、148页。

怀来桑园[①]、廊坊西永丰村[②]（图二四，11）、蓟州区弥勒院村[③]（图二四，12）、固安大王村M3[④]（图二四，13）出土。

宣化两座墓葬的时代分别为公元1093年和公元1117年。其余或为辽。

第三类：素曲柄

侈口，弧腹。福安溪潭唐墓[⑤]（图二五，1）、莆田下郑唐墓[⑥]（图二五，2）、晋江园坂村M1[⑦]（图二五，3）出土。

莆田所出墓葬年代为公元676年，其余两墓均为唐代。

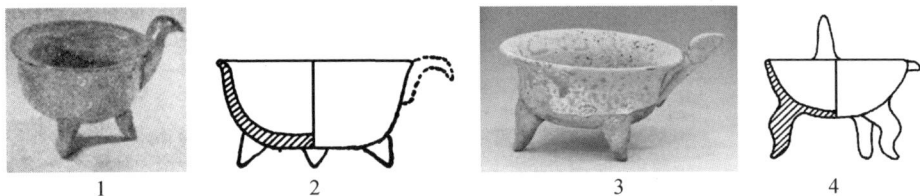

图二五　第叁类—第三类（锥形足—素曲柄）、第肆类（S形足）陶瓷明器类鐎斗
1～3.第叁类第三类（福安溪潭唐墓、莆田下郑唐墓、晋江园坂村M1）　4.第肆类（北京亦庄M14）

第肆类：S形足

仅北京亦庄M14[⑧]（图二五，4）出土，敛口，弧腹，口沿有錾。墓葬时代为辽、金。

---

①　张家口地区文管所：《怀来县桑园发现辽金时代墓葬》，《文物春秋》1993年第2期。

②　廊坊市文物管理处、安次区文物保管所：《廊坊市安次区西永丰村辽代壁画墓》，《文物春秋》2001年第4期。

③　天津历史博物馆考古队、蓟县文物保护管理所：《天津蓟县弥勒院村辽墓》，《文物春秋》2001年第6期。

④　廊坊市文物管理处：《固安县大王村辽墓清理简报》，《文物春秋》2013年第6期。

⑤　福建省博物馆：《福建福安、福州郊区的唐墓》，《考古》1983年第7期。

⑥　福建省博物馆：《福建莆田唐墓》，《考古》1984年第4期。

⑦　泉州市博物馆、泉州市文物保护研究中心、晋江市博物馆：《晋江紫帽园坂村唐墓清理简报》，《福建文博》2018年第2期。

⑧　北京市文物研究所：《北京亦庄考古发掘报告2003—2005年》，科学出版社，2009年，第280、270页。

（二）实 用 器 类

根据足的差异分三大类。

第壹类：锥形足

均为实心直柄。

Ⅰ式：敞口，折沿，浅弧腹。

青神观金乡M2[①]（图二六，1）、涪陵石沱G26（图二六，2）和H13[②]（图二六，3）、巴东旧县坪西L2Ⅰ[③]（图二六，4）、忠县中坝02CdT0202⑦[④]、成都邛崃南街H1[⑤]出土。

Ⅱ式：口沿变宽、深，略形成盘门，腹变深。口沿有流。

忠县中坝01BT0107⑧[⑥]（图二六，5）、万州下中村[⑦]（图二六，6、7）、石柱中间包M1[⑧]（图二六，8）、丰都沙溪嘴[⑨]（图二六，9）、巴东旧县坪西F12Ⅰ[⑩]

---

① 李水成：《四川青神县唐墓清理》，《考古与文物》1986年第1期。

② 重庆市文物局、重庆市移民局编：《重庆库区考古报告集》（2001卷·下），科学出版社，2007年，第2005页；重庆市文物局、重庆市移民局编：《重庆库区考古报告集》（1997卷），科学出版社，2001年，第752页。

③ 国务院三峡工程建设委员会办公室、国家文物局编：《巴东旧县坪》（上），科学出版社，2010年，第538、539页。

④ 重庆市文物局、重庆市水利局编：《忠县中坝》（三），科学出版社，2020年，第1623、1624页。

⑤ 成都市文物考古研究所、邛崃市文物保护管理所：《成都邛崃市南街唐宋遗址发掘简报》，《成都考古发现》（2000），科学出版社，2002年，第336页。

⑥ 重庆市文物局、重庆市移民局编：《忠县中坝》（三），科学出版社，2020年，第1623、1624页。

⑦ 重庆市文物局、重庆市水利局编：《万州下中村遗址》，科学出版社，2017年，第136、146页。

⑧ 重庆市文物局、重庆市移民局编：《重庆库区考古报告集》（2002卷·中），科学出版社，2010年，第898页。

⑨ 重庆市文物局、重庆市移民局编：《重庆库区考古报告集》（2002卷·下），科学出版社，2010年，第1810页。

⑩ 国务院三峡工程建设委员会办公室、国家文物局编：《巴东旧县坪》（上），科学出版社，2010年，第539页。

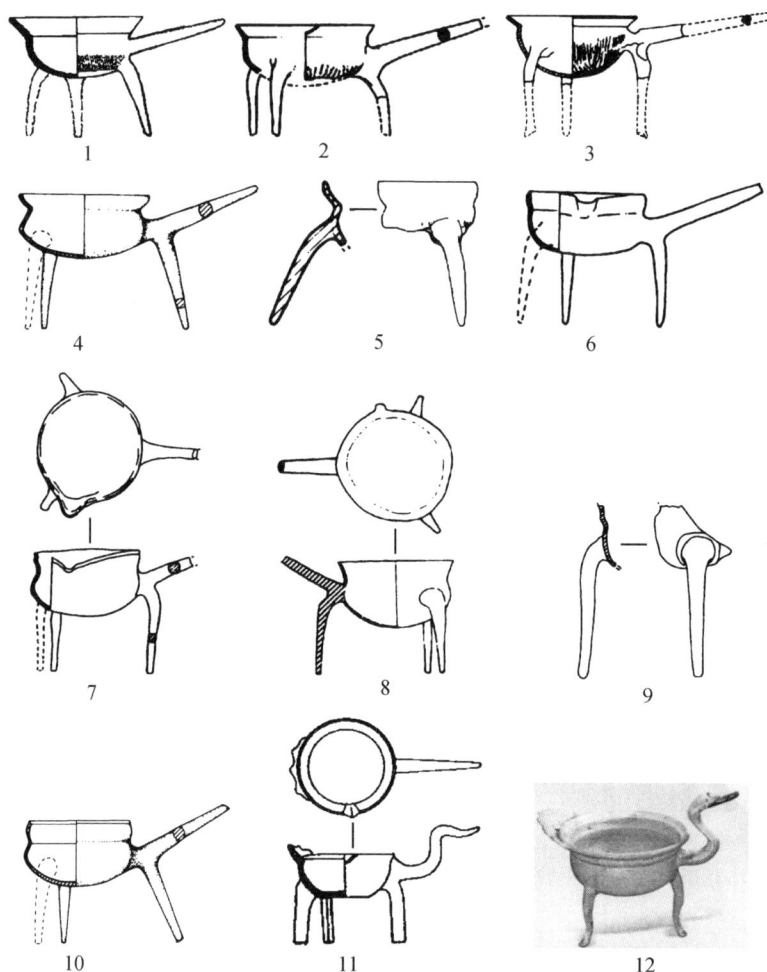

图二六　陶瓷实用类鐎斗

1~4. 第壹类Ⅰ式（青神观金乡M2、涪陵石沱G26、涪陵石沱H13、巴东旧县坪西L2Ⅰ）
5~10. 第壹类Ⅱ式（忠县中坝01BT0107⑧、万州下中村H56、万州下中村H14、石柱中间包M1、丰都沙溪嘴
ⅡT3101⑤、巴东旧县坪西F12Ⅰ）　11. 第贰类（昌平旧县唐墓）　12. 第叁类（内丘四里铺）

（图二六，10）出土。

时代为宋。

第贰类：扁平足

龙首曲柄。侈口，弧腹，平底。口沿上有錾和流。昌平旧县唐墓出土1件[1]（图二六，11）。

墓葬属唐代。

————————————

① 北京市文物工作队：《北京市发现的几座唐墓》，《考古》1980年第6期。

第叁类：S形足

凫首曲柄。盘口，直腹，平底。口沿一侧有桃形錾。内丘四里铺[1]出土（图二六，12）。

时代属唐代。

需要说明的是，还有不少鐎斗因为资料未公开或锈蚀或残缺等，无法进行类型学的分类和观察。铜鐎斗如湖南博物院库房、长沙博物馆库房均有不少[2]，可惜未整理发表。铁鐎斗如萧山溪头黄[3]、湖州杨家埠[4]等均出土不少，由于锈蚀等原因，无法测绘形制。陶瓷类更多，如江东有苏州吴中区狮子山M3和M4[5]、句容孙西村西晋墓[6]、溧阳永和村孙吴墓[7]、无锡惠山娘娘堂墓[8]、南京高家山M2[9]、余杭义桥M20和M23[10]、萧山老虎洞M26[11]、武义陶器厂三国墓[12]、瑞安桐溪M107和M120[13]等均有出土；闽赣境内瑞昌马头西晋墓[14]、清江（现樟树市）淦上村隋墓[15]、政和松源

[1] 千年邢窑编辑委员会编，赵庆钢、孙志忠主编：《千年邢窑》，文物出版社，2007年，第198页。

[2] 笔者曾进入参观，由于博物馆库房的规定，无法拍摄。两馆的数量近20件。

[3] 杭州市文物考古研究所、萧山博物馆：《萧山溪头黄战国汉六朝墓》，文物出版社，2018年，第188、190页。

[4] 胡继根主编：《浙江汉墓》，文物出版社，2016年，第224页。

[5] 张志新：《江苏吴县狮子山西晋墓清理简报》，《文物资料丛刊》（3），文物出版社，1980年，第135页；吴县文物管理委员会：《江苏吴县狮子山四号西晋墓》，《考古》1983年第8期。

[6] 南波：《江苏句容西晋元康四年墓》，《考古》1976年第6期。

[7] 南京博物院：《江苏溧阳孙吴凤凰元年墓》，《考古》1962年第8期。

[8] 江苏省文物管理委员会：《无锡惠山娘娘堂古墓清理简报》，《考古通讯》1957年第2期。

[9] 李蔚然：《南京高家山的六朝墓》，《考古》1963年第2期。

[10] 杭州市文物考古所、余杭区博物馆：《余杭义桥汉六朝墓》，文物出版社，2010年，第118、124页。

[11] 复旦大学文物与博物馆学系、杭州市文物考古研究所、杭州市萧山区博物馆：《浙江杭州萧山老虎洞遗址东吴、南朝墓发掘简报》，《文物》2021年第7期。

[12] 金华地区文管会、武义县文管会：《浙江武义陶器厂三国墓》，《考古》1981年第4期。

[13] 浙江省文物管理委员会：《浙江瑞安桐溪与芦蒲古墓清理》，《考古》1960年第10期。

[14] 江西省博物馆：《江西瑞昌马头西晋墓》，《考古》1974年第1期。

[15] 清江县博物馆：《清江县发现两座纪年隋墓》，《文物工作资料》1976年第3期。

M834①、福州西门外M3②、福州洋桃岭M2③、福州天才山M1④、闽侯杜武唐墓⑤、闽侯连江园村M1⑥、福州登云乡M1～M4⑦、福州登云水库唐墓⑧、福州凤凰山唐墓⑨、福州市郊"八一"水库M1和M2⑩、闽侯恒心乡唐墓⑪、晋江草邦水库唐墓⑫、安溪顶圆乡唐墓⑬、南安梅婷M2和M3⑭、仙游三象乡唐墓⑮等也有出土；在峡江的中坝遗址等，无法修复的陶鐎斗有600多件⑯。

① 福建省博物馆、政和县文化馆：《福建政和松源、新口南朝墓》，《文物》1986年第5期。

② 福建博物院编：《福州西门外六朝墓清理简报》，《福建考古资料汇编》（1953～1959），科学出版社，2011年，第110页。

③ 福建博物院编：《福州市仓山区洋桃岭发现六朝、唐墓清理简报》，《福建考古资料汇编》（1953～1959），科学出版社，2011年，第122页。

④ 福建博物院编：《福州市北郊天才山六朝墓清理记》，《福建考古资料汇编》（1953～1959），科学出版社，2011年，第130页。

⑤ 福建博物院编：《闽侯荆山、杜武古墓清理记》，《福建考古资料汇编》（1953～1959），科学出版社，2011年，第142页。

⑥ 福建博物院编：《南福铁路古墓群发掘记》，《福建考古资料汇编》（1953～1959），科学出版社，2011年，第149页。

⑦ 福建博物院编：《福州东门外登云乡唐宋古墓清理简报》，《福建考古资料汇编》（1953～1959），科学出版社，2011年，第163～166页。

⑧ 福建博物院编：《东门外登云水库唐墓清理简报》，《福建考古资料汇编》（1953～1959），科学出版社，2011年，第169页。

⑨ 福建博物院编：《福州市西门外凤凰山唐墓清理简报》，《福建考古资料汇编》（1953～1959），科学出版社，2011年，第170、171页。

⑩ 福建博物院编：《福州市郊"八一"水库唐墓清理简报》，《福建考古资料汇编》（1953～1959），科学出版社，2011年，第172页。

⑪ 福建博物院编：《闽侯县恒心乡唐墓清理简报》，《福建考古资料汇编》（1953～1959），科学出版社，2011年，第178页。

⑫ 福建博物院编：《福建晋江莆田古墓的清理》，《福建考古资料汇编》（1953～1959），科学出版社，2011年，第182页。

⑬ 福建博物院编：《安溪唐墓发现及清理简报》，《福建考古资料汇编》（1953～1959），科学出版社，2011年，第189页。

⑭ 福建博物院编：《南安唐墓清理简报》，《福建考古资料汇编》（1953～1959），科学出版社，2011年，第194页。

⑮ 福建博物院编：《仙游三象乡唐墓清理记录》，《福建考古资料汇编》（1953～1959），科学出版社，2011年，第196页。

⑯ 重庆市文物局、重庆市水利局编：《忠县中坝》（三），科学出版社，2020年，第1623、1624页。

第二章　时空分布特征

不同类型鐎斗的时代、空间分布特征如何？呈现出怎样的发展变化轨迹？需要从时段、分布区域，再结合规模方面综合考察。

一、分　　期

根据上文对不同质地鐎斗的类型划分和时代分析，可大致观察不同质地、类型鐎斗所处的时段以及呈现的变化。为直观地描述这种变化，各种质地、类型鐎斗的时代列表如下。

（一）铜　质　类

铜鐎斗各类型的时代汇总如表一。

从表一可以看出，不同类型铜鐎斗时代差异甚大，不少仅出现在某一时段，反映出极强的时段性。

如汉代，（半）圆蹄足类仅有銴直柄和实心直柄两类；扁锥形足和扁蹄足基本集中在三国西晋；扁平足、S形足、禽蹼足、狮蹄足均出现在唐代；（半）圆蹄足折柄类仅出现在南北朝时期。仅（半）圆蹄足龙首曲柄类延续至北宋。

结合表一，可将铜鐎斗的发展演变分为以下六个阶段。

第一阶段：两汉。仅有（半）圆蹄足直柄类（有銴和实心）。

第二阶段：三国西晋。新出现扁锥形足和扁蹄足两大类。柄的形态亦增多，如龙首曲柄。

第三阶段：东晋十六国。类型大幅度减少，扁锥形足类消失不见。但柄的类型出现新的变化，如出现带横梁的龙首曲柄。

第四阶段：南北朝—隋。虽然大类仅有（半）圆蹄足，不过柄的形态较为丰富，新出现折柄。

表一　铜鐎斗各类型所处时段一览表

阶段	第壹类[(半)圆蹄足]第一类（有鋬直柄）	第壹类第二类（实心直柄）	第壹类第三类（龙首曲柄）甲类（无横梁）A型（足无装饰）	第壹类第三类甲类（无横梁）B型（足有装饰）	第壹类第三类乙类（有横梁）A型（足无装饰）	第壹类第三类乙类（有横梁）B型（足有装饰）	第壹类第四类（折柄）甲类（无横梁）	第壹类第四类（折柄）乙类（有横梁）	第贰类（扁锥形足）第一类（有鋬直柄）	第贰类第二类（实心直柄）	第贰类第三类（龙首曲柄）甲类（敞口）	第贰类第三类乙类（侈口）	第叁类（扁蹄足）第一类（足无装饰）	第叁类第二类（足有装饰）	第肆类（扁平足）	第伍类（S形足）	第陆类（禽蹼足）	第柒类（狮蹄足）第一类（龙首曲柄）	第柒类第二类（实心直柄）
西汉	●	Ⅰ																	
东汉	●	Ⅰ																	
三国西晋		Ⅱ	Ⅰ、Ⅱ	Ⅰ		●			●	●	●	●	●	Ⅰ、Ⅱ					
东晋十六国		Ⅲ	Ⅱ	Ⅱ	Ⅰ、Ⅱ	●		●						Ⅱ					
南北朝—隋		Ⅲ	Ⅲ、Ⅳ	Ⅲ	Ⅱ、Ⅲ、Ⅳ		Ⅰ、Ⅱ、Ⅲ、Ⅳ												
唐代			Ⅴ												●	●	●	●	●
北宋、辽			Ⅴ																

第五阶段：唐代。传统类型趋于消亡，如（半）圆蹄足类仅剩余龙首曲柄一种，但同时新出现扁平足、S形足、禽蹼足、狮蹄足。

第六阶段：北宋、辽。仅残留（半）圆蹄足龙首曲柄一类。

（二）铁　质　类

铁鐎斗各类型的时代汇总如表二。

从表二可知，铁鐎斗的类型亦呈现出明显的时段性特征。例如，扁锥形足只出现于三国西晋，扁平足和S形足基本见于唐和北宋，仅（半）圆蹄足延续时代较长。其阶段性变化大致可分五个阶段，如下。

第一阶段：东汉。仅（半）圆蹄足实心直柄类。

第二阶段：三国西晋。新出现扁锥形足，柄则增加了龙首曲柄和素曲柄。

第三阶段：东晋十六国。仅剩（半）圆蹄足龙首曲柄类。

第四阶段：南北朝—隋。除了（半）圆蹄足外，新出现扁平足。

第五阶段：唐、北宋、辽。新出现S形足，柄的类别新增凫首曲柄、折柄、有銎直柄之类。

（三）陶　瓷　类

陶瓷类鐎斗各类型的时代汇总如表三。

由表三可知，多数类型仅出现在一个时段内，如（半）圆蹄足实心直柄类出现在东汉，扁平足龙首曲柄和有銎直柄类分别出现在东晋十六国和宋辽，锥形足龙首曲柄类仅见于三国西晋。据此，陶瓷类分为以下五个阶段。

第一阶段：东汉。仅发现（半）圆蹄足实心直柄类。

第二阶段：三国西晋。新出现锥形足龙首曲柄、短弧柄之类。

第三阶段：东晋十六国。仅有扁平足龙首曲柄一种。

第四阶段：南北朝—隋。有（半）圆蹄足短弧柄和龙首柄类。

第五阶段：唐、北宋、辽。足覆盖（半）圆蹄足、扁平足、S形足、锥形足四类，柄有实心直柄、龙首曲柄、有銎直柄、素曲柄、短弧柄等。

比较而言，铜鐎斗的类型最为丰富，基本覆盖铁和陶瓷类，可知铁、陶瓷类基本仿制铜鐎斗。

不过也可以看到，铁和陶瓷类鐎斗的发展阶段基本相同，而与铜鐎斗有别，反映出各质地在不同阶段的侧重类型有所不同。

表二　铁镶斗各类型所处时段一览表

阶段	第壹类 [（半）圆蹄足]			第贰类（扁锥形足）		第叁类（扁平足）				第肆类（S形足）		第伍类（锥形足）
	第一类（实心直柄）	第二类（龙首曲柄）	第三类（凫首柄）	第一类（龙首曲柄）	第二类（素曲柄）	第一类（龙首曲柄）	第二类（有鋬直柄）	第三类（折柄）	第四类（凫首曲柄）	第一类（凫首曲柄）	第二类（折柄）	
东汉	●											
三国西晋	●	Ⅰ		●	●							
东晋十六国		Ⅱ										
南北朝—隋		Ⅲ、Ⅳ	●			Ⅰ						
唐		Ⅳ				Ⅱ、Ⅲ		●	●	●		
北宋、辽							●			●	●	●

表三　陶瓷鐎斗各类型所处时代一览表

阶段	第壹类[(半)圆蹄足]第一类(实心直柄)	第壹类第二类(短弧柄)甲类(敞口)	第壹类第二类(短弧柄)乙类(侈口)	第壹类第三类(龙首曲柄)	第贰类(扁平足)第一类(实心直柄)	第贰类第二类(有鋬直柄)	第贰类第三类(龙首曲柄)	第叁类(锥形足)第一类(龙首曲柄)甲类(敞口)	第叁类第一类(龙首曲柄)乙类(侈口)	第叁类第二类(短弧柄)甲类(敞口)	第叁类第二类(短弧柄)乙类(侈口)	第叁类第二类(短弧柄)丙类(敛口)	第叁类第三类(素曲柄)	第叁类第肆类(S形足)	实用器类第壹类(锥形足)	实用器类第贰类(扁平足)	实用器类第叁类(S形足)
东汉	●																
三国西晋		●						●	●	●	●						
东晋十六国			●	I			●										
南北朝—隋				II	●												
唐					●	●						●	●	●		●	●
北宋、辽															I、II		

二、各类型的兴衰变化

　　显然，不同阶段鐎斗类型的多寡，只能代表形态的多样性和复杂化，原因很可能与地域性有关，其背后则是制作区域、人群的变化。但并不能反映鐎斗的兴衰，因为兴盛、衰亡更多依赖于数量规模和出土范围，出土范围广、数量多，才是兴盛的反映。因此要探讨其兴衰变化，必须结合出土数量和区域进行综合考察。鉴于不同质地的兴衰过程可能存在差异，故暂且将铜、铁和陶瓷类分开讨论。

　　由于涉及鐎斗出土规模的统计，其数量统计的准确度则深受资料发表的程度、不同材质的保存状况影响。相比而言，铁质类最易腐蚀而无法统计，铜鐎斗则因为铜料来源的稀缺往往被销毁。因此，各质地统计结果的可信度，只能局限于相同质地之内。

　　另外，统计是按出处还是具体件数？按理来说，相比件数而言，出处数量的统计更为准确，也较能准确反映出使用的程度和区域范围。如何统计出处的数量？对此，本书按考古发掘的最小单元进行，如墓地考古发掘，最小单位即某个墓葬。若是居址，则地层或遗迹的地层为最小单元。假设一个墓地有5座墓葬出土20件鐎斗，其出处的数量统计为5处。为此，下面对数量的统计代表着出处的数量。按不同质地列表如下。

（一）铜 质 类

　　通过表四，很容易看出铜鐎斗出土规模的变化，大致呈现波浪起伏形态：西汉时期开始出现，东汉进入发展阶段，三国西晋时期进入第一个波峰，东晋十六国时期为波谷，南北朝开始再次兴盛发展，形成第二个波峰，唐代开始衰落，北宋几乎消亡。

　　具体到各类型方面，兴衰过程并不一致。

　　（1）两汉时期，（半）圆蹄足有鋬直柄类占据主导，但其进入三国西晋消亡。

　　（2）三国西晋时期，扁锥形足类数量较多，扁蹄足和（半）圆蹄足龙首曲柄类亦有一定规模。不过进入东晋，扁锥形足类和扁蹄足类急剧衰退。

　　（3）南北朝—隋时期，（半）圆蹄足类占据统治地位，其中折柄类规模巨大，但其之后迅速消亡。

　　（4）唐代，S形足和狮蹄足类数量较多，其他零零星星发现。

　　（5）北宋、辽，除了（半）圆蹄足龙首曲柄类偶有发现外，其余类型消亡。

表四　铜鐎斗各类型出土规模一览表

阶段	第壹类 [（半）圆蹄足] 第一类（有銴直柄）	第二类（实心直柄）	第三类（龙首曲柄）甲类（无横梁）A型（足无装饰）	甲类（无横梁）B型（足有装饰）	乙类（有横梁）A型（足无装饰）	乙类（有横梁）B型（足有装饰）	第四类（折柄）甲类（无横梁）	第四类乙类（有横梁）	第贰类（扁锥形足）第一类（有銴直柄）	第二类（实心直柄）	第三类（龙首曲柄）甲类（敞口）	第三类乙类（侈口）	第叁类（扁蹄足）第一类（足无装饰）	第二类（足有装饰）	第肆类（扁平足）	第伍类（S形足）	第陆类（禽蹼足）	第柒类（狮蹄足）第一类（龙首曲柄）	第二类（实心直柄）	合计
西汉	4	1																		5
东汉	12	1																		13
三国西晋		1	9	11					1	1	25	4	2	8						62
东晋十六国		4	2	2	2	1								8						19
南北朝—隋		2	8	1	8	1	42	2												64
唐代			4												1	11	2	7	1	26
北宋、辽			1																	1

（二）铁 质 类

铁鐎斗各类型的时代汇总如表五。对比可见，相比铜鐎斗而言，铁质类鐎斗的出土规模十分有限，其大致呈现"V"形的态势。东汉时期突然较多，之后渐趋减少，至东晋十六国时期几乎濒临消亡，南北朝时期缓慢回升，至唐代略有爆发并到达顶峰，之后再次衰落。

具体类型方面，分布重心并不相同。

（1）东汉时期，（半）圆蹄足实心直柄类一枝独秀。

（2）三国两晋时期，主要为扁锥形足类。

（3）南北朝—隋时期，（半）圆蹄足龙首曲柄类和扁平足龙首曲柄类略多。

（4）唐至北宋、辽，多种类型出现，但规模差距不大。

（三）陶 瓷 类

从总体规模而言，陶瓷类鐎斗与铜鐎斗规模相差较大，但相对铁质类则数量较多。其发展趋势亦存在自己的特征：东汉时期出现，三国西晋迅猛发展，东晋十六国时期残存，南北朝时期再次发展，虽然之后略有下降，但一直维持到北宋并最终到达高峰（表六）。

不同阶段，各类型的发展差异十分明显。

（1）东汉时期，偶见（半）圆蹄足实心直柄类。

（2）三国西晋时期，锥形足大量出现，（半）圆蹄足较上期略有增多。

（3）东晋十六国时期，基本消亡。

（4）南北朝时期，基本仅有（半）圆蹄足类，其中短弧柄和龙首曲柄较多。

（5）唐至北宋、辽，类型增多，规模亦急剧上升。

为直观展现不同质地鐎斗的兴衰阶段，将三类质地鐎斗不同阶段的总体规模列表如下（表七）。需要说明的是，表七的数字统计乃基于附录，其包含了大量的馆藏或金石学著录品。

可见，在唐代之前，除了东汉外，铜鐎斗的出土规模一直遥遥领先，与铁和陶瓷类的差距十分明显；但唐代开始铜质类规模明显下降，而铁质类得到回升，两者差距缩小；北宋、辽代阶段，陶瓷类后来居上并遥遥领先，而铜鐎斗基本消亡，铁质类亦不多见。

表五 铁镰斗各类类型出土规模一览表

| 阶段 | 第壹类 [（半）圆踮足] | | | 第貳类（扁锥形足） | | 第叁类（扁平足） | | | | 第肆类（S形足） | | 第伍类（锥形足） | 合计 |
	第一类（实心直柄）	第二类（龙首曲柄）	第三类（凫首柄）	第一类（龙首曲柄）	第二类（素曲柄）	第一类（龙首曲柄）	第二类（有銎直柄）	第三类（折柄）	第四类（凫首曲柄）	第一类（凫首曲柄）	第二类（折柄）		
东汉	7												7
三国西晋	1			3	1								5
东晋十六国		1											1
南北朝—隋		4				5							9
唐代		2	1			3		2	2	4			14
北宋、辽		1					1			2	1	4	9

表六　陶瓷鐎斗各类类型出土规模一览表

阶段	明器类 第壹类[(半)圆蹄足] 第一类(实心直柄)	明器类 第壹类 第二类(短弧柄) 甲类(敞口)	明器类 第壹类 第二类(短弧柄) 乙类(侈口)	明器类 第壹类 第三类(龙首曲柄)	明器类 第贰类(扁平足) 第一类(实心直柄)	明器类 第贰类 第二类(有錾直柄)	明器类 第贰类 第三类(龙首曲柄)	明器类 第叁类(锥形足) 第一类(龙首曲柄) 甲类(敞口)	明器类 第叁类 第一类(龙首曲柄) 乙类(侈口)	明器类 第叁类 第二类(短弧柄) 甲类(敞口)	明器类 第叁类 第二类(短弧柄) 乙类(侈口)	明器类 第叁类 第二类(短弧柄) 丙类(敛口)	明器类 第叁类 第三类(素曲柄)	实用类 第肆类(S形足)	实用类 第壹类(锥形足)	实用类 第贰类(扁平足)	实用类 第叁类(S形足)	合计
东汉	1																	1
三国西晋		3						1	4	3	10							21
东晋十六国							1											1
南北朝一隋			6	9									3					15
唐代				2	1	1										1	1	8
北宋、辽												7		2	11*			22

* 据统计忠县中坝遗址出土634件，分属多个遗迹单元。所出远不止报告列举的2处。器形属实用类壹类。

需要注意的是，陶瓷类鐎斗在北宋时期的增多，与其作为实用器有关。虽然铜、铁质类不排除个别为明器，但基本属日常用具。因此，唐代开始三种质地鐎斗的兴衰变化，反映出日常生活中的替代关系：铁鐎斗在唐代逐渐挤占铜鐎斗的比重，在北宋时期陶瓷类则进一步排挤铜、铁类。而铜鐎斗的萎缩可能与唐代开始的铜禁政策有关。

表七　各种质地鐎斗出土规模统计表

	西汉	东汉	三国西晋	东晋十六国	南北朝至隋	唐代	北宋、辽
铜	5（1）	13（3）	66（22）	27（4）	50（31）	8（19）	1（1）
铁		20（1）	7	1	14（2）	35	18
陶瓷		4	44	1	33	26（1）	上千

说明：表格中无括号的数字基于附表一进行统计；括号内的数字则基于附表二进行统计

三、地区分布特征及重心的变化

不同类型的分布区域是否存在差异，不同阶段分布重心的变化如何？对此需要结合出土区域进行统计。

为观察方便，根据鐎斗的大致出土位置，将全国划分为：江东、闽赣、两湖、岭南、西南、江淮、东北、黄淮及以北共八个地理单元。

需要说明的是，部分博物馆藏品由于出土地不明故不予统计；上文中部分无法进行类型学研究的器物由于有明确的出土地和时代，则可纳入统计范畴。因此各区域所出与类型统计的数字存在差异。

（一）铜　质　类

根据表八，可知铜鐎斗主要集中分布在江东和黄淮及以北两地，江淮、岭南、西南、东北所出十分有限。但不同阶段，分布重心存在变数。

（1）两汉时期。主要集中分布在江东境内；江淮和岭南偶见。

（2）三国西晋时期。分布范围急剧扩大；虽然依然集中分布在江东境内，但黄淮及以北、两湖亦是重要的出土地，在闽赣、岭南、江淮、东北零星发现。

（3）东晋十六国时期。分布区域虽然不少，但规模急剧下降。江东所出依然占据主导。

（4）南北朝—隋时期。江东的地位被黄淮及以北地区远远超越，西南和闽赣的地位上升，与江东大致齐平。

（5）唐—北宋、辽时期。各地均为零星出土。

另外，不同区域所出时段特征也十分明显。

（1）江东。所出时段长，从西汉延续到唐代。不过三国西晋时期最为繁盛，之后渐趋衰落。

（2）江淮、岭南。所出均零零星星。

（3）闽赣。三国西晋时期出现，南北朝时期略有发展，之后衰落。

（4）两湖。三国西晋时期出现且盛行，之后衰落。

（5）西南。基本出现在南北朝时期。

（6）黄淮及以北。三国西晋时期出现且规模不小，东晋时期急剧衰落，但到了南北朝时期繁盛且超越江东，之后衰落。

（7）东北。主要集中在三国西晋和东晋十六国阶段。

不同区域的差异、同区域内不同阶段的变化，涉及各区域政治经济的发展变化和文化交流、人员的往来。对此，将在下面章节进行探讨。

表八　各区域不同阶段出土铜鐎斗规模一览表

阶段	江东	江淮	闽赣	两湖	岭南	西南	黄淮及以北	东北
西汉	1	2			2			
东汉	12			1				
三国西晋	31	1	3	15	2		13	1
东晋十六国	15		1	2	3	1	1	4
南北朝—隋	8	1	8	1		11	21	
唐	1		3	1			2	1
北宋、辽			1					
合计	68	4	16	20	7	12	37	6

说明：仅统计附录一，即考古报告所载鐎斗

（二）铁　质　类

相比铜鐎斗而言，铁质类的区域分布相对均匀，黄淮及以北和西南、江东略多，西湖和闽赣相差无几，不过江淮和岭南罕见或零星发现（表九）。

不同阶段，分布重心有所改变。

（1）东汉时期。仅发现于江东境内。

（2）三国西晋时期。零星分布于长江中下游沿线。

（3）东晋十六国时期。基本消亡。

（4）南北朝—隋时期。西南地区异军突起，其他地区基本不见。

（5）唐代。黄淮及以北占据主导，闽赣、西南、东北、江东零星出土。

（6）北宋、辽时期。所出均零零星星。

同样，不同区域分布的阶段差异较大。

（1）江东，发现且盛行于东汉，之后几乎消亡。

（2）江淮、岭南出土几乎空白。

（3）闽赣在南朝至唐代略有增多，其他时段罕见。

（4）两湖地区，仅零星发现于三国西晋和北宋。

（5）西南地区，东晋十六国时期偶见，南北朝盛行，之后消亡。

（6）黄淮及以北地区，南北朝时期出现，唐代盛行，之后衰落。

（7）东北境内，唐宋时期有所发现。

表九　各区域不同阶段出土铁鐎斗规模一览表

	江东	江淮	闽赣	两湖	岭南	西南	黄淮及以北	东北
西汉								
东汉	20							
三国西晋	3		1	3				
东晋十六国						1		
南北朝—隋			2			10	2	
唐	1		3			4	15	2
北宋、辽		2	3	5		1	4	3
合计	24	2	9	8		16	21	5

说明：仅统计附录一，即考古报告所载鐎斗

（三）陶　瓷　类

陶瓷类不同区域所出分化十分明显，西南所出最为丰富，其次为闽赣、江东，黄淮及以北略有出土，其他地区罕见（表一〇）。

不同阶段，分布重心存在差异。

（1）东汉至三国西晋时期，江东占据绝对主导。

（2）南北朝至唐代，重心转移至闽赣境内。

（3）北宋、辽时期，重心转移至西南。

各区域的发展趋势亦有不同。

（1）江东，基本出现在东汉至三国西晋。

（2）闽赣，基本出现且盛行于南北朝和唐代。

（3）西南，虽然南北朝至唐代有零星出现，但北宋时期呈现大爆发性增长。

（4）黄淮及以北地区，基本集中在唐宋。

（5）其他地区几乎不见。

表一○　各区域不同阶段出土陶瓷鐎斗规模一览表

阶段	江东	江淮	闽赣	两湖	岭南	西南	黄淮及以北	东北
西汉								
东汉	4							
三国西晋	40	1	2	1				
东晋十六国							1	
南北朝—隋	1		31				1	
唐			23				3	
北宋、辽						上千	11	2
合计	45	1	56	1		上千	16	2

说明：仅统计附录一，即考古报告所载鐎斗。

（四）比　　较

通过比较可以看出，不同质地存在不同的地区分布重心。

铜质类，以江东和黄淮及以北为中心，其他地区零星发现。

铁质类的区域分布相对均匀，主要发现于江东、黄淮及以北和西南境内，闽赣、两湖、东北所出亦有一定规模，其他地区罕见。

仅黄淮及以北略多，江东、西南和闽赣相差无几，不过江淮和岭南分布空白。

陶瓷类不同区域所出差异十分明显，西南、闽赣、江东遥遥领先，黄淮及以北略有出土，其他地区罕见。

综合上述三类不同质地鐎斗，各区域所出鐎斗的总体分布特征如下（表一一）。

（1）分布重心集中在江东、闽赣、西南和黄淮及以北四个大的区域。

（2）不同阶段，分布重心偏移。

1）汉至三国西晋，重心在江东。

2）南北朝时期，黄淮及以北和闽赣两地突起，西南亦超过江东。

表一一 各区域出土不同质地镣斗规模对比

阶段	江东			江淮			闽赣			两湖			岭南			西南			黄淮及以北			东北		
	铜	铁	陶	铜	铁	陶	铜	铁	陶	铜	铁	陶	铜	铁	陶	铜	铁	陶	铜	铁	陶	铜	铁	陶
西汉	1			2									2											
东汉	12	20	4							1														
三国西晋	31	3	40	1		1	3	1	2	15	3	1	2						13			1		
东晋十六国	15						1			2			3				1		1		1	4		
南北朝一隋	8		1	1			8	2	31	1						11	10		21	2	1	1	2	
唐	1	1					3	3	23		5						4		2	15	3		3	
北宋、辽					2		1	3									1	上千		4	11			2
合计	68	24	45	4	2	1	16	9	56	20	8	1	7			12	16	上千	37	21	16	6	5	2

说明：仅统计附录一，即考古报告所载镣斗。

3）唐代，闽赣成为分布重心，黄淮及以北其次，其他地区零星发现。

4）北宋、辽，分布重心转移至西南境内。

（3）不同区域内，不同阶段出土的质地重心有偏差。

1）江东。总体而言，铜质类占据主导，陶瓷类其次，铁质类垫底。

2）闽赣。陶瓷类为主，铜、铁质类并不丰富。

3）两湖。铜质为主，铁质、陶瓷类零星发现。

4）岭南。仅有铜质类。

5）西南。以陶瓷类为主，铜、铁质类零星出土。

6）黄淮及以北。铜质类占据主导，铁质类和陶瓷类相差无几。

7）东北和江淮均零星出土。

第三章　制作、传播交流及其背景

从第二章可以看出，鐎斗最早出现于两汉时期，之后历经三国两晋南北朝和唐代，在北宋、辽时期逐渐消亡。作为跨越千年的器类，其分布地域的重心从最早的江东，之后陆续转移至黄淮、闽赣和西南，无疑鐎斗在各地生产制作，并存在广泛的传播与交流。其制作和传播交流产生何等影响，制作、传播交流背后的原因何在？为此，下面便试作探讨。

一、两汉时期

两汉时期，铜鐎斗为（半）圆蹄足有銴直柄和实心直柄两类；铁鐎斗和陶瓷鐎斗均仅为（半）圆蹄足实心直柄类。

对比可见，铁质类和陶瓷类与铜鐎斗有銴直柄类别无二致，与铜鐎斗的实心直柄存在差异。

在分布地域上，东汉时期铜质类、铁质类和陶瓷类基本仅见于江东境内，无疑制作地区在江东。从铜鐎斗的数量来看，（半）圆蹄足有銴直柄类为主要生产的器类。

西汉时期仅发现5例铜鐎斗，分别出土于金华马铺岭[1]、贵港深钉岭[2]、兴安石马坪[3]、天长槽坊[4]、六安双龙机床厂[5]。虽从目前统计的数量来看，江淮和岭南所出

---

[1]　金华地区文管会：《浙江省金华马铺岭汉墓》，《考古》1982年第3期。

[2]　广西壮族自治区文物工作队、贵港市文物管理所：《广西贵港深钉岭汉墓发掘报告》，《考古学报》2006年第1期。

[3]　广西壮族自治区文物工作队、兴安县博物馆：《兴安石马坪汉墓》，《广西考古文集》，文物出版社，2004年，第249页。

[4]　天长市博物馆、天长市文物管理所：《安徽天长市槽坊汉墓群发掘简报》，《文物研究》（第19辑），科学出版社，2012年，第128页。

[5]　安徽省文物考古研究所、武汉大学历史学院考古系、六安市文物局：《安徽六安城东墓地——双龙机床厂墓群发掘报告》（四），上海古籍出版社，2016年，第1523页。

略多，但此两地东汉时期再无发现，并无使用鐎斗的传统，可知并非生产地。

因此，两汉时期鐎斗的生产制作仅在江东境内，其他地区所出为江东所输送。

两汉时期江淮与江东的交往十分密切，江东陶瓷器的大量出土便知，如天长三角圩①、盱眙大云山②等墓地所出圆壶、瓿、鼎、盒、罐等，因此偶尔发现几例铜鐎斗不足为奇。

汉代岭南与江东亦存在密切的联系，《后汉书·郑弘列传》所载"旧交阯七郡贡献转运，皆从东冶，泛海而至"③，江东所处的长江下游当是海路重要的中转站或目的地，境内发现不少岭南的刻纹铜器、多面金珠、琥珀等亦可为证④。不过贵港和兴安所出是否与海路有关，则难以断定，尤其是兴安地处偏远的内陆。鉴于湖南汉墓经常出土来自江东的高温釉陶⑤，甚至湖南最南端的郴州南塔岭、湘西的保靖里耶也有出土，可知湖南与江东的频繁往来，其航线当主要依赖长江及其支流，而兴安地处湘江和漓水交汇处，境内有灵渠，交通便利，不难获取长江中下游一带的物产。

二、三国西晋时期

此阶段铜鐎斗的类型明显增多，分布区域也较为广泛，大致如下。

1. （半）圆蹄足类

实心直柄仅在临沂洗砚池有发现。

龙首曲柄甲类A型，江东6处、山东1处、东北2处、岭南2处。

龙首曲柄甲类B型，山东境内7处，苏北、关中、河南各1～2处。

---

①　安徽省文物考古研究所、天长县文物管理所：《安徽天长县三角圩战国西汉墓出土文物》，《文物》1993年第9期。

②　淮安市文物保护和考古研究所、盱眙县大云山汉王陵文物保护管理所：《江苏盱眙大云山景区连接线北区战国至两汉墓葬发掘简报》，《东南文化》2021年第6期。

③　（宋）范晔撰，（唐）李贤等注：《后汉书》卷三十三《郑弘传》，中华书局，1965年，第1156页。

④　吴小平：《岭南地区出土汉代铜器的考古学探索》，浙江大学出版社，2021年，第241页；吴小平、魏然：《考古发现与汉代长江下游的海上之路》，《厦门大学学报》（哲学社会科学版）2021年第1期。

⑤　吴小平、蒋璐：《长江中游汉墓出土瓷器研究》，《考古学报》2016年第1期。

2. 扁锥形足类

基本集中在江东境内，湖北的鄂城、湖南保靖和攸县、广西的阳朔、苏北鲁南的临沂和邳州有零星发现。

3. 扁蹄足类

敞口类仅2处，分别发现于南京和南昌。其敞口、曲腹与扁锥形足类完全相同。

侈口类略多，但分布零散，江东1处、江淮1处、鄂城3处、福建1处、岭南1处、江西1处。

根据鐎斗的分布，可知江东为主要的分布地，亦是重要的生产制作地。但是否存在其他的制作地？

长江中游一带所出亦较为丰富，如攸县、保靖、鄂城、秭归，仅鄂城一带出土便有10多件[①]，虽然其器形均与江东一致，不排除输入的可能，但有无可能为当地仿制？

20世纪80年代，鄂城三国时期的水井曾出土1件铜镆，刻"黄武元年作三千四百卅八枚""武昌""官"铭文，可知鄂城一带有官方铜器制作，因此无法排除铜鐎斗仿制江东的可能性。另据鄂城制作的铜镜上频频出现"吴师作""会稽"铭文，可知其铜器作坊中有部分匠人来自江东。

鄂城一带铜鐎斗的集中出现，背后的原因与其战略地位有关。《三国志·吴书·吴主传》载，黄初"二年四月，刘备称帝于蜀。权自公安都鄂，改名武昌。以武昌、下雉、寻阳、阳新、柴桑、沙羡六县为武昌郡。五月，建业言甘露降。八月，城武昌……"[②]；《资治通鉴》卷七十一载太和三年（吴黄武八年）"九月，吴主迁都建业，皆因故府，不复增改，留太子登及尚书九官于武昌，使上大将军陆逊辅太子，并掌荆州及豫章二郡事，董督军国"[③]。陆逊去世后，吕岱、诸葛恪、陆凯等大将军、大司马一级重臣先后镇守武昌。吴甘露元年（公元265年），后主孙皓复迁武昌，第二年还都建业。西晋武帝咸宁五年（公元279年）大举攻吴，派遣王戎出镇武昌，之后设武昌郡，属荆州管辖，陶侃、王敦等重臣先后镇守，均表明鄂州在

---

① 据《鄂城六朝墓》，在鄂城六朝墓发掘所出铜鐎斗10例、铁鐎斗2例。

② （晋）陈寿撰，（宋）裴松之注：《三国志》卷四十七《吴书二·吴主传第二》，中华书局，1971年，第1121页。

③ （宋）司马光编著、（元）胡三省注：《资治通鉴》卷七十一《魏纪三》，中华书局，1956年，第2256页。

吴和西晋地位的重要性。

在这种背景下，武昌与建业的人员来往自然密切，物质文化交流亦频繁。除了实用的铜鐎斗外，作为明器的陶瓷类鐎斗在黄陂一带的发现，便是人员迁徙的证据。

赣中北地区位于鄂城和建康之间，自然略受其惠，故瑞昌、南昌亦有零星发现。

湘西保靖所出，不排除与孙吴控制武陵山区有关。其地位于酉水的上游，是湘西一带通往川渝及其他西南地区的门户所在，也是控制武陵蛮的重镇，故孙吴多次用兵此地。据《三国志·吴书·潘濬传》，"五溪蛮夷叛乱盘结，权假濬节，督诸军讨之。信赏必行，法不可干，斩首获生，盖以万数。自是群蛮衰弱，一方宁静"[①]；《三国志·吴书·钟离牧传》载："（钟离牧）即率所领，晨夜进道，缘山险行，垂二千里，从塞上。斩恶民怀异心者魁帅百余人及其支党凡千余级，纯等散，五溪平。"[②]

阳朔和和平县两地均紧邻湖南，所出无论源自鄂城或江东，长江中游则是必经之路。

闽北的松政所出则来自江东境内无疑，因为同出的铜炭炉、青瓷四系罐、盘口壶等均与江东相同。在政和还发现同属江东窑系的象山窑[③]，所出窑具和瓷器均与江东腹地一致，此外政和[④]、邵武[⑤]等地亦有江东瓷器的发现，这些均表明孙吴势力在六朝早期已经深入闽北腹地。其背景应该与孙吴征伐赣东北、闽北一带的山越有关。《三国志·吴书·贺齐传》载：（公元203年）"侯官既平，而建安、汉兴、南平复乱，齐进兵建安，立都尉府，是岁八年也。郡发属县五千兵，各使本县长将之，皆受齐节度。贼洪明、洪进、苑御、吴免、华当等五人，率各万户，连屯汉兴。吴五六千户别屯大潭，邹临六千户别屯盖竹、大潭，同出余汗。军讨汉兴，经余汗。齐以为，贼众兵少，深入无继，恐为所断，令松阳长丁蕃留备余汗。蕃本与齐邻城。耻见部伍，辞不肯留。齐乃斩蕃。于是军中震栗，无不用命。遂分兵留备，进讨明等，连大破之。临阵斩明，其免、当、进、御皆降。转击盖竹，军向大潭，三将又降。凡讨治斩首六千级。名帅尽擒，复立县邑，料出兵万人。拜为平东

①　（晋）陈寿撰，（宋）裴松之注：《三国志》卷六十一《吴书十六·潘濬传》，中华书局，1971年，第1397页。

②　（晋）陈寿撰，（宋）裴松之注：《三国志》卷五十九《吴书十五·钟离牧传》，中华书局，1971年，第1394页。

③　福建博物院：《福建政和县发现东汉晚期至三国时期窑址》，《南方文物》2013年第4期。

④　福建博物院：《政和六朝隋唐墓》，海峡书局，2014年，第271～275页。

⑤　福建博物院、邵武市文物管理委员会办公室：《邵武李家山两晋南朝墓发掘简报》，《福建文博》2018年第4期。

校尉。十年，转讨上饶，分以为建平县。"①《三国志·吴书·钟离牧传》载：（公元257年）"会建安、鄱阳、新都三郡山民作乱。出牧为监军使者，讨平之。贼帅黄乱、常俱等出其部伍，以充兵役。"②孙吴时期，先后在浙西境内的衢州、江山一带设置新安、定阳县，赣东北境内在婺源、上饶一带设置乐安、上饶县，在闽北的邵武、将乐、建阳、建瓯、浦城一带分别设置昭武、将乐、建平、建安和吴兴县。

需要注意的是，龙首曲柄甲类B型江东罕见，而主要出土在关东，出土地有寿光、诸城、沂水、牟平、邹城、临沂、青州、邳州、新乡、焦作，当属关东一带制作。以此看来，关东也有铜鐎斗的制作。

西晋时期，关东作为当时的政治经济中心，全国的统一从而为各区域的殊方异物进入扫除了各种障碍。同样，亦导致了关东铜器制造业的复兴。铜器铭文③显示，关东在魏晋时期制作了大量铜器，如下。

"太和三年（公元229年）二月廿三日，中尚方造铜熨人熨斗，重□四斤十二两。第百六"

"青龙元年（公元233年）三月廿五日，中尚方造铜香炉，重三斤十两。第十二"

"景初元年（公元237年）五月十日，中尚方造长一丈广六尺泽漆平坐帐上边构铜，重二斤十两"

"正始六年（公元245年）五月十五日，中尚方造铜香炉，重三斤。第廿六"④

"咸宁元年（公元275年）十月二日，右尚方造五升铜锻锅，重一斤□□□。第一"⑤

"太康三年（公元282年）八月六日，右尚方造一斗铜釜，重九斤七两。第一"

"太康九年（公元288年）九月四日，右尚方造五升铜熨斗，重十四斤十四两。第一"

---

① （晋）陈寿撰，（宋）裴松之注：《三国志》卷六十《吴书十五·贺齐传》，中华书局，1971年，第1378页。

② （晋）陈寿撰，（宋）裴松之注：《三国志》卷五十九《吴书十五·钟离牧传》，中华书局，1971年，第1393页。

③ 除特别注释外，铭文均来自容庚编著：《秦汉金文录》，中华书局，2012年，第475、476页。

④ （清）黄易：《小蓬莱阁金石目》，凤凰出版社，2021年，第292页。

⑤ 河南省文化局文物工作队第二队：《洛阳晋墓的发掘》，《考古学报》1957年第1期。

"（公元293年）元康三年三月廿日洛阳冶造三升铜 鉌镂 ，重二斤第一"[①]

除了鐎斗外，关东所出铜洗、铜炭炉均与长江下游保持一致（图二七，1～3）；其他较为精致的俑灯，则模仿了吴地青瓷器类的造型，改用青铜铸造（图二七，4、5）。推断有不少匠人来自吴地[②]。

从出土区域来看，关东所出主要集中在临沂、邳州一带，其原因可能与西晋中晚期这一带东海王势力的崛起有关。除了鐎斗外，当地所出其他器物的文化面貌亦呈现出不少都城因素，如临沂洗砚池所出"官"字款的漆器、"尚方"造铜弩机、蝉纹金珰，均反映出这一带的地方势力与中央的紧密关系。

不过，关东所出不尽然皆本土制作。邳州、临沂所出扁锥形足类即来自江东，诸城所出半圆蹄足龙首曲柄铜鐎斗也很可能来自江东。从临沂、邳州一带发现江东的青瓷器和铜炭炉等器类来看，山东南部与江东的来往十分频繁[③]，其势力长期对江

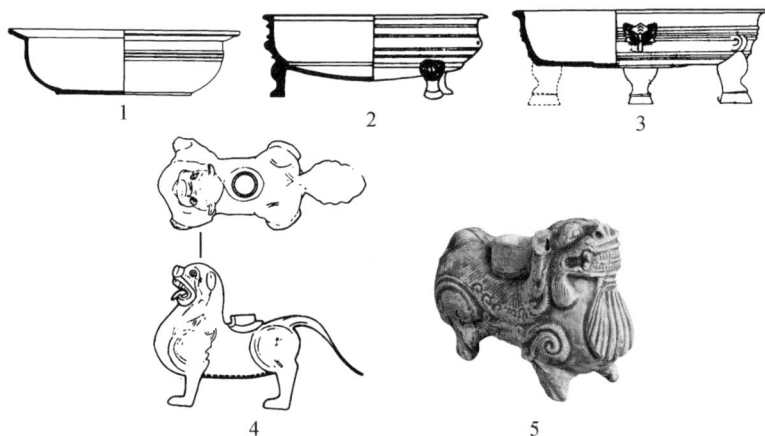

图二七　关东和长江下游所出部分铜器和青瓷器
1. 铜洗（临沂洗砚池）　　2、3. 铜炭炉（寿光纪国故城、马鞍山朱然墓）
4、5. 狮形插器（焦作嘉禾屯、温州太平岭）

---

① 刘宁：《记喇嘛洞出土的一件元康三年"铜鉌镂"》，《辽宁考古文集》（二），科学出版社，2010年，第431、432页。

② 文献目前能见到的多为吴国上层阶层（葛剑雄：《中国移民史》第二卷《先秦至魏晋南北朝时期》，福建人民出版社，1997年，第284页）。匠人之类地位不高，很难为史官所关注。

③ 东晋王朝的大族如司马氏、王氏、诸葛氏、颜氏均曾任职于东海王司马越手下，亦多来自山东临沂一带。亦有学者考证临沂洗砚池墓主即是司马睿家族成员。参见张学锋：《山东临沂洗砚池晋墓墓主身份蠡测——以随葬品的考察为中心》，《文史》2008年第1期；刘硕伟：《两晋之际沂蒙士族南迁与文化南播研究》，九州出版社，2019年，第44～131页。

东的经营从而为东晋建康王朝的建立奠定了基础。

此外，关中、东北一带亦有少量发现，源自何处？

关中和东北所出鐎斗为三国西晋特征，但墓葬时代均为十六国时期，说明属沿用器，而所出背景则与西晋末期动乱有关。

西晋末期，关东板荡。为避战乱，部分人群逃亡东北，托庇于鲜卑慕容政权。据《晋书》卷一〇八《慕容廆载记》，对北方的移民，慕容氏按原籍立郡管辖，设置冀州、豫州、青州、并州，可见来自山东境内的移民规模不小。辽西、辽东一带考古所出基本与关东有关，无论是魁，还是樽、鼎、碗、瓿之类铜器（图二八）。其原因很可能与大量的山东移民有关。

从咸阳、隆德所出鐎斗为（半）圆蹄足龙首曲柄甲类B型来看，可知为关东生产制作。其出现与西晋末年长安作为名义上的首都不无瓜葛。

图二八　辽西和山东所出部分铜器对比
1、2.铜魁（朝阳袁台子、兰陵庄坞乡）　3、4.铜洗（北票冯素弗墓、临沂洗砚池）

三、东晋十六国时期

陶瓷类大致消亡，仅甘肃佛爷庙湾残存1例。铁鐎斗仅存孤例。铜鐎斗此阶段不到30例。各类鐎斗的数量急剧下降，反映出其制作陷入低谷。

铜鐎斗仅有（半）圆蹄足类和扁平蹄足类，柄则有实心直柄类和龙首曲柄两小类。

（半）圆蹄足实心直柄类主要分布在南方地区，虽然各地所出均零零星星，但制作地可能依然在江东。因为扁蹄足类鐎斗无论在三国西晋还是东晋阶段，均分布在江东境内，可知江东依然维持了鐎斗的生产和制作。

不过可以看到，江东此阶段的生产亦陷入很大的困境，铜鐎斗的数量急剧减少，陶瓷类鐎斗消亡。这种现象并非孤例，青铜炭炉、陶瓷类魂瓶和动物模型亦然。其变化的背后，应该与当时中原移民的大规模涌入、墓葬习俗的改变有关。但是，移民及其政权的变更所引起的习俗变化，通常不足以引起几种器类的立即消亡。显然，东晋开始陶瓷类鐎斗、魂瓶等明器和青铜炭炉在江东地区的突然销声匿迹应该还存在其他直接原因。

综合三国西晋时期陶瓷类鐎斗、魂瓶和动物模型等器类在江东地区的分布来看，无疑其使用基本集中在江东境内，而其制作亦十分集中。控制了这些陶瓷、铜器作坊，便基本垄断了江东地区的陶瓷和铜器生产。东汉晚期至三国西晋时期，这些作坊一直控制在当地大族手中，故传统器的生产未受影响。东晋开始，司马氏政权依靠中原世家大族立足江东，当地大族受到排挤和压制[①]，不排除一些重要的生产领域亦易手，其中便包括陶瓷器和铜器生产[②]。受中原陪葬习俗的影响，陶瓷器类的生产内容发生变化，一些具有当地特色的陶瓷器如鐎斗、魂瓶之类便亦退出生产领域，从而导致了陶瓷类鐎斗和魂瓶的迅速消亡。对于铜器而言，有限的铜料可能主要用于有关国计民生之类，自然改变了原先的铜器生产内容。

但是，也可以发现，江东制作的铜鐎斗在形态方面略有变化，如口沿一侧设置长流。其做法最早发现于关东，临沂洗砚池西晋墓[③]便最早出现。

缘何关东的做法可以影响江东？

上文可知，西晋晚期中原板荡，人群向四处迁徙。晋皇室及关东公卿士大夫流向南方，如《晋书》卷六十五《王导传》所云："俄而洛京倾覆，中州士女避乱江左者十六七"[④]，《资治通鉴》卷八十七《晋纪九》晋怀帝永嘉五年（公元311年）亦云："时海内大乱，独江东差安，中国士民避乱者多南渡江"[⑤]。故江东一带出现不少关东因素的铜器。例如，南京仙鹤观M6所出砚滴[⑥]，南京人台山[⑦]所出灯盏，南京富贵山[⑧]和镇江M7[⑨]所出虎子，南京象山[⑩]、镇江M10[⑪]所出熏炉，均可能由关东

---

① 对此历史学家有深入的研究。参见陈寅恪：《晋代的人口流动及其影响》，《陈寅恪魏晋南北朝史讲演录》，黄山书社，2000年，第118、119页。

② 有学者认为西晋末期开始的北人南迁破坏了当地的制瓷传统，导致从东晋开始上虞一带窑业的萎缩，可备一说。参见郑嘉励、张盈：《三国西晋时期越窑青瓷的生产工艺及相关问题——以上虞尼姑婆山窑址为例》，《东方博物》（第三十五辑），浙江大学出版社，2010年，第15、16页。

③ 山东省文物考古研究所、临沂市文化广电新闻出版局：《临沂洗砚池晋墓》，文物出版社，2016年。

④ （唐）房玄龄等撰：《晋书》卷六十五《王导传》，中华书局，1974年，第1746页。

⑤ （宋）司马光编著，（元）胡三省音注：《资治通鉴》卷八十七《晋纪九》，中华书局，1956年，第2766页。

⑥ 南京市博物馆：《江苏南京仙鹤观东晋墓》，《文物》2001年第3期。

⑦ 南京市文物保管委员会：《南京人台山东晋兴之夫妇墓发掘报告》，《文物》1965年第6期。

⑧ 南京市博物馆、南京市玄武区文化局：《江苏南京市富贵山六朝墓地发掘简报》，《考古》1998年第8期。

⑨ 刘建国：《镇江东晋墓》，《文物资料丛刊》（8），文物出版社，1983年，第20页。

⑩ 南京市博物馆：《南京象山5号、6号、7号墓清理简报》，《文物》1972年第11期。

⑪ 刘建国：《镇江东晋墓》，《文物资料丛刊》（8），文物出版社，1983年，第20页。

输入。南京老虎山[①]、镇江[②]所出青铜唾壶，也不排除受洛阳一带的影响[③]。故鐎斗亦不例外，从而出现口沿带流的做法。

关东境内由于战争不断，制作中断，使用的人群基础不复。

不过东北所出，显示出此阶段鐎斗的新变化。北票冯素弗墓所出口沿有横梁，为关东不见，疑属仿制改造。上阶段可知，山东一带的移民纷纷逃难于辽东、辽西一带，鐎斗和使用鐎斗的习俗亦有传入。从北票[④]和锦州[⑤]所出足根均有兽面纹来看，无法脱离与关东的渊源。

集安七星山[⑥]所出与江东一致，系输入。其原因，可能与东晋和高句丽交往密切有关。有文献记载，高句丽政权采用多面交往的方式[⑦]。在这种背景下，部分江东的铜器和瓷器遂出现在高句丽统辖区域。

甘肃佛爷庙湾[⑧]所出1件陶鐎斗，来源不明。但据文献记载，苻坚建元（公元365～385年）末，曾迁徙"江汉之人万余户"于敦煌。另据《魏书》卷五十二《阚骃传》[⑨]，北凉设置会稽县，阚骃之父阚玟曾任会稽令。佛爷庙湾陶鐎斗的出现是否与公元379年前秦攻占襄阳，一批长江中游的人群迁徙至此有关？不过，东晋时期长江中下游一带便罕见陶瓷类鐎斗了。对此有待新资料进行重新认证。

---

① 南京市文物保管委员会：《南京老虎山晋墓》，《考古》1959年第6期。

② 刘建国：《镇江东晋墓》，《文物资料丛刊》（8），文物出版社，1983年，第27页。

③ 东晋时期宫廷音乐的出现也与洛阳有关。《晋书》卷七十九《谢尚传》载，"尚于是采拾乐人，并制石磬，以备太乐。江表有钟石之乐，自尚始也"。（唐）房玄龄等撰：《晋书》卷七十九《谢尚传》，中华书局，1974年，第2071页。

④ 辽宁省博物馆：《北燕冯素弗墓》，文物出版社，2015年，第30页。

⑤ 刘谦：《锦州北魏墓清理简报》，《考古》1990年第5期。

⑥ 集安县文物保管所：《集安县两座高句丽积石墓的清理》，《考古》1979年第1期。

⑦ 东晋十六国时期，高句丽对羯、鲜卑、氐族建立的政权进行朝贡，亦对东晋进行朝贡。东晋成帝咸康二年（336年）二月"高句骊遣使贡方物"；建元元年（343年）十二月，"高句骊遣使朝献"；义熙九年（413年）"遣长史高翼奉表献赭白马"。东晋"安帝封王高句丽王、乐安郡公"。相关文献转引自程妮娜等：《汉唐东北亚封贡体制》，中国社会科学出版社，2014年，第101页。

⑧ 甘肃省文物考古研究所：《甘肃敦煌佛爷庙湾墓群2014年发掘简报》，《文物》2019年第9期。

⑨ （北齐）魏收撰：《魏书》卷五十二《阚骃传》，中华书局，1974年，第1159页。

四、南北朝时期—隋

黄淮及以北所出铜鐎斗的数量首次超越江东稳居首位，西南、闽赣所出亦接近
江东。从分布地域来看，（半）圆蹄足实心直柄类零星发现，龙首曲柄类分布较为
零散，不过有横梁类仅发现于关中及其以西和关东的北部，大量流行的折柄类分布
范围广泛。铁鐎斗中扁平足龙首曲柄类在峡江一带流行，陶瓷类鐎斗则基本集中在
闽赣境内。这些变化，反映出此阶段鐎斗的生产和分布格局的剧变。

此阶段至少有以下地区制作铜鐎斗。

1. 江东

虽然数量不足与黄淮及以北相比，但仍保持一定规模。另外，器身的形态亦继
承东晋风格，制作的器类有（半）圆蹄足龙首曲柄类和折柄类。不过折柄为新事
物，可能受到佛教中行香手炉的影响。

2. 黄淮及以北

其又明显存在更小的分区。

（1）关中和关东的北部。无论是（半）圆蹄足龙首曲柄有横梁类，还是扁平折
柄有横梁类，所出仅限于上述区域。其风格明显继承了东晋十六国时期辽西一带。

（2）关中和关东。均制作（半）圆蹄足折柄类。其源头可能来自江东，后仿制。

陶瓷类鐎斗集中发现于闽赣。从形态来看，江西制作（半）圆蹄足弧柄类，福
建制作龙首曲柄类。

铁鐎斗中，扁平足类地域特征十分明显，仅发现于峡江境内，当由本地制作。

江东素有使用鐎斗的传统，因此鐎斗得以继续制作和使用。其产品除了江东本
土外，可能也流向以下区域：①闽赣境内，有大余宝珠山[①]、大余二塘[②]、万载[③]、

---

① 张小平：《江西大余清理一座南朝宋纪年墓》，《考古》1987年第4期。

② 赣州博物馆：《大余二塘南朝墓葬调查》，《江西历史文物》1980年第3期。

③ 王虹光：《江西宜春征集到铜鐎斗》，《南方文物》1993年第2期。

南康①、仓山②、屏山③、铁头山④、闽侯关口桥头山⑤、晋江⑥。②贵州平坝马场⑦一带。③川东北一带，如彰明常山村⑧、绵阳西山⑨、绵阳园艺乡⑩等。

上述地区缘何能集中出土江东产品？

先看闽赣地区。无疑大量铜鐎斗出土与东晋开始两地的开发、政治经济地位的提升有很大关系⑪。赣南与福建均地处南朝政权的后方，从而免受各种兵灾之苦⑫。此外，也可能与两地土豪势力的崛起存在关联。闽赣两地的土豪势力人物，较为著名的有黄法氍、熊昙朗、周敷、周迪、陈定、余孝顷、陈羽、陈宝应等⑬。无疑，这些地方势力的壮大为其获得江东资源提供各种便利，因此不难发现来自江东的铜器和瓷器之类。

川东北的绵阳、昭化一带所出，与其地理位置有关。东晋灭成汉后，这一带便成为江东政权抵御北方蛮族的前线阵地。另外，大量来自关中和雍州的汉人移民南下，聚集在川东北一带，故江东政权不得不增设大量的侨置郡县进行管辖⑭，从而进

① 赣州地区博物馆、南康县博物馆：《江西南康龙华晋墓》，《南方文物》1993年第3期。

② 马春卿、赵肃芳：《福州市发现六朝古墓》，《考古通讯》1955年第2期。

③ 福建省博物馆：《福州屏山南朝墓》，《考古》1985年第1期。

④ 福州市文物管理局编：《福州文物集粹》，福建人民出版社，1999年，第6页。

⑤ 福建省文物管理委员会：《福建闽侯关口桥头山发现古墓》，《考古》1965年第8期。

⑥ 晋江博物馆藏。

⑦ 贵州省博物馆考古组：《贵州平坝马场东晋南朝墓发掘简报》，《考古》1973年第6期。

⑧ 石光明、沈仲常、张彦煌：《四川彰明县常山村崖墓清理简报》，《考古通讯》1955年第5期。

⑨ 绵阳博物馆：《四川绵阳西山六朝崖墓》，《考古》1990年第11期。

⑩ 何志国、唐光孝：《四川绵阳市园艺乡发现南朝墓》，《考古》1996年第8期。

⑪ 党丰：《汉晋时期江西历史地位的变迁——以墓葬材料为中心》，《南方文物》2021年第4期。

⑫ 《陈书》卷三《世祖纪》：（公元565年）"三月乙未，诏侯景以来遭乱移在建安、晋安、义安郡者，并许还本土，其被略为奴婢者，释为良民。"（唐）姚思廉撰：《陈书》卷三《世祖纪》，中华书局，1972年，第58页。

⑬ 陈寅恪：《梁陈时期士族的没落与南方蛮族的兴起》，《陈寅恪魏晋南北朝史讲演录》，黄山书社，2000年，第203~214页。

⑭ 元嘉二年（公元425年），"以关中流民出汉川，置京兆、扶风、冯翊等郡"［（梁）沈约撰：《宋书》卷五《文帝纪》，中华书局，1974年，第74页］；"关中民三千二百三十六户归化"［（梁）沈约撰：《宋书》卷三十七《州郡三》，中华书局，1974年，第1157页］，元嘉六年（公元429年）置陇西郡；孝建二年（公元455年）为安抚秦、雍流民置北扶风郡，等等。四川境内的侨置郡县主要分布在成都东北及川陕交通县附近一带，移民主要来自陕西、甘肃及本省北部。参见葛剑雄：《中国移民史》第二卷《先秦至魏晋南北朝》，福建人民出版社，1997年，第331页。

一步提升了当地的重要性。此外，川东北一带由于涪江、嘉陵江的交通优势，与江东的来往较为密切。因此，除了鐎斗外，大量来自江东或长江中游的青瓷器，如鸡首壶、唾壶、四系罐、盏托等得以在此地集中出土[①]（图二九）。

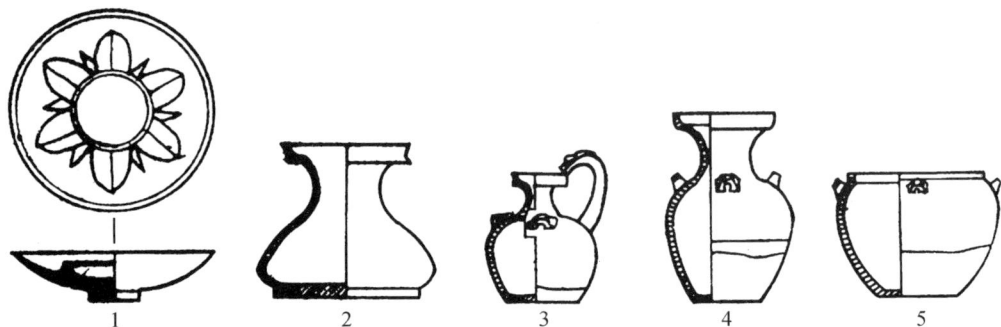

图二九　川东北南北朝崖墓所出部分青瓷器
1.青瓷盏托　2.青瓷唾壶　3、4.青瓷鸡首壶　5.青瓷四系罐

贵州平坝一带地处贵州中部，所出鐎斗的数量在云贵地区首屈一指。除了鐎斗外，亦发现大量来自长江中下游的器类，如青铜器有水注、炭炉、盏托、灯、鐎壶之类，青瓷器有水注、鸡首壶、双唇罐、四系罐、盏托、唾壶等（图三〇），时代从三国西晋一直延续到南朝，可见其与江东政权的紧密联系。其原因，与谢氏统治下的牂牁地区有关。东晋成帝咸和八年（公元333年），成汉李寿攻破宁州，南中大部归属成汉，"唯牂牁谢恕不为寿所用，遂保境，独为晋，官至抚夷大将军、宁州刺史、冠军"[②]，南朝时期"惟牂牁为梁、陈守，然朝命之不及，各自推其豪族为守令，而谢氏、宋氏兴焉"[③]，历来奉江东为正朔。因此，境内得以出土江东器类。

黄淮及以北地区虽然有制作，但（半）圆蹄足龙首曲柄和扁平折柄的源头应该是江东，部分当系输入或仿制。

作为交战的南北双方，江东铜鐎斗缘何得以影响北朝境内？

据研究[④]，南北双方虽然处于敌对状态，但人员往来和经济文化交流并未彻底中断。长江中下游一带的部分铜器如高足杯、盒之类很可能来自北方。

---

① 刘雨茂、易立、唐光孝：《绵阳崖墓出土瓷器的初步研究》，《考古》2017年第1期。

② （晋）常璩撰：《华阳国志》，齐鲁书社，2010年，第52页。

③ （清）常恩总纂，邹汉勋、吴寅邦总修，安顺市地方志编纂委员会点校：《安顺府志》卷二二《纪事志》，贵州人民出版社，2007年，第500页。

④ 张承宗：《魏晋南北朝时期的南北交往》，《中国史研究》1994年第3期；牟发松：《南北朝交聘中所见南北文化关系略论》，《魏晋南北朝隋唐史资料》（第14辑），武汉大学出版社，1996年，第30～38页。

图三〇　清镇平坝六朝墓所出部分青瓷器和铜器

1.青瓷水盂　2.青瓷鸡首壶　3.青铜香炉　4.青铜灯　5、6.青瓷鸡首壶　7.青瓷唾壶　8.青瓷双唇罐

从上文可知，黄淮及以北地区制作有两种以上的铜鐎斗，制作区域很可能存在四地：大同、洛阳、华北和西安，分析如下。

（半）圆蹄足横梁类（龙首曲柄和折柄）的出土地有大同西郊[1]、大同二电

① 大同市博物馆编，王利民主编：《平城文物精粹——大同市博物馆馆藏精品录》，江苏凤凰美术出版社，2016年，第57页。

厂①、土默特旗②、乌审旗③、固原西郊雷祖庙④、固原南郊⑤、卢氏县⑥、隆德县⑦、镇原县⑧等。分布范围主要在陕、晋的北部，大同及其周边地区略集中，其时代在北魏早期，推断制作中心应该就在大同。

（半）圆蹄足折柄和龙首柄类的分布大致有三个中心：关中的西安、关东的洛阳和华北一带。

西安一带所出如有咸阳北周武帝孝陵⑨、西安吐谷浑公主与茹茹大将军合葬墓⑩、西安乙弗虬墓⑪、西安柳带韦墓⑫、西安凤栖原墓⑬、西安李静训墓⑭、甘泉潘家⑮、张家川⑯等。

洛阳及其附近，出土地有洛阳元祉墓⑰、孟津朱仓⑱、上蔡徐庄⑲等。

① 大同市考古研究所：《山西大同二电厂北魏墓群发掘简报》，《文物》2019年第8期。

② 李逸友：《内蒙古土默特旗出土的汉代铜器》，《考古通讯》1956年第2期。

③ 内蒙古自治区文物考古研究所、鄂尔多斯博物馆、乌审旗文物管理所：《内蒙古乌审旗郭家梁村北魏墓葬发掘简报》，《中原文物》2012年第1期。

④ 固原县文物工作站：《宁夏固原北魏墓清理简报》，《文物》1984年第6期。

⑤ 宁夏回族自治区文物考古研究所：《固原南郊北魏墓发掘简报》，《中原文物》2020年第5期。

⑥ 三门峡市文物考古研究所：《三门峡文物精粹》，北京燕山出版社，2004年，第144、145页。

⑦ 刘世友编著：《隆德县文物志》，宁夏人民教育出版社，2016年，第96页。

⑧ 李丽丽：《汉代龙首柄铜鐎斗》，《丝绸之路》2017年第8期。

⑨ 陕西省考古研究所、咸阳市考古研究所：《北周武帝孝陵发掘简报》，《考古与文物》1997年第2期。

⑩ 陕西省考古研究院、陕西历史博物馆、长安区旅游民族宗教文物局：《陕西西安西魏吐谷浑公主与茹茹大将军合葬墓发掘简报》，《考古与文物》2019年第4期。

⑪ 西安市文物保护考古研究院：《陕西西安西魏乙弗虬及夫人隋代席氏合葬墓发掘简报》，《考古与文物》2020年第1期。

⑫ 西安市文物保护考古研究院：《陕西西安北周康城恺公柳带韦墓发掘简报》，《文博》2020年第5期。

⑬ 西安市文物保护考古研究院：《西安凤栖原十六国墓发掘简报》，《文博》2014年第1期。

⑭ 中国社会科学院考古研究所：《唐长安城郊隋唐墓》，文物出版社，1980年，第20页。

⑮ 曹玮主编：《陕北出土青铜器》（第二卷），巴蜀书社，2009年，第264、265页。

⑯ 秦明智、任步云：《甘肃张家川发现"大赵神平二年"墓》，《文物》1975年第6期。

⑰ 洛阳市文物考古研究院：《洛阳北魏元祉墓》，中州古籍出版社，2018年，第242页。

⑱ 洛阳市文物考古研究院：《洛阳孟津朱仓北魏墓》，《文物》2012年第12期。

⑲ 驻马店市博物馆编：《厚重天中——驻马店历史文物陈列》，大象出版社，2018年，第211页。

华北有侯马虒祁^①、大同全家湾^②、曲阳嘉峪村^③、赞皇李希宗墓^④、寿阳贾家庄库狄迴洛墓^⑤、平山崔昂墓^⑥、安阳固岸村^⑦等。

黄淮及以北上述分布中心的形成，很可能与制作地有关，不排除其分布中心即产地的可能性。显然，其分布与制作区的形成，与北朝政治的变化密切。

大同在北魏早期形成制作地，与北魏早期首都定在平城有关。从其所出鐎斗有横梁来看，显示出源头并非江东，而是辽西一带。北魏灭燕，占领辽西后很可能将其匠人迁徙至大同一带，"徙山东六州人吏及徒何、高丽杂夷、三十六署百工伎巧十余万口以充京师"^⑧便是例证。故横梁类鐎斗得以延续并在北地流传。

洛阳为北魏拓跋宏迁都所在。其地当前所出并不丰富，疑与北邙的贵族墓葬多被盗有关。其风格多接近江东，（半）圆蹄足折柄、龙首曲柄类即是。

西安为西魏及后来的北周、隋的都城。作为政治中心，容易聚集当时的流行之物。

华北为东魏、北齐所辖，但可明显看出，其地所出鐎斗较为分散，其政治中心如晋阳或邺城地区不多见。

从目前公布的资料来看，北方出土铜鐎斗的墓葬等级相当高，墓主有北周武帝、李希宗、库狄迴洛、崔昂、李静训、吐谷浑公主、乙弗虬、柳带韦、元祉等，多属贵族或皇族。对比可以发现，北魏和西魏（北周）境内，铜鐎斗的分布主要集中在当时的政治经济中心，而东魏（北齐）则不然，出现铜鐎斗的分布与政治中心脱离的现象。鉴于铜鐎斗主要出土在贵族墓葬中，也就表明了东魏（北齐）贵族大墓的分布并未集中在都城附近。

若此，显示出东魏、西魏在政治权力构成方面的较大差异。东魏境内贵族与皇

① 山西省考古研究院：《山西侯马虒祁北魏墓（M1007）发掘简报》，《文物》2021年第2期。

② 山西省考古研究所、大同市考古研究所：《山西大同南郊全家湾北魏墓（M7、M9）发掘简报》，《文物》2015年第12期。

③ 河北省博物馆 文物管理处：《河北曲阳发现北魏墓》，《考古》1972年第5期。

④ 石家庄地区革委会文化局文物发掘组：《河北赞皇东魏李希宗墓》，《考古》1977年第6期。

⑤ 王克林：《北齐库狄迴洛墓》，《考古学报》1979年第3期。

⑥ 河北省博物馆、河北省文物管理处：《河北平山北齐崔昂墓调查报告》，《文物》1973年第11期。

⑦ 安阳市文物考古研究所、濮阳市戚城文物景区管理处：《2018年安阳固岸村北齐墓发掘简报》，《中原文物》2021年第4期。

⑧ （唐）李延寿撰：《北史》卷一《魏本纪第一》，中华书局，1974年，第17页。

权之间存在权力的异构和错位，其原因在于大族的权力来源并非仅有皇城，所处地方坞堡才是实力的依靠①，因此导致贵族墓葬多聚集在家族墓地内而非都城附近。

再来看看铁鐎斗。

上文可知，川东北出土不少江东的铜鐎斗，而峡江境内至今尚未发现，却频频发现铁质类。其原因，很可能与峡江经济的脆弱和贫穷有关。在峡江地区的经济构成中，传统的农业经济并不发达，所依唯有过境贸易和峡江丰富的盐业资源。但汉末以来，中央王权的失控，沿江的郡县遭到废弃，后渐渐为蛮夷占据和控制②。另外，当地的盐业又受到来自东部沿海的冲击。多重因素使得峡江境内的商业等经济活动大受影响。在铜料缺乏的情况下，当地只好以铁质类代替。

峡江地区制作的铁鐎斗多为扁平足类，与铜鐎斗有别，扁平足风格的源头何在，目前尚不清楚。

明器类的陶瓷鐎斗仅见于闽赣两地，当属本地制作。其缘何出现？鉴于江东境内在西晋之后便无此传统，可知其习俗有别于江东。

根本原因亦在于地方势力的崛起。据上文可知，闽赣两地南朝中晚期地方势力较大，其产生的后果便是脱离中央王朝控制，也使得区域内的文化独立性特征显现。以瓷器为例，"江西地区南朝时期的瓷器种类要比长江中游地区还丰富，地方特色更强。除常见的罐、盘口壶、鸡首壶、唾壶、多子盒、鼎盘、双耳杯盘、灯、碗、砚外，还有灶、薰、五盅盘、鐎斗、长颈瓶、托碗、托杯、多管插器、六联罐、盂等"③。其原因，应该与瓷器的生产被当地土著势力控制有关。据《陈书·陈宝应传》载，"是时东境饥馑，会稽尤甚，死者十七八，平民男女，并皆自卖，而

---

① 魏斌：《李鱼川推理》，《读书》2019年第5期；方笑天：《家国共生：北朝赵郡李氏的葬地与权力结构》，《赞皇西高北朝赵郡李氏家族墓地——2009～2010年北区发掘报告》，科学出版社，2021年。

② 位于四川盆地南缘的长江沿线为民族杂居之地。僚人主要分布在戎、泸、溱等州境内。泸州以南，多昆明族和夷僚杂居。三峡一带则多为槃瓠蛮大姓如向氏、田氏和冉氏控制。按地域区分则有"建平蛮""信州蛮"等。对此文献记载不断，如《南齐书·蛮传》，"晋太兴三年（公元320年），建平夷王向弘、向瑾等诣台求拜除"［（梁）萧子显撰：《南齐书》卷五十八《蛮传》，中华书局，1972年，第1008页］；《宋书·沈攸之传》，"巴东、建平为峡中蛮所破"［（梁）沈约撰：《宋书》卷七十四《沈攸之传》，中华书局，1974年，第1932页］；《宋书·邓琬传》，宜都太守何康之"军至峡口，为夷帅向子通所破，挺身而走"［（梁）沈约撰：《宋书》卷八十四《邓琬传》，中华书局，1974年，第2145页］；"又有冉氏、向氏者，陬落尤盛，余则大者万家，小者千户，更相崇树，僭称王侯，屯据三峡，断遏水路，荆蜀行人，至有假道者"［（唐）李延寿撰：《北史》卷九十五《蛮传》，中华书局，1974年，第3151、3152页］。

③ 韦正：《六朝墓葬的考古学研究》，北京大学出版社，2011年，第175页。

晋安独丰沃。宝应自海道寇临安、永嘉及会稽、余姚、诸暨，又载米粟与之贸易，多致玉帛子女，其有能致舟乘者，亦并奔归之。由是大致赀产，士众强盛"[①]，可知当地土豪应该控制了境内主要的经济生产活动，陶瓷器的生产亦不例外，故陶瓷器的文化面貌有别于江东。

五、唐　代

陶瓷类则主要集中在两地：福建境内和华北境内，器形差异较大。故其制作地十分明显。

唐代的铜鐎斗种类众多，有（半）圆蹄足龙首曲柄、扁平足类、S形足、禽蹼足、狮蹄足，但其规模不大，且地区分布较为零散，其制作地不易推断。

铁鐎斗的制作地同样也很难判断。因为铁易得，冶炼亦简单，制作起来方便，从而可能多地制作。其形态多仿制铜鐎斗，也使得其地域性特征不明显。另外，其出土规模有限，但出土地却众多，如有闽赣、黄淮及以北（可细分关东、华北、关中）、辽西等。

若综合观察，至少以下几个区域值得关注。

（1）黄淮及以北地区。铜鐎斗基本出土于黄淮地区，铁质类则华北、辽西和山东均有不少发现，陶瓷类则集中在华北和辽西一带。

（2）江东地区除了2处铜鐎斗外，所出几乎空白。这是与之前最大的变数。

（3）闽赣两地所出，除了陶瓷类集中分布在闽东、闽南外，铜、铁类主要分布在赣南、闽北一带，如铜鐎斗出土地有南康、大余、浦城；铁质类有会昌、邵武。

从铜、铁鐎斗的时段来看，黄淮、江东、华北、辽西、两湖所出跨度较大，覆盖了整个唐代，而闽赣的时段则集中在唐代中晚期。

由此看来，铜鐎斗的主要制作地应该在都城或其他经济中心地区，如洛阳或扬州。除了陶瓷鐎斗外，其他地区所出或由中原一带输出，或仿制。分析如下。

华北和辽西一带所出，其实主要集中在唐代的幽州至营州境内。这一带历来为唐代东北边疆经略、维护东北亚安全的重地[②]，因此与唐代的两京地区来往密切。

江东所出与两湖、江淮相当，均属零散分布状态。江东的衰落，与其政治地位的下降存在密切关系。隋平陈后，建康城被毁，其在南方的中心地位被江北的扬州

---

① （唐）姚思廉撰：《陈书》卷三十五《陈宝应传》，中华书局，1972年，第486、487页。

② 宋卿：《唐代东北边疆战略初探——以营州和幽州的分合关系为视角》，《史学集刊》2018年第5期。

所取代。

闽赣缘何还能出土如此之多的铜鐎斗？若结合铁鐎斗的分布来看，可以发现这些鐎斗主要出土在山区，如赣南、闽西，反而平原地区的州府附近如南昌、福州罕见。

金属鐎斗在闽赣两地的上述分布现象并非孤例，铁鼎亦然。唐宋时期，南方境内的铁鼎主要分布在赣南、赣东、闽西、粤东北、浙西之类的山区[①]。按理，应该大

① 江西考古出土11处，如南城李营（根据地券，年代为嘉祐二年，即公元908年。薛尧：《江西南城、清江和永修的宋墓》，《考古》1965年第11期）、铅山莲花山（根据墓志，时代为元丰八年，即公元1085年。江西省文物工作队、铅山县文化馆：《江西铅山县莲花山宋墓》，《考古》1984年第11期）、南丰桑田（时代为北宋。江西省文物工作队、南丰县博物馆：《江西南丰县桑田宋墓》，《考古》1988年第4期）、金溪城北孙大郎夫妇墓（根据地券，年代为大观二年，即公元1108年。陈定荣：《江西金溪宋孙大郎墓》，《文物》1990年第9期）、瑞昌光辉村（根据地券，墓葬年代为熙宁三年，即公元1071年。刘礼纯：《江西瑞昌县发现七座宋代纪年墓》，《考古》1992年第4期）、会昌塅脑村（时代为晚唐或稍后。池小琴：《江西会昌西江镇塅脑村唐代墓葬》，《南方文物》1995年第3期）、会昌湾兴村（时代属五代或北宋。池小琴：《江西会昌发现晚唐至五代墓葬》，《南方文物》2001年第3期）、铜鼓古桥乡（根据墓志，时代为政和八年，即公元1118年。秋收起义铜鼓纪念馆：《江西铜鼓县发现纪年宋墓》，《江西文物》1989年第3期）、石城福村（报告未提供图片资料。根据出土白瓷和香炉之类来看，可初步定为北宋。陈必琳：《江西石城出土唐代文物》，《南方文物》1996年第4期）、广昌甘竹段M12（时代属北宋。江西省文物考古研究所、江西省广昌县博物馆：《昌厦公路广昌甘竹段墓葬发掘简报》，《南方文物》1999年第4期）、德安红青村（根据墓志，年代为景祐四年，即公元1037年。彭适凡、唐昌朴：《江西发现几座北宋纪年墓》，《文物》1980年第5期）。福建发现9处，如顺昌九龙山（时代属北宋。福建省博物馆：《福建顺昌宋墓》，《考古》1979年第6期）、武夷山城村后山（时代大致在五代至北宋。福建闽越王城博物馆：《武夷山市城村后山五代墓发掘简报》，《福建文博》2011年第1期）、武夷山擎日山庄（时代在唐末。赵爱玉：《福建武夷山市发现唐墓》，《文物》2008年第6期）、建瓯东峰村（时代属晚唐。厦门大学历史系考古专业、南平市博物馆：《福建建瓯市东峰村六朝墓》，《考古》2015年第9期）、浦城水西村（时代为北宋。陈寅龙、桑子文：《浦城宋墓清理简报》，《福建文博》1990年第2期）、三明莘口（时代为北宋。余生富：《三明莘口宋墓》，《福建文博》2001年第2期）、将乐大布山M11（时代为北宋。福建博物院、将乐县博物馆：《将乐县大布山南朝唐宋墓群清理简报》，《福建文博》2014年第1期）、崇安油菜山和刘家房［时代为五代或北宋初期。林枫、甘景孚：《崇安县仙店宋墓清理记》，《福建考古资料汇编》（1953～1959），科学出版社，2011年，第219～221页）］。浙江4处，有象山南田海岛（时代为五代或北宋。符永才、顾章：《浙江南田海岛发现唐宋遗物》，《考古》1990年第11期）、江山山前M1、M4、M5［时代属于中晚唐。江山县文物管理委员会：《浙江江山隋唐墓清理简报》，《考古学集刊》（第3集），中国社会科学出版社，1983年，第165～167页］。广东3处，均发现于和平县境内（HPDM6、HFZM1、HDZM1各有出土，时代在五代或北宋。广东省文物考古研究所、和平博物馆：《广东和平县晋至五代墓葬的清理》，《考古》2000年第6期。

量出土于经济发达的平原地区或州府所在地才对。

无论是金属鐎斗还是铁鼎，其在闽赣山区出现的时代均在唐代中晚期或以后，而这些器类的源头可追溯至中原一带。其原因，应该与安史之乱有关。安史之乱，中原板荡，部分中原移民南下江西，为避战乱，再次辗转进入赣南、赣东、粤北、闽西北等山区[①]。

至于闽东、闽南出土的陶瓷类鐎斗，则是南朝遗留的传统。其形态基本维持了龙首曲柄类，与唐代盛行的鐎斗形制存在很大差异。

有关唐代铜器制作，文献略有记载。《唐大和上东征传》载天宝二年（公元743年）鉴真第二次自扬州东渡，携带"铜瓶廿口……大铜盂四口……大铜盘廿面，中铜盘廿面，小铜盘四十四面，一尺铜叠八十面，少铜叠三百面"[②]。《旧唐书·韦坚传》载"坚预于东京、汴、宋取小斛底船三二百只置于潭侧，其船皆署牌表之。若广陵郡船，即于桅背上堆积广陵所出锦、镜、铜器、海味；……会稽郡船，即铜器、罗、吴绫、绛纱"[③]；《旧唐书·杨嗣复列传》载李珏言，"今江淮已南，铜器成肆"[④]；《新唐书·地理志》载，"扬州广陵郡……土贡：金、银、铜器、青铜镜、绵、蕃客袍锦、被锦、半臂锦、独窠绫、殿额莞席、水兕甲、黄稑米、乌节米、鱼鲗、鱼鮬、糖蟹、蜜姜、藕、铁精、空青、白芒、兔丝、蛇粟、括萎粉。有丹杨监、广陵监钱官二"[⑤]，"桂州始安郡，……土贡：银、铜器、麂皮靴、箪。"[⑥]可见，扬州一带有铜器制作，此外还有会稽郡和始安郡。不过从鉴真在扬州所采购的器类来看，似乎以佛教用具为主。

不过总体而言，铜鐎斗的数量明显下降，其主要原因可能与铜料的相对稀缺有关，其原因并非铜料变少，而是"社会经济结构的改变，铜被大量用于制造钱币，佛教兴盛后也用铜铸像造钟，耗量很大，器皿的制作相对减少"[⑦]。《旧唐书·德宗

① 周振鹤：《唐代安史之乱和北方人民的南迁》，《中华文史论丛》1987年2～3辑；周振鹤：《客家源流异说》，《学术月刊》1996年第3期。
② 〔日〕真人元开著，汪向荣校注：《唐大和上东征传》，中华书局，1979年，第47页。
③ （后晋）刘昫等撰：《旧唐书》卷一百五《韦坚传》，中华书局，1975年，第3222页。
④ （后晋）刘昫等撰：《旧唐书》卷一百七十六《杨嗣复列传》，中华书局，1975年，第4557页。
⑤ （宋）欧阳修、宋祁撰：《新唐书》卷四十一《地理五》，中华书局，1975年，第1051页。
⑥ （宋）欧阳修、宋祁撰：《新唐书》卷四十一《地理七上》，中华书局，1975年，第1105页。
⑦ 齐东方：《唐代铜器皿简论》，《文博》2005年第3期。

本纪》有载："天下有铜山，任人采取，其铜官买，除铸镜外，不得铸造。"①《旧唐书·宪宗本纪》云："甲辰，以钱少，禁用铜器。"②《新唐书·食货志》云："（开元）十一年，诏所在加铸，禁卖铜锡及造铜器者。"③

六、北宋、辽时期

铜鐎斗基本消亡，铁质类趋于衰亡，但陶瓷类逆势发展。其分布主要集中在两个区域：辽西—华北北部；峡江。

辽西—华北北部所出乃唐代的延续，其形态也基本沿袭了唐代铜鐎斗的风格，但有所简化，如铁鐎斗，直柄，扁足，口沿或一短流；陶鐎斗则更加简单，短柄，矮足。

峡江所出陶鐎斗均为实用器，其形态十分独特，扁锥形足疑似由扁平足演化，口沿或出现流的做法当与南朝至唐的铜鐎斗有关。若同样因为经济原因，而早期的铁鐎斗缘何又消亡？其流行很可能与使用人群和生活习俗有关。鐎斗在南北朝和唐代主要流行于生活上层，而此阶段其在峡江地区已经为普通阶层所接纳。

除了峡江外，全国总体而言，鐎斗无论是铜、铁还是陶瓷类均衰落。其原因应该与鐎斗的使用方式遭到淘汰有关，而其内因涉及鐎斗的用途。对此将在下面章节展开讨论。

七、小　　结

根据上面不同阶段的陈述，可大致概括出鐎斗从汉代至唐宋阶段总体的生产和传播交流状况，如下。

汉代，江东境内生产制作且区域内流行，仅偶尔传播至岭南和江淮地区。

三国西晋时期，制作区域扩大，传播范围更广。江东乃铜鐎斗的主要区域和陶

---

① （后晋）刘昫等撰：《旧唐书》卷十三《本纪第十三·德宗下》，中华书局，1975年，第376页。

② （后晋）刘昫等撰：《旧唐书》卷十四《本纪第十四·宪宗下》，中华书局，1975年，第415页。

③ （宋）欧阳修、宋祁撰：《新唐书》卷五十四《食货四》，中华书局，1975年，第1385页。

瓷类鐎斗的唯一产地。传播大致呈现两条主线：江东至两湖、江东至中原。在江东的影响下，两湖的鄂城和中原的洛阳均有仿制，且中原还有改良创新。岭南、闽赣等地依然十分有限。

西晋末期开始至东晋十六国时期，中原动荡，原先的制作基础无存，与之有关的鐎斗呈现三条传播路线——中原至江东、中原至辽西、中原至关中。受其影响，江东制作的鐎斗在口沿上设置长流，辽西则仿制并改造出横梁类。

南北朝时期，北方成为铜鐎斗重要的制作和使用区，其中心先是大同而后洛阳，之后分化转移至关中和华北北部。大同的制作与辽西一带有关，洛阳则深受江东影响。江东在南方的影响除了两湖、闽赣和岭南外，川东北和黔中一带亦是重要区域。不过闽赣两地制作陶瓷类鐎斗，可能与江东无关。铁鐎斗则集中发现于西南，当由本地制作。

唐代，经济中心大致在洛阳、扬州一带，也导致了此区域内铜鐎斗的制作和分布。由于铜料的相对稀缺，铜鐎斗渐渐被铁和陶瓷类取代。中晚期开始，中原一带战乱频发，中原移民南下，闽赣山区故有不少铜鐎斗发现。

北宋、辽时期，除了峡江、华北盛行外，其他地区趋于消亡。

以上讨论均是生产和传播交流的区域，但也不可忽视一些空白地带，如江淮、岭南及包括云贵、川渝内的西南地区。

江淮地区便是其中之一，所出铜鐎斗不过5处。背后的原因，应该与其地长期以来为南北势力对峙拉锯的战场有关。

岭南出土的零星几例，集中在三国至东晋阶段，南朝时期几乎空白。按理，江东与岭南的联系十分密切。据《三国志·吴书·士燮传》"（士）燮每遣使诣权，致杂香细葛，辄以千数。明珠、大贝、流离、翡翠、玳瑁、犀、象之珍，奇物异果，蕉、邪、龙眼之属，无岁不至"[1]；《晋书·庾翼传》"时东土多赋役，百姓乃从海道入广州，刺史邓岳大开鼓铸，诸夷因此知造兵器"[2]。南朝开始，建康政权基本派遣宗室成员掌控广州。这些均表明了江东与岭南的相互联系。其所出稀少，可能更大的影响因素与鐎斗的用途有关。

云贵地区仅贵州的平坝马场一带略有出土，其他地区罕见。平坝一带所出，上文提及与牂牁奉建康政权为正朔有关。其他地区则多不太平。如西晋初期对交趾

① （晋）陈寿撰：《三国志》卷四十九《吴书四·士燮传》，中华书局，1971年，第1192、1193页。
② （唐）房玄龄等撰：《晋书》卷七十三《庾翼传》，中华书局，1974年，第1932页。

的争夺则严重削弱了云贵地区的汉文化势力。据研究[①]，在公元265～271年的战争中，南中大姓的军队不下10万全军覆没，其主要人物如爨谷、马融、杨谡、爨熊、李松、孟通、毛炅、董元亦殒命。之后，中央王朝无心和无力与云贵地区建立顺畅的联系，另外，原有的汉文化势力仍然频频与土著征战。《华阳国志·南中志》载"（太安）二年……于陵承及诜、猛遑耶怒，扇动谋反，奉建宁太守巴西马恢为刺史，烧郡。伪发，毅方疾作，力出军。初以救恢，及闻其情，乃杀恢。夷愈强盛，破坏郡县，没吏民。会毅疾甚，军连不利，晋民或入交州，或入永昌、牂柯，半亦为夷所困虏。夷因攻围州城。毅但疾力固孤城，病笃不能战讨"[②]"文武以毅女秀明达有父才，遂奉领州事。秀初适汉嘉太守广汉王载。载将家避地在南，故共推之，又以载领南夷龙骧参军。秀奖励战讨，食粮已尽，人但焦草、炙鼠为命"[③]。《晋书·王逊传》载："（王）逊与孟俱行，道遇寇贼，逾年乃至。外逼李雄，内有夷寇，吏士散没，城邑丘墟。"[④]同时，当地还发生瘟疫，《资治通鉴》卷八十六载："宁州频岁饥疫，死者以十万计。"[⑤]而后便是与成汉长期的对抗，《华阳国志·李特雄期寿势志》载"七年秋，寿南征宁州，以费黑为司马，与邵攀等为前军，由南广入。又别遣任回子调由越嶲。冬十月，寿、黑至朱提。朱提太守董炳固城。宁州刺史尹奉遣建宁太守霍彪、大姓爨深等助炳。时寿已围城……八年春正月，炳、彪等出降。威震十三郡。三月，刺史尹奉举州委质。迁奉于蜀。寿领宁州。南夷初平，威禁甚肃。后转凌掠民。秋，建宁州民毛衍、罗屯等反，杀太守邵攀。牂柯太守谢恕举郡为晋。寿破之"[⑥]。

东晋之后，建康政权虽然相继对云贵地区进行统治，但事实上基本无任何有效的人员输入，除了萧梁时期徐文盛外。《梁书·徐文盛传》载"大同末，以为持节、督宁州刺史。先是，州在僻远，所管群蛮不识教义，贪欲财贿，劫篡相寻，前后刺史莫能制。文盛推心抚慰，示以威德，夷獠感之，风俗遂改"[⑦]，但后来由于侯景之

---

① 何耀华：《云南通史》（第二卷），中国社会科学出版社，2011年，第233、234页。

② （晋）常璩撰：《华阳国志》卷四《南中志》，齐鲁书社，2010年，第50页。

③ （晋）常璩撰：《华阳国志》卷四《南中志》，齐鲁书社，2010年，第51页。

④ （唐）房玄龄等撰：《晋书》卷八十一《王逊传》，中华书局，1974年，第2109页。

⑤ （宋）司马光编著，（元）胡三省音注：《资治通鉴》卷八十六《晋纪八》，中华书局，1956年，第2718页。

⑥ （晋）常璩撰：《华阳国志》卷九《李特雄期寿势志》，齐鲁书社，2010年，第120、121页。

⑦ （唐）姚思廉撰：《梁书》卷六十四《徐文盛传》，中华书局，1973年，第640页。

乱，"乃召募得数万人来赴"①，再次将数万人迁出了云贵地区。汉势力不断减少的同时，原有的汉势力在南中大姓的掌控下自我封闭、不断夷化。《南齐书·州郡志》载宁州"蛮夷众多，齐民甚少"②，《梁书·徐文盛传》载"州在僻远、所管群蛮不识教义"③，说明当地汉族已经开始夷化，以爨氏为首的大姓与当地土著夷帅的界限开始出现模糊④，到隋唐时期便成为"南宁夷"。

川渝地区除了川东北和峡江外，广大的西部地区包括成都平原亦罕见鐎斗甚至江东的其他器类。原因亦与政治有关。首先是元康时期大批关中饥民就食蜀汉，"百姓乃流移就谷，相与入汉川者数万家"⑤"朝廷从之，由是散在益梁，不可禁止"⑥。紧随而来的便是土流矛盾和冲突，流民"专为劫盗，蜀民患之"⑦。公元304年李雄在成都称王，随着西晋势力退出梁、益二州，大批巴蜀民众外逃，"三蜀民流进，南入，东下，野无烟火，掳掠无处，寻亦饥饿"⑧。"蜀之衣冠南下荆州者十余万……而遂委蜀于蛮夷也"⑨，几十万巴蜀流民进入荆湘，亦引起当地社会的动荡。之后"寿既篡位，以郊甸未实，都邑空虚，……又从牂牁引獠入蜀境"⑩，即"獠人入蜀"。后来即使有桓温的收复，但一来缺失有效的统治，二来由于川东北面临诸多军事压力，迫使建康政权将西南地区的统治重心转移至川东北一带。因此难以在成都、川南等地发现江东器类。

---

① （唐）姚思廉撰：《梁书》卷六十四《徐文盛传》，中华书局，1973年，第641页。

② （梁）萧子显撰：《南齐书》卷十五《州郡志》，中华书局，1972年，第303页。

③ （唐）姚思廉撰：《梁书》卷六十四《徐文盛传》，中华书局，1973年，第640页。

④ 何耀华：《云南通史》（第二卷），中国社会科学出版社，2011年，第301页。

⑤ （唐）房玄龄等撰：《晋书》卷一百二十《李特载记》，中华书局，1974年，第3022页。

⑥ （唐）房玄龄等撰：《晋书》卷一百二十《李特载记》，中华书局，1974年，第3022页。

⑦ （晋）常璩撰：《华阳国志》卷八《大同志》，齐鲁书社，2010年，第105页。

⑧ （晋）常璩撰：《华阳国志》卷八《大同志》，齐鲁书社，2010年，第111页。

⑨ （宋）郭允蹈撰：《蜀鉴》卷四，巴蜀书社，1984年，第167页。

⑩ （宋）郭允蹈撰：《蜀鉴》卷四，巴蜀书社，1984年，第199页。

第四章 使用人群与用途

按理，鐎斗的兴衰主要受使用人群的影响，因为使用人群多，需求则大，制作故增多，从而繁荣昌盛，否则衰落。其还存在一个前提，即使用方式。若为日常所需，人人皆需使用，自然需求广泛；若局限于某种使用方式，在大众的日常中可有可无，势必使用量受限。

在鐎斗从两汉至北宋经历兴盛—衰落—兴盛—衰落的反复变化中，使用人群有无改变，对其造成了何等影响？其用途如何？下面便尝试分析。

鉴于陶瓷类和铁类的使用多限于普通大众，等级差异不大，为此本章主要就铜器类展开讨论。

一、使用人群

不同阶段使用人群如何？制作地和非制作地的使用状况如何？为此下面按不同阶段进行考察。

由于不少墓葬被盗，无法根据随葬品进行身份等级的辨识，故下面所列举的多属保存较为完整或有明显身份标识的墓葬。

（一）两　　汉

汉代铜鐎斗发现15处，均出土于墓葬中，不过未发现有关墓主身份的标志物，故只能以出土其他铜器等贵重器综合判断其身份。所出较为丰富的略举例如下。

（1）金华马铺岭M1[①]。铜器有酒樽、熏炉、鑈、双耳锅、圆壶、釜甑、碗，其余为釉陶器。

---

① 金华地区文管会：《浙江省金华马铺岭汉墓》，《考古》1982年第3期。

（2）长兴七女墩M2[①]。铜器有圆壶、鋗、洗、釜甑，漆器有盘、耳杯，其余为釉陶器。

（3）萧山溪头黄M29[②]。铜器有釜甑、碗、锅、镜，此外为铁刀、料珠和釉陶器。

（4）安吉五福M1[③]。铜器有釜甑、锅、圆壶、盆、镜，铁器有刀、剑和戟，其余为釉陶器。

（5）上虞驮山M28[④]。出土铜镜、铜弩机、串珠、铁刀、铁剑，其余为釉陶器。

与上面类似的墓葬还有兴安石马坪M10[⑤]、贵港深钉岭M12[⑥]。其他墓葬除了铜鐎斗、铜镜之外，多随葬陶器，如龙游东华山M70[⑦]。

上述墓葬等级如何？南方地区部分同时期的墓葬可供参考对比。

（1）永州鹞子岭M1[⑧]，为泉陵侯家族墓。出土的铜器除了刻纹长颈壶、圆壶和碗外，还有长颈壶、碗、卮、圆壶和灯，漆器不少且十分精美。

（2）永州鹞子岭M2[⑨]，为泉陵侯夫人墓。出土的刻纹铜器有圆壶、碗、酒樽、香炉、熨斗，一般的铜器有钵、圆壶、釜和盆，此外还有玉器、金器和广汉郡工官、考工、伎工制作的漆器。

（3）常德D1M2[⑩]，墓主为"孱陵丞"，属三百石官吏。出土物除了铁刀外，

---

① 胡秋凉：《长兴七女墩墓葬群清理简报》，《东方博物》（第四十三辑），浙江大学出版社，2012年，第25～36页。

② 杭州市文物考古研究所、萧山博物馆：《萧山溪头黄战国汉六朝墓》，文物出版社，2018年，第74～77页。

③ 浙江省文物考古研究所：《浙江安吉五福第八号墩汉墓》，《东方博物》（第五十三辑），中国书店，2015年，第83～93页。

④ 浙江省文物考古研究所：《上虞驮山古墓葬发掘》，《沪杭甬高速公路考古报告》，文物出版社，2002年，第230～235页。

⑤ 广西壮族自治区文物工作队、兴安县博物馆：《兴安石马坪汉墓》，《广西考古文集》，文物出版社，2004年，第238～258页。

⑥ 广西壮族自治区文物工作队、贵港市文物管理所：《广西贵港深钉岭汉墓发掘报告》，《考古学报》2006年第1期。

⑦ 衢州博物馆：《衢州汉墓研究》，文物出版社，2015年，第15～17页。

⑧ 贺刚：《湖南永州鹞子岭一号汉墓的墓主及相关问题》，《湖南省博物馆四十周年纪念论文集》，湖南教育出版社，1996年，第143～151页。

⑨ 湖南省文物考古研究所、永州市芝山区文物管理所：《湖南永州市鹞子岭二号西汉墓》，《考古》2001年第4期。

⑩ 常德博物馆、龙朝彬、文智、徐小林：《湖南常德南坪西汉长沙国郎中令廖福家族土墩墓群发掘简报》，《湖南省博物馆馆刊》（第八辑），岳麓书社，2012年，第121～136页。

其余均为陶瓷器类。

（4）常德D3M27[①]，墓主为长沙国郎中令廖福，属千石官吏。除了陶器外，还出土铜鼎、壶、钫、洗、剑、矛、弩机和玻璃璧。

（5）常德D10M1[②]，墓主为"镡成长"，属五百石以下官吏。墓葬被盗，出土物除了铜鼎外，其余为陶瓷器或滑石器。

（6）合浦望牛岭[③]，墓主为九真太守，属二千石官吏。出土刻纹铜容器16件、一般铜容器30件，此外还有金饼、金珠、琥珀等。

对比可知，金华马铺岭M1等墓葬所出大致接近长沙国郎中令廖福墓墓主，最多不过千石，其他如龙游东华山M70之类墓主秩级可能在百石左右。

据此分析，汉代铜鐎斗的使用人群大致为千石以下的中下层官吏，尚未发现高等级墓葬使用的情况。不过这些千石以下的官吏，相对于江东所在的会稽郡（吴郡、丹阳郡）而言，又明显属当地的中上层。

（二）三国西晋

江东为主要的制作地，其境内使用状况如何？列表如下（表一二）。

从出土器物的等级来看，南京富贵山M4[④]出土2件玻璃器，还有金银手镯之类，墓主应该为统治阶层上层人物。马鞍山朱然墓[⑤]虽然没有出土铜鐎斗，但墓葬出土2件涂漆鐎斗，可见鐎斗在江东社会的高级统治者中得到继续使用。

略次之的当有南京长岗村M5、苏州吴中区狮子山M1、宣城外贸巷M2等。至于南京迈皋桥、松阳周垄村之类墓主，疑属百石左右的下层官吏。

由此看来，在江东使用铜鐎斗的人群较广，既有上层统治者，也不乏百石左右的下层官吏。

黄淮一带既是输入地，也是制作地，其使用人群状况如何？如下表所示（表一三）。

---

① 常德博物馆：《湖南常德市南坪汉代土墩墓群的发掘》，《考古》2014年第1期。

② 湖南省常德市文物局、常德博物馆、鼎城区文物局等：《沅水下游汉墓》（上），文物出版社，2016年，第180～185页。

③ 广西壮族自治区文物考古写作小组：《广西合浦西汉木椁墓》，《考古》1972年第5期。

④ 南京市博物馆、南京市玄武区文化局：《江苏南京市富贵山六朝墓地发掘简报》，《考古》1998年第8期。

⑤ 安徽省文物考古研究所、马鞍山市文化局：《安徽马鞍山东吴朱然墓发掘简报》，《文物》1986年第3期。

表一二　三国两晋时期江东地区出土鐎斗的墓葬随葬器物一览表

出土地	其他铜器	其他贵重器
南京梅家山①	碗、熨斗、炭炉、洗、耳杯	银钗
南京迈皋桥②	无	
南京山阴路口③	碗、盘	
南京富贵山M4④	虎子、洗、熨斗、杯、勺	银碗、玻璃杯、玻璃罐、金手镯、琥珀
南京长岗村M5⑤	耳杯、碗、洗、盘、熨斗、炭炉	金顶针、釉下彩盘口壶
苏州吴中区狮子山M1⑥	灯、熨斗、炭炉、钵、洗	金饰
马鞍山盆山⑦	洗、炭炉、熨斗	银器有手镯、指环、顶针、发钗
宣城外贸巷M2⑧	炭炉、香炉、洗、熨斗、勺	漆器23件
临海沿江镇麻车⑨	洗、熨斗、炭炉	
安吉天子岗M3⑩	熨斗	金戒指
松阳周垄村⑪	炭炉	银发钗
当涂黄山⑫	炭炉	金钗、银手镯

①　屠思华、李鉴昭：《南京梅家山六朝墓清理记略》，《文物参考资料》1956年第4期。

②　南京市文物保管委员会：《南京迈皋桥西晋墓清理》，《考古》1966年第4期。

③　谷建祥：《南京市山阴路口西晋墓》，《东南文化》1985年（第一辑）。

④　南京市博物馆、南京市玄武区文化局：《江苏南京市富贵山六朝墓地发掘简报》，《考古》1998年第8期。

⑤　南京市博物馆：《南京市长岗村五号墓发掘简报》，《文物》2002年第7期。

⑥　张志新：《江苏吴县狮子山西晋墓清理简报》，《文物资料丛刊》（3），文物出版社，1980年，第130～137页。

⑦　马鞍山市文物管理所：《马鞍山市盆山发现六朝墓》，《文物研究》（第六辑），黄山书秋，1990年，第153～157页。

⑧　王薇、滕雪慧：《宣城市外贸巷西晋墓清理简报》，《文物研究》（第十三辑），黄山书秋，2001年，第165～170页。

⑨　临海市博物馆：《临海市沿江镇麻车古墓初探》，《东方博物》（第五十八辑），中国书店，2016年，第34～39页。

⑩　安吉县博物馆：《浙江安吉天子岗汉晋墓》，《文物》1995年第6期。

⑪　潘贤达：《浙江松阳县周垄村发现三国吴墓》，《考古》2003年第3期。

⑫　王俊、李万德：《当涂县黄山东晋墓清理简报》，《文物研究》（第九期），黄山书社，1994年，第134～136页。

表一三　三国两晋时期黄淮地区出土鐎斗的墓葬随葬器物一览表

出土地	其他铜器	其他贵重器
邳州煎药庙M1①	熏炉、洗、熨斗、灯	鹦鹉螺杯、金珰、金银手镯、金银戒指、玻璃杯、金五铢
邳州煎药庙M7②	洗、魁、熨斗、虎子	
邹城刘宝墓③	灯、洗、熨斗、盒、熏炉	金指环、银顶针、银簪、金珰、水晶饰
临沂洗砚池M1④	洗、耳杯、熨斗、魁、炭炉、鼎、釜、盏、唾壶、鐎壶、熏炉、烛台	工官制作的漆器、金珰、金手镯、金环、金钗、金发簪、玉器、琥珀、玛瑙饰件
焦作嘉禾屯⑤	洗、砚台、唾壶、碗、长颈壶、烛台、灯、熏炉、酒樽	

　　邳州煎药庙一带很可能是下邳国王室的家族墓地，所出鹦鹉螺杯、玻璃杯、金五铢、金珰反映出与皇权的紧密关系⑥。

　　邹城刘宝墓亦出土金珰，墓主身份便是侍中、使持节都督幽并州诸军事。

　　临沂洗砚池据研究为司马睿家族成员⑦，可知属王室成员。

　　焦作嘉禾屯为窖藏，铜器的数量不次于临沂洗砚池M1，可见拥有者的身份绝对不低。

　　其他所出由于破坏或并非墓葬出土，难以推定使用者的身份。但上面5例所出表明，西晋时期中原一带的社会上层亦使用铜鐎斗。

　　鄂城与黄淮地区类似，既是输入地也是制作区。其使用状况如表所示（表一四）。

　　① 南京博物院、徐州博物馆、邳州市博物馆：《江苏邳州煎药庙西晋墓地M1发掘简报》，《东南文化》2018年第2期。

　　② 南京博物院、徐州博物馆、邳州市博物馆：《江苏邳州煎药庙西晋墓地发掘》，《考古学报》2019年第2期。

　　③ 山东邹城市文物局：《山东邹城西晋刘宝墓》，《文物》2005年第1期。

　　④ 山东省文物考古研究所、临沂市文化广电新闻出版局：《临沂洗砚池晋墓》，文物出版社，2016年，第9～129页。

　　⑤ 焦作市文物工作队：《河南焦作嘉禾屯出土汉代窖藏铜器》，《华夏考古》1995年第2期。

　　⑥ 马永强：《江苏邳州煎药庙西晋墓地1号墓的独特性》，《大众考古》2020年第11期。

　　⑦ 张学锋：《山东临沂洗砚池晋墓墓主身份蠡测——以随葬品的考察为中心》，《文史》2008年第1期。

表一四　鄂城一带出土鐎斗的墓葬随葬器物一览表

出土地	其他铜器	其他贵重器
鄂城M2011[①]	熨斗	
鄂城M2052	勺	
鄂城M2076	熨斗	
鄂城M2079	无	
鄂城M2082		银钗
鄂城M2137	酒樽、洗、盘、鐎壶、熨斗	金钗、金指环、银手镯
鄂城M2175	无	
鄂城M2181	无	
鄂城M4016	无	
鄂州新庙大鹰山[②]	灯	金指环、金手镯、金戒指等

除了鄂州新庙大鹰山报告明确表示墓葬保存较为完整外，其他墓葬不详，不过应该排除皆被盗的可能性。若此，鄂城M2137和鄂州新庙大鹰山等级较高，至少属中上层官吏，至于其他墓葬则偏低。

不过，鄂州鄂钢饮料厂M1[③]出土3件铁鐎斗，并非铜鐎斗，但同出的玻璃器和大量金银器、青瓷坞堡显示出身份的高贵。弩机所刻铭文"将军孙邻"亦可为证，若墓主为孙邻，则属皇室成员，《三国志·宗室传》有载[④]。

松政渭田[⑤]所出来自江东，其他铜器有炭炉、盘，此外还有金手镯、银手镯、银耳挖和不少江东的陶瓷器，可知身份地位不低，至少为中上层官员。

由此看来，三国西晋时期，铜鐎斗的使用人群等级升高，社会上层有不少人使用。

① 南京大学历史系考古专业、湖北省文物考古研究所、鄂州市博物馆：《鄂城六朝墓》，科学出版社，2007年，第419、421、423、426、428、429、437页。

② 鄂州市博物馆、湖北省文物考古研究所：《湖北鄂城新庙大鹰山孙吴墓发掘简报》，《江汉考古》2022年第1期。

③ 鄂州博物馆、湖北省文物考古研究所：《湖北鄂州鄂钢饮料厂一号墓发掘报告》，《考古学报》1998年第1期。

④ （晋）陈寿撰，（宋）裴松之注：《三国志》卷五十一《吴书六·孙贲传》，中华书局，1971年，第1210页。

⑤ 卢茂村：《福建松政县发现西晋墓》，《文物》1975年第4期。

（三）东晋十六国时期

此阶段铜鐎斗的数量急剧下降，保存较为完整的墓葬不多，如下所示（表一五）。

表一五　东晋时期出土铜鐎斗的墓葬随葬器物一览表

出土地	其他铜器	其他贵重器
汉阳蔡甸M1[①]	洗、炭炉、鐎壶	玉带钩、料珠、银发钗
南京象山M5[②]	无	
南京象山M7	熨斗、熏炉、炭炉、唾壶	玉带钩、金环、金刚指环、玉蝉、玛瑙串珠、玻璃杯、银发簪
西安凤栖原M9[③]	无	
北票冯素弗墓M1[④]	釜甑、盆、洗、盏托、铫、酒樽、魁、虎子、熨斗	玉盏、玻璃碗、玻璃杯、玻璃钵、鸭形玻璃器、金步摇、金珰、金钗等装饰件

南京象山为东晋世家大族王氏墓地，北票冯素弗乃北燕重臣，为大司马、车骑大将军。

依然可见，此阶段铜鐎斗在社会高层中得到使用。

（四）南北朝时期

先看江东境内。

南京马群[⑤]所出，除了铜鐎斗外，仅有青瓷器。句容春城[⑥]不然，其他的铜器有钵、碗、盏托、盘、香炉、砚台、勺，是南朝墓所出铜器最为丰富的墓葬，此外还有银钗、银盘、玻璃杯，显示墓主当属高级贵族阶层。

---

① 湖北省博物馆：《湖北汉阳蔡甸一号墓清理》，《考古》1966年第4期。

② 南京市博物馆：《南京象山5号、6号、7号墓清理简报》，《文物》1972年第11期。

③ 西安市文物保护考古研究院：《西安凤栖原十六国墓发掘简报》，《文博》2014年第1期。

④ 辽宁省博物馆：《北燕冯素弗墓》，文物出版社，2015年，第8~81页。

⑤ 南京博物院：《南京马群六朝墓》，《考古》1985年第11期。

⑥ 镇江博物馆、句容市博物馆：《江苏句容春城南朝宋元嘉十六年墓》，《东南文化》2010年第3期。

福建境内，福州屏山①仅出土青瓷器，闽侯桥头山M1②所出除了铜盏托外，亦出土青瓷器。可见墓主社会地位不是很高。

平坝马场③一带，M37出土大量的金银首饰、玛瑙、琥珀串饰，亦不乏鎏金铜扣之类的漆器；M55亦然。推断当属牂牁郡上层人物。

湖北应城高庙④，其他铜器还有盏托、香炉、盘，说明身份不低。

以上为南方所出状况，可知身份地位不低。

北方状况如何？可分平城和洛阳两个时期进行观察。

（1）平城时期，出土如下（表一六）。

表一六　北魏平城时期出土铜鐎斗的墓葬随葬器物一览表

出土地	其他铜器	其他贵重器
乌审旗郭家梁M5⑤		玛瑙珠
大同二电厂M37⑥	镂	漆耳杯、盘
大同全家湾M7⑦	镂	银手镯
固原西郊雷祖庙⑧	釜甑、钫、圆壶	银耳杯、波斯银币、金耳环、琥珀珠

固原西郊雷祖庙所出十分丰富，显示墓主社会地位至少在中上层，其余也偶见其他贵重物品，可知墓主并非普通百姓之类。

（2）洛阳（包括后来的东、西魏）时期，所出如下（表一七）。

可知，墓主中有皇室成员和三公大臣，也有郡守之类，似乎使用等级相比平城时期的大同、固原和南方而言更高。

①　福建省博物馆：《福州屏山南朝墓》，《考古》1985年第1期。
②　福建省文物管理委员会：《福建闽侯关口桥头山发现古墓》，《考古》1965年第8期。
③　贵州省博物馆考古组：《贵州平坝马东晋南朝墓发掘简报》，《考古》1973年第6期。
④　应城市博物馆：《应城市高庙南朝墓清理简报》，《江汉考古》1990年第2期。
⑤　内蒙古自治区文物考古研究所、鄂尔多斯博物馆、乌审旗文物管理所：《内蒙古乌审旗郭家梁村北魏墓葬发掘简报》，《中原文物》2012年第1期。
⑥　大同市考古研究所：《山西大同二电厂北魏墓群发掘简报》，《文物》2019年第8期。
⑦　山西省考古研究所、大同市考古研究所：《山西大同南郊全家湾北魏墓（M7、M9）发掘简报》，《文物》2015年第12期。
⑧　固原县文物工作站：《宁夏固原北魏墓清理简报》，《文物》1984年第6期。

表一七　北魏洛阳时期出土铜鐎斗的墓葬随葬器物及墓主身份一览表

出土地	其他铜器	其他贵重器	墓主身份
曲阳嘉峪村①	瓶、灯、碗、盏托		刺史、侯夫人，皇后姐姐
赞皇李希宗夫妇墓②	托盘、瓶、圆壶	银杯、银戒指、金币	司空
平山崔昂墓③	熨斗、盏、盘、碗、砚台、香炉、唾壶、瓶、罐、钵、虎子、灯	料珠	祠部尚书、刺史
寿阳贾家庄库狄迴洛墓④	瓶、碗、唾壶、盒、香宝子、熨斗、烛台	玻璃器、金戒指、玛瑙珠、琥珀、玉器	定州刺史
侯马虒祁墓⑤	盘		县令、司徒府参军
安阳固岸村M34⑥	无		
张家川平王村⑦	瓶、釜甑	银碗	都城侯、赠司徒公
咸阳武帝孝陵⑧	被盗		北周武帝
西安李静训墓⑨	洗、钵、鐎壶	大量串饰、金银手镯等	皇族
西安吐谷浑公主与茹茹大将军合葬墓⑩	砚台、瓶、唾壶、碗		吐谷浑公主、将军
西安南郊航天产业园M4⑪	钵、瓶、碗、砚台		兖州刺史

----

① 河北省博物馆　文物管理处：《河北曲阳发现北魏墓》，《考古》1972年第5期。

② 石家庄地区革委会文化局文物发掘组：《河北赞皇东魏李希宗墓》，《考古》1977年第6期。

③ 河北省博物馆、河北省文物管理处：《河北平山北齐崔昂墓调查报告》，《文物》1973年第11期。

④ 王克林：《北齐库狄迴洛墓》，《考古学报》1979年第3期。

⑤ 山西省考古研究院：《山西侯马虒祁北魏墓（M1007）发掘简报》，《文物》2021年第2期。

⑥ 安阳市文物考古研究所、濮阳市戚城文物景区管理处：《2018年安阳固岸村北齐墓发掘简报》，《中原文物》2021年第4期。

⑦ 秦明智、任步云：《甘肃张家川发现"大赵神平二年"墓》，《文物》1975年第6期。

⑧ 陕西省考古研究所、咸阳市考古研究所：《北周武帝孝陵发掘简报》，《考古与文物》1997年第2期。

⑨ 中国社会科学院考古研究所：《唐长安城郊隋唐墓》，文物出版社，1980年，第3~28页。

⑩ 陕西省考古研究院、陕西历史博物馆、长安区旅游民族宗教文物局：《陕西西安西魏吐谷浑公主与茹茹大将军合葬墓发掘简报》，《考古与文物》2019年第4期。

⑪ 西安市文物保护考古研究院：《陕西西安西魏乙弗虬及夫人隋代席氏合葬墓发掘简报》，《考古与文物》2020年第1期。

续表

出土地	其他铜器	其他贵重器	墓主身份
西安柳带韦墓[1]	高足杯	玉串饰、玉带具	皇后家族
洛阳元祉墓[2]	被盗		司徒公、都督四州诸军事、骠骑大将军、冀州刺史

（五）唐　代

发现不多，如下所示（表一八）。

表一八　唐代出土铜鐎斗的墓葬出土随葬品及墓主身份一览表

出土地	其他铜器	其他贵重器	墓主身份
朝阳左才墓[1]	钵、盘、鐎壶		清州司马
偃师杏园李景由墓[2]	罐、钵、洗	银盒、银碗、银筷、银勺、金钗、玉器、平脱漆器	猗氏县令
郑州西岗郑令同夫妇墓[3]	钵、盆、罐	银盒、银碗、玉钗、金钗	忻州司马
浦城三里亭[4]	罐		
南康龙华[5]	勺		
江夏流芳M1[6]	钵、盆、勺		

偃师和郑州所出较为丰富，但其身份不过县令和州司马之类。朝阳和江夏大致相当，可能亦属州司马或以下。浦城和南康虽然出土铜器不少，所出实属不易，身

① 西安市文物保护考古研究院：《陕西西安北周康城恺公柳带韦墓发掘简报》，《文博》2020年第5期。

② 洛阳市文物考古研究院：《洛阳北魏元祉墓》，中州古籍出版社，2018年，第242页。

① 辽宁省博物馆文物队：《辽宁朝阳唐左才墓》，《文物资料丛刊》（6），文物出版社，1982年，第102～109页。

② 中国社会科学院考古研究所河南第二工作队：《河南偃师杏园村的六座纪年唐墓》，《考古》1986年第5期。

③ 郑州市文物考古研究院：《河南郑州西岗唐郑令同夫妇合葬墓发掘简报》，《文物》2022年第6期。

④ 赵洪章：《浦城出土唐代铜鐎斗》，《考古》1986年第4期。

⑤ 赣州地区博物馆、南康县博物馆：《江西南康龙华晋墓》，《南方文物》1993年第3期。

⑥ 武汉市文物考古研究所、武汉市江夏区博物馆：《武汉江夏流芳唐墓清理发掘简报》，《江汉考古》2003年第4期。

份虽然不高，但至少在当地也是有一定的社会地位。不过总体而言，上述几例显示唐代铜鐎斗的使用者社会地位不是太高。

就铜鐎斗而言，纵观汉至唐代的使用人群，有如此变化：汉代江东境内的使用者有一定的社会地位，属中下层官吏；三国西晋时期，江东和黄淮社会上层开始使用；东晋十六国时期，南北社会上层继续使用；南北朝时期，北方社会上层广泛使用，南方不多；唐代，使用人群身份地位下降，多中下层官员。可见，铜鐎斗在三国两晋南北朝时期地位逐渐上升而唐代下降。

铁鐎斗在华北、峡江和赣南闽西一带的出现，北宋时期陶瓷鐎斗在峡江的盛行，亦可见从唐代开始使用人群等级的变化，即其使用者多为下层官员或者平民。

二、用　途

从以上的叙述可知，鐎斗在汉代系局限在江东境内的一种区域性器类，在历经六朝之后的隋唐时期走向全国。其传播，除了部分明器可能涉及丧葬观念外，应该与其功能有关。其用途得到认同，故得以推广和普及。

鐎斗究竟有何用处？鉴于当前尚未开展残留物的提取分析，唯有依赖共出物和位置等方面进行逻辑上的综合推断。

根据考古所出，不少铜、陶鐎斗底部发现大量烟炱，如绍兴缪家桥[①]、余杭七里亭M5[②]、南京象山M5、南京象山M7[③]、句容西晋元康四年墓[④]、邗江甘泉六里M109[⑤]、郎溪营盘村窖藏[⑥]、福州屏山南朝墓[⑦]、福州仓山福建师范学院附中[⑧]、彰

---

①　绍兴县文物管理委员会：《浙江绍兴缪家桥宋井发掘简报》，《考古》1964年第11期。

②　杭州市文物考古研究所、吉林大学边疆考古研究中心：《杭州余杭七里亭晋墓》，《东方博物》（第五十八辑），中国书店，2016年，第58页。

③　南京市博物馆：《南京象山5号、6号、7号墓清理简报》，《文物》1972年第11期。

④　南波：《江苏句容西晋元康四年墓》，《考古》1976年第6期。

⑤　扬州博物馆：《江苏邗江甘泉六里东晋墓》，《东南文化》1986年第2期。

⑥　宋永祥：《郎溪县发现一批六朝窖藏铜器》，《文物研究》（第六辑），黄山书社，1990年，第159页。

⑦　福建省博物馆：《福州屏山南朝墓》，《考古》1985年第1期。

⑧　福建博物院编：《福建考古资料汇编》（1953～1959），科学出版社，2011年，第136页。

明县常山村①、昭化宝轮镇南北朝崖墓②、万州下中村③、涪陵石沱H13④、肇庆晋墓⑤、朝阳袁台子⑥、贵港深钉岭M12⑦、咸阳头道塬⑧、咸阳平陵M1⑨、敦煌佛爷庙湾M72⑩、固原西郊雷祖庙北魏墓⑪、固原南郊M4⑫所出便是。

从不少镳斗底部有烟炱来看，其作为炊器的属性应该问题不大。关键是，其为一般的食物炊具，还是特殊的炊具？

考古所出不少镳斗置于炭炉之内，尤其以青瓷镳斗为甚，如绍兴官山岙⑬、绍兴凤凰山⑭、嵊州M75⑮、嵊州大塘岭⑯、上虞道墟⑰、德清五龙、德清华兴⑱等所出。

① 石光明、沈仲常、张彦煌：《四川彰明县常山村崖墓清理简报》，《考古通讯》1955年第5期。

② 沈仲常：《四川昭化宝轮镇南北朝时期的崖墓》，《考古学报》1959年第2期。

③ 重庆市文物局、重庆市移民局编：《万州下中村遗址》，科学出版社，2017年，第113、136、146页。

④ 重庆市文物局、重庆市移民局编：《重庆库区考古报告集》（2001卷·上），科学出版社，2007年，第2005页；重庆市文物局、重庆市移民局编：《重庆库区考古报告集》（1997卷），科学出版社，2001年，第752页。

⑤ 肇庆市文化局：《广东肇庆晋墓》，《文物资料丛刊》（2），文物出版社，1978年，第103页。

⑥ 辽宁省博物馆文物队、朝阳地区博物馆文物队、朝阳县文化馆：《朝阳袁台子东晋壁画墓》，《文物》1984年第6期。

⑦ 广西壮族自治区文物工作队、贵港市文物管理所：《广西贵港深钉岭汉墓发掘报告》，《考古学报》2006年第1期。

⑧ 咸阳市文物考古研究所：《陕西咸阳市头道塬十六国墓葬》，《考古》2005年第6期。

⑨ 咸阳市文物考古研究所：《咸阳十六国墓》，文物出版社，2006年，第90页。

⑩ 甘肃省文物考古研究所：《甘肃敦煌佛爷庙湾墓群2014年发掘简报》，《文物》2019年第9期。

⑪ 固原县文物工作站：《宁夏固原北魏墓清理简报》，《文物》1984年第6期。

⑫ 宁夏回族自治区文物考古研究所：《固原南郊北魏墓发掘简报》，《中原文物》2020年第5期。

⑬ 梁志明：《浙江绍兴官山岙西晋墓》，《文物》1991年第6期。

⑭ 沈作霖：《浙江绍兴凤凰山西晋永嘉七年墓》，《文物》1991年第6期。

⑮ 嵊县文管会：《浙江嵊县六朝墓》，《考古》1988年第9期。

⑯ 嵊县文管会：《浙江嵊县大塘岭东吴墓》，《考古》1991年第3期。

⑰ 朱瑞钱：《浙江上虞发现晋墓》，《文物资料丛刊》（2），文物出版社，1978年，第257、258页。

⑱ 施兰：《德清五龙、华兴两座墓葬出土的瓷器》，《东方博物》（第五十一辑），中国书店，2014年，第64、67页。

不少铜鐎斗则多与炭炉同出，甚至直接置于炭炉内，如马鞍山盆山M1①所出，出土时炭炉内盛满了木炭。

若此，鐎斗可能并非普通炊具。

另外，从东晋开始不少鐎斗器身普遍出现长流，显示其功能应该与流质食物有关。

此外，其他一些考古现象也值得关注。墓葬或窖藏中发现不少鐎斗与盏托共出，如句容春城宋元嘉十六年墓②、江都大桥窖藏③即是。部分墓葬所出铜器甚至仅发现鐎斗和盏托，如闽侯关口桥头山M1④、平坝马场M36⑤、广西恭城新街长茶地⑥、应城高庙⑦均然（图三一）。也有部分青铜鐎斗与青瓷盏托、盅之类器具同出⑧。

上述这些现象，无不暗示了鐎斗与盏托、盅之类的密切关系。

盏托为饮茶器具，对此应该没有异议。其最早出现在三国西晋，东晋南朝时期盛行⑨，之后一直延续至今。

对于零散的盅、盏，其用途为一般的饮食器具还是其他特殊器具？南昌高荣墓出土3件青瓷盏，口径8、高3.5厘米，底部均有墨书"茶"字⑩。因此，类似的盏、盅为茶具的可能性亦很大。

既然饮茶器具（无论是盏托还是盏）在三国西晋时期已经从普通日常的饮食器

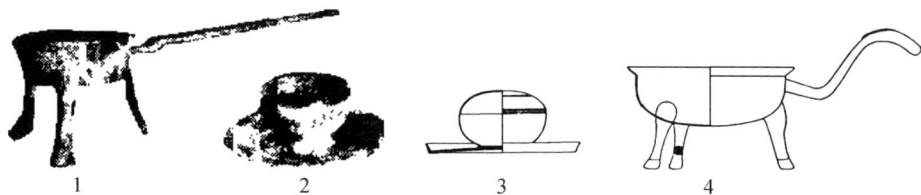

图三一　青铜鐎斗与盏托
1、2.闽侯关口桥头山M1　3、4.恭城新街长茶地

① 马鞍山市文物管理所：《马鞍山市盆山发现六朝墓》，《文物研究》（第六辑），黄山书社，1990年，第155页。

② 镇江博物馆、句容市博物馆：《江苏句容春城南朝宋元嘉十六年墓》，《东南文化》2010年第3期。

③ 夏根林：《江苏江都大桥窖藏青铜器》，《东南文化》2010年第1期。

④ 福建省文物管理委员会：《福建闽侯关口桥头山发现古墓》，《考古》1965年第8期。

⑤ 贵州省博物馆考古组：《贵州平坝马场东晋南朝墓发掘简报》，《考古》1973年第6期。

⑥ 广西壮族自治区文物工作队：《广西恭城新街长茶地南朝墓》，《考古》1979年第2期。

⑦ 应城市博物馆：《应城市高庙南朝墓清理简报》，《江汉考古》1990年第2期。

⑧ 吴小平：《铜鐎斗的器形演变及用途考》，《考古》2008年第3期。

⑨ 吴小平、饶华松：《论唐代以前的盏托》，《华夏考古》2013年第2期。

⑩ 江西省历史博物馆：《江西南昌市东吴高荣墓的发掘》，《考古》1980年第3期。

具中独立，从而形成专门化的器具，很难想象作为茶具之一的煮茶器具并未出现专门化。

若结合其他考古证据和文献，不难发现中国早期饮茶习俗的传播历程与鐎斗的分布在时空方面基本吻合，如下所示。

1. 汉代

我国饮茶习俗始于何时何地说法不一，但两汉时期，饮茶之风已在长江下游一带盛行，湖州窑墩头东汉墓所出一件青瓷罐肩部刻有"茶"字便可见一斑[1]。

从上文可知，鐎斗汉代基本集中在长江下游一带。

2. 三国西晋时期

据《三国志·韦曜传》载："（孙）皓每飨宴，无不竟日，坐席无能否率以七升为限，虽不悉入口，皆浇灌取尽。曜素饮酒不过二升，初见礼异时，常为裁减，或密赐茶荈以当酒。"[2]三国魏人张揖《广雅》还详细记载了茶的制作和饮用方法，"荆、巴间采叶作饼，叶老者，饼成以米膏出之。欲煮茗饮，先炙令赤色，捣末置瓷器中，以汤浇，覆之，用葱、姜、桔子芼之。其饮醒酒，令人不眠"[3]。可知，饮茶习俗已经在长江中下游传播开来。

南方地区喝茶风气盛行，但中原却少见，仅曹魏西晋时期稍见到。如上面所引张揖《广雅》，即反映了中原部分士人对茶的关注。随着中原动荡，北方的茶叶稀缺，刘琨曾写信给侄子刘寅索要南方茶。但是，较多的北方人并不认同饮茶，《世说新语·纰漏》云："王丞相请先度时贤共至石头迎之，犹作畴日相待。一见便觉有异。坐席竟，下饮，便问人云'此为茶？为茗？'觉有异色，乃自申明云：'向问饮为热，为冷耳。'"[4]王导虽位极人臣但出上述纰漏，可知中原饮茶并不盛行。

对比鐎斗的分布，其三国西晋时期广泛分布在长江中下游一带，关东境内才开始有少量出现。

---

① 湖州市博物馆：《浙江湖州窑墩头古墓清理简报》，《东南文化》1993年第1期。

② （晋）陈寿撰，（宋）裴松之注：《三国志》卷六十五《吴书二十·韦曜传》，中华书局，1971年，第1462页。

③ 此段文字今本《广雅》无，见于（唐）陆羽：《茶经·七之事》，中华书局，2010年，第116页。

④ （南朝宋）刘义庆撰，余嘉锡笺疏：《世说新语笺疏》下卷下《纰漏第三十四》，中华书局，1983年，第912页。

3. 东晋及南朝时期

南方地区饮茶风气依然盛行，侨居江左的北方世家大族，在新的环境影响下也喜欢饮茶，如大司马桓温，"温性俭，每宴惟下七奠柈茶果而已"[①]；王濛不仅自己好饮茶，还强迫客人陪喝，"人至，辄令饮之，士大夫皆患，每欲往候，必云'今日有水厄'"[②]。齐武帝生前好茶，死时遗令："我灵上慎勿以牲为祭，唯设饼、茶饮、干饭、酒脯而已"[③]。

中原地区西晋没后陷于游牧民族统治，由于受传统生活习惯影响，饮酪之风盛行，有关饮茶的记载自北魏时期方才出现，"自是朝贵宴会虽设茗饮，皆耻不复食，唯江表残民远来降者好之"[④]。茶虽然在北方受到排斥，但至少已经进入了北方的社会生活中了。

此阶段，鐎斗除了南方较为广泛分布外，在北方亦形成了关中、关东和华北几个聚集重心。

4. 唐代

茶经的出现、茶税的发明，无不反映出饮茶风气的全国普及[⑤]。

此阶段鐎斗已经广泛分布，使用人群亦普及百姓。

5. 北宋

唐代及以前的茶叶多以茶饼的形式出现，不过也有散茶和粗茶。茶饼需要碾成碎末再煮，而散茶和粗茶则直接水煮。进入宋代，饮茶方式发生重大变动。煮茶仅见于皇宫设清明茶宴、茶礼或士大夫以茶会友之类场合，日常则为分茶、点茶

---

① （唐）房玄龄等撰：《晋书》卷九十八《桓温传》，中华书局，1974年，第2576页。
② （宋）李昉等：《太平御览》卷八百六十七《饮食部二十五》，上海古籍出版社，2008年，第614页。
③ （梁）萧子显撰：《南齐书》卷三《武帝纪》，中华书局，1972年，第62页。
④ （北魏）杨衒之撰，尚荣译注：《洛阳伽蓝记》卷三《城南·正觉寺》，中华书局，2012年，第224页。
⑤ 《封氏闻见记》卷六，谓"茶，早采者为茶，晚采者为茗。本草云：'止渴，令人不眠'。南人好饮之，北人初多不饮……自邹、齐、沧、棣，渐至京邑，城市多开店铺，煎茶卖之，不问道俗，投钱取饮。其茶自江淮而来，舟车相继，所在山积，色额甚多"。（唐）封演撰，赵贞信校注：《封氏闻见记校注》卷六，中华书局，2005年，第51页。

取代①。

而此阶段鐎斗在中原腹地基本不见，仅华北—辽西和峡江残存。

可见，鐎斗的兴衰和分布过程与中国饮茶习俗的发展变化基本吻合。可大致推断，鐎斗的主要功用即煮茶。

正因为煮茶风气的逐渐盛行，其传播和使用人群亦相应改变。

当然，并非所有的鐎斗为煮茶用具，也不排除不同区域人群对其用途改变的可能。例如，厍狄迴洛墓和李希宗墓所出，器表鎏金，且与杯、瓶同出，很可能为酒器之类。

唐代煮茶之风虽然盛行，但实用器鐎斗的数量不及南北朝时期。其背后原因，与另外的饮茶器具出现有关。对此将在下面章节展开讨论。

---

① 扬之水：《两宋之煎茶》，《中国历史文物》2002年第4期。

第五章 源 和 流

鐎斗缘何在汉代出现，又缘何消亡在北宋之后？对此有必要探究其源与流，从中亦可见其功能之变化。

一、源 头

据上文可知，鐎斗最早出现在西汉晚期或稍后，如六安双龙机床厂M819[①]、安吉五福M1[②]、贵港深钉岭M12[③]所出即是，其器身形态为侈口，浅折沿，弧腹，如图三二所示。

在关中、关东和江淮境内，发现一批西汉时期铜铫，与上述鐎斗器身完全一致。如西安北郊郑王村M171[④]、兴平南位镇张里村[⑤]、扬州西湖镇中心村[⑥]所出（图三三）。兴平所出3件均有铭文，分别为"上林乘舆铜铫一容一斗重一斤六两元封三年正月庚子有诏予水衡都尉给共第十八"；"□□乘舆铜铫一容一斗重一斤三两元封三年正月庚子有诏予水衡都尉给共第十九"；"甘泉上林乘舆铜铫一容一斗重一斤六两元封三年正月庚子有诏予水衡都尉给共第廿二"。富平县亦曾出土1件，铭文为"华阴铜五升铫重八两"[⑦]。可知此类器为铫。

① 安徽省文物考古研究所、武汉大学历史学院考古系、六安市文物局：《安徽六安城东墓地——双龙机床厂墓群发掘报告》（四），上海古籍出版社，2016年，第1523页。

② 浙江省文物考古研究所：《浙江安吉五福第八号墩汉墓》，《东方博物》（第五十三辑），中国书店，2015年，第87页。

③ 广西壮族自治区文物工作队、贵港市文物管理所：《广西贵港深钉岭汉墓发掘报告》，《考古学报》2006年第1期。

④ 陕西省考古研究院：《西安北郊郑王村西汉墓》，三秦出版社，2008年，第355页。

⑤ 张文玲：《茂陵博物馆收藏的几件铭文铜器》，《文物》2012年第2期。

⑥ 扬州市文物考古研究所：《广陵遗珍——扬州出土文物选粹》，江苏凤凰美术出版社，2018年，第25页。

⑦ 贾麦明：《新发现的华阴铜铫及其铭文》，《文博》2000年第1期。

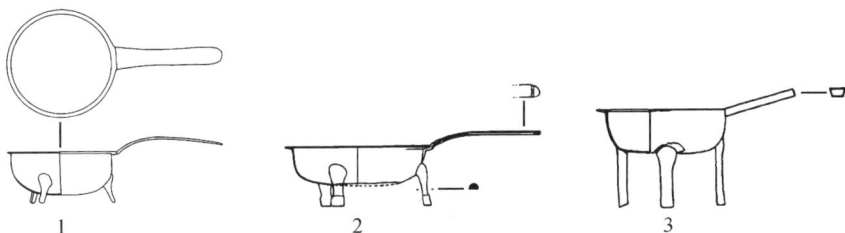

图三二　西汉晚期或稍后的铜鐎斗
1. 六安双龙机床厂M819　2. 安吉五福M1　3. 贵港深钉岭M12

图三三　铜铫
1. 西安郑王村M171　2. 兴平南位镇张里村　3. 扬州西湖镇中心村

这些铫底部多有烟炱，如扬州所出即是，表明为实用的炊器。从上文可知，鐎斗底部亦多有烟炱，可见两者均为炊器的共性。

铫最早出现在战国晚期的临淄一带，西汉遍及关东和关中，可知为中原一带的炊具。其在西汉中晚期才向南传播进入江淮和长江以南，之后亦零星发现。其在江淮和长江以南地区出现之晚、数量之少很可能与南方有本土的炊具有关。江淮和江东等南方地区，盛行双耳锅，川渝地区则一直流行当地特色的鐅和釜。

器身相同、用途接近，表明铫和鐎斗存在紧密的关联。从铫出现的时间早于鐎斗来看，鐎斗由铫演变而来的可能性很大。

不过铫并非鐎斗的直接源头，有一种器类与鐎斗更为接近。

在西安东郊国棉五厂M6[①]、满城汉墓M1和M2[②]、扬州西湖镇中心村[③]、盱眙东

① 呼林贵、孙铁山、李恭：《西安东郊国棉五厂汉墓发掘简报》，《文博》1991年第4期。

② 中国社会科学院考古研究所、河北省文物管理处：《满城汉墓发掘报告》，文物出版社，1980年，第56、250页。

③ 扬州市文物考古研究所：《广陵遗珍——扬州出土文物选粹》，江苏凤凰美术出版社，2018年，第25页。

阳M4[①]、郫县（现郫都区）新胜东汉墓[②]、遂宁船山坡M1[③]、丰都汇南HM3[④]、云阳江
口黄草坪M5[⑤]、个旧黑蚂井M28[⑥]等墓葬中（图三四，1～10），出土一种器身为铫、
一侧置方銎直柄的器类，出土时多有烟炱，表明亦属炊器类，有学者命名为刁斗[⑦]。

　　从刁斗的器身与铫更加相似，且时代略晚于铫、数量远不如铫来看，刁斗乃铫
演化而来。

　　对比器身，除了三足外，铜鐎斗（半）圆蹄足有銎直柄类与刁斗并无二致（图
三四，11～13）。

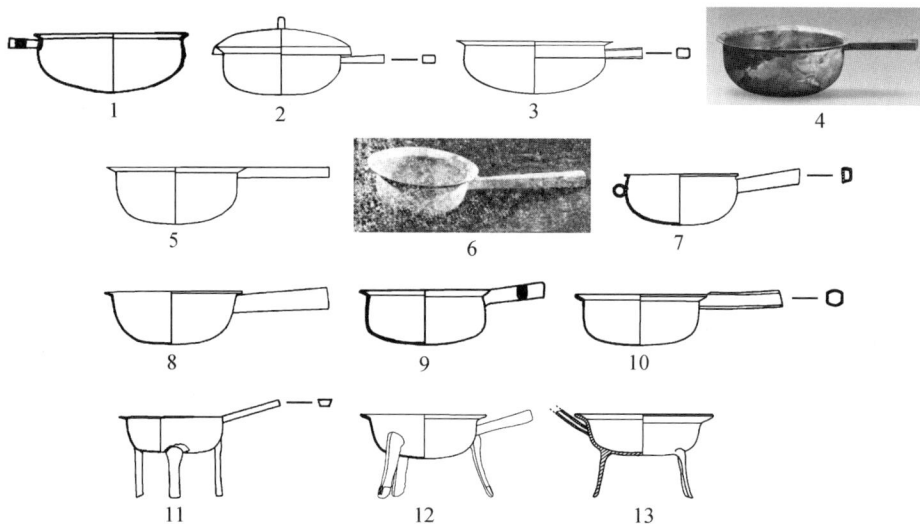

图三四　刁斗与侈口折沿鐎斗对比

　　1～10. 刁斗（西安东郊国棉五厂M6、满城汉墓M1、满城汉墓M2、扬州西湖镇中心村、盱眙东阳M4、
郫县新胜、遂宁船山坡M1、丰都汇南HM3、云阳江口黄草坪M5、个旧黑蚂井M28）　11～13. 鐎斗（贵港深钉
岭M12、萧山溪头黄M29、上虞驮山M28）

---

　　①　南京博物院：《江苏盱眙东阳汉墓》，《考古》1979年第5期。

　　②　梁文骏、潘瑞明：《郫县出土东汉铜器》，《文物》1981年第11期。

　　③　四川省文物管理委员会：《四川遂宁船山坡崖墓发掘简报》，《考古与文物》1983年第
3期。

　　④　四川省文物考古研究院、重庆市文化局、丰都县文物管理所：《重庆市丰都县汇南墓群
2000年度发掘简报》，《四川文物》2013年第4期。

　　⑤　重庆市文物考古所、云阳县文物管理所：《云阳县江口汉墓群发掘报告》，《重庆公路考
古报告集》，科学出版社，2010年，第142页。

　　⑥　云南省文物考古研究所、红河哈尼族彝族自治州文物管理所、个旧市博物馆：《个旧市黑
蚂井墓地第四次发掘报告》，科学出版社，2013年，第130页。

　　⑦　孙机：《汉代物质文化资料图说》（修定本），中华书局，2020年，第398页。

二、流 与 变

根据上述几个章节的介绍，可知鐎斗始见于两汉晚期的长江下游一带，六朝和隋唐时期广泛分布于大江南北，进入北宋则急剧衰落，之后消亡。从上文也可知，鐎斗的主要用途属煮茶。众所周知，唐代饮茶习俗大为盛行，宋代风气更为炽烈，按理鐎斗应更加流行普及。但上述的研究表明，进入唐、宋代，鐎斗的数量不及前代，尤其以宋代为甚，呈现急剧衰落态势。其原因，应与两宋时期茶饮制作方式的转变有关，即从煮茶变为分茶或点茶。对此，学界有颇多研究[①]，不再赘述。在制茶方式的转变下，作为煮茶器具的鐎斗渐渐退出历史舞台。但是，唐代煮茶依然盛行、茶税和茶法密集[②]，鐎斗的数量按理比南北朝及之前更多。显然，除了鐎斗外，唐至北宋时期应该还有其他煮茶器具。具体有哪些器具，下面拟根据文献，结合考古所出，进行综合判断。

（一）文献所见其他煮茶器具

根据文献，其他煮茶器具大致有釜、铛和铫三类。

1. 釜

陆羽《茶经》便多次提到釜，"灶，无用突者。釜，用唇口者"[③]；"方其耳，以正令也。广其缘，以务远也。长其脐，以守中也。脐长，则沸中；沸中，则末易扬；末易扬，则其味淳也。洪州以瓷为之，莱州以石为之。瓷与石皆雅器也，性非坚实，难可持久。用银为之，至洁，但涉于侈丽。雅则雅矣。洁亦洁矣，若用之恒，而卒归于银也"[④]。可知茶釜的质地有瓷、石、银和铁，器形则为敞口，深腹，有方形双耳。

---

① 可参阅扬之水：《两宋之煎茶》，《中国历史文物》2002年第4期；孙机：《中国古代物质文化》，中华书局，2014年，第65~102页。

② 茶业的发展可以茶税和茶法密集为证。唐耕耦、张秉伦：《唐代茶业》，《社会科学战线》1979年4期；王洪军：《唐代的茶叶产量、贸易、税茶与榷茶——唐代茶业史研究之二》，《齐鲁学刊》1989年第2期；章丽：《唐五代时期茶叶贸易中的走私问题探究》，《古今农业》2014年第3期。

③ （唐）陆羽：《茶经·二之具》，中华书局，2010年，第25页。

④ （唐）陆羽：《茶经·四之器》，中华书局，2010年，第53、54页。

《旧唐书》卷一百零五《韦坚传》中也提及茶釜，云："豫章郡船，即名瓷、酒器、茶釜、茶铛、茶碗……"①

2. 铛

上文有关韦坚的文献除了提到茶釜外，亦提到茶铛。

此外，《旧唐书》卷一百九十下《王维传》载："维弟兄俱奉佛，居常蔬食，不茹荤血，晚年长斋，不衣文彩。……在京师日饭十数名僧，以玄谈为乐。斋中无所有，唯茶铛、药臼、经案、绳床而已。"②

《唐才子传》卷六载："（白）居易，字乐天，太原下邽人。……为游赏之乐，茶铛酒杓不相离。"③

铛的形制，据《太平御览》卷七百五十七器物部"铫"引《通俗文》云"鬴有足曰铛"④，《古今通韵》卷六："铛釜属，有耳足者"⑤，释慧琳《一切经音义》卷十四"须铫"条云"铫形似铛而无脚，上加踞龙为攀也"⑥，可知铛与釜接近，有三足、有耳。

在敦煌出土文书中亦频频提及铛，略举例如下⑦。

（1）伯3410：铛釦各一口……方耳铛一口（二，第150页）。

（2）斯1642：四斗铛一口，有列。三斗方耳铛一，全……一斗八升圆耳铛一口，一脚短。又一斗八升方耳铛一口（三，第20页）。

（3）伯2917：王庆住折债铛一……陆斗方耳铛一内两片……柒斗方耳铛一，内有列。……（三，第26页）

（4）斯4199：陆斗方耳铛……柒斗方耳铛一口，脚断，底有列。……（三，第

---

① （后晋）刘昫等撰：《旧唐书》卷一百零五《韦坚传》，中华书局，1972年，第3222、3223页。

② （后晋）刘昫等撰：《旧唐书》卷一百九十下《王维传》，中华书局，1975年，第5052页。

③ （元）辛文房撰，徐明霞校点：《唐才子传》卷六《白居易传》，辽宁教育出版社，1998年，第72页。

④ （宋）李昉等：《太平御览》（七），上海古籍出版社，2008年，第690页。

⑤ （清）毛奇龄：《古今通韵》卷六，《景印文渊阁四库全书》第240册，台湾商务印书馆，1982年，第2页。

⑥ （唐）释慧琳：《一切经音义》，中华书局，1985年，第657页。

⑦ 唐耕耦、陆宏基：《敦煌社会经济文献真迹释录》（第一辑），书目文献出版社，1986年；唐耕耦、陆宏基：《敦煌社会经济文献真迹释录》（第二辑）（第三辑）（第四辑）（第五辑），全国图书文献缩微复制中心，1990年。

28页）

（5）伯3067：陆斗方耳铛一，内两行……柒斗方耳铛一，内有裂。……煮油铛一口，在库。伍升铛子一口，在库（三，第33页）。

（6）斯2607：大铛一口□并铙。一硕二斗铛一口破、三斗煮油铛一口、二斗四升铛一口□……□斗二升，铛一口，柒升方耳铛子一破用换铁写□……又二斗二升铛一口……又半升小铛子一□，□□子失却破用二斗烈铛一口……（三，第44页）

以上文献均说明铛有耳有脚，耳有圆有方。不过，这些出土文书中提到的铛均为炊煮食物的炊具。

由此可知，铛分茶铛和煮食铛。

3. 銚①

《苏轼诗集》卷二十四《次韵周穜惠石銚》："铜腥铁涩不宜泉，爱此苍然深且宽。蟹眼翻波汤已作，龙头拒火柄犹寒。姜新盐少茶初熟，水渍云蒸藓未干。自古函牛多折足。要知无脚是轻安。"②

据《全唐词》卷二"唐词"，元稹《一七令·赋茶》："茶。香叶，嫩芽。慕诗客，爱僧家。碾雕白玉，罗织红纱。銚煎黄蕊色，碗转麴尘花。夜后邀陪明月，晨前命封朝霞。洗尽古今人不倦，将知醉乳岂堪夸。"③

可知唐宋时期銚可以煮茶，质地有石、铜、铁之类。

銚的形制，部分文献有描述。《一切经音义》卷十四"须銚"条云"銚形似铛而无脚，上加踞龙为攀也"④。赵希鹄《洞天清录》中载"古镰斗亦如今有柄銚子，而加三足"⑤。明代《正字通》亦云："今釜之小而有柄有流者亦曰銚。"⑥

可知銚类似镰斗，有流和柄，但无足。宋人《萧冀赚兰亭图》亦可见到（图三五）。可知銚为煮茶器具。

当然銚并非仅用于煮茶。《备急千金要方》卷二十五《备急》："取松脂破銚

---

① 此章节的銚与汉代的銚器形明显不同，其有流和柄，而汉代的銚为釜，仅为侈口、折沿。

② （清）王文诰辑注：《苏轼诗集》卷二十四《次韵周穜惠石銚》，中华书局，1982年，第1275、1276页。

③ 张璋、黄畬编：《全唐五代词》卷二"唐词"，元稹《一七令·赋茶》，上海古籍出版社，1986年，第154、155页。

④ （唐）释慧琳：《一切经音义》，中华书局，1985年，第657页。

⑤ （宋）赵希鹄等：《洞天清录》（外二种），浙江人民美术出版社，2016年，第28页。

⑥ （明）张自烈编，（清）廖文英补：《正字通》（下），国际文化出版公司，1996年，第1275页。

图三五　《煎茶图》

（转引扬之水：《两宋之煎茶》，《中国历史文物》2002年第4期）

中，切脂嚼腊著松明上，少倾铫火令滓渍皆消，以杯承汁传之"①，可知铫可煮药。亦用于温酒，如敦煌文献有记载，斯2009："熟铁瓶一口，温酒铫子两口……"（三，第53页），斯5899："又铜吊一……"（三，第15页）。

（二）考古所出釜、铛和铫

上述器具形状如何？

1. 釜

唐宋时期的釜甚多，鉴于当今尚未对残留物进行科技检测，要识别出哪些釜为茶具难度甚大，故暂且不展开谈论。

2. 铛

根据上文描述，可知铛有耳和三足，无柄。考古发现一批器物，器形与文献描述相同，时代基本集中在唐宋时期，应该就是铛。大致出土如下。

（1）闽赣地区。南城宋墓出土1件②；铅山莲花山宋墓出土1件③；南丰桑田宋

---

① （唐）孙思邈：《备急千金要方》卷二十五《备急》，山西科学技术出版社，2010，第752页。

② 薛尧：《江西南城、清江和永修的宋墓》，《考古》1965年第11期。

③ 江西省文物工作队、铅山县文化馆：《江西铅山县莲花山宋墓》，《考古》1984年第11期。

墓出土1件[①]；会昌出土1件[②]；会昌西江镇墩脑村唐墓出土1件[③]；会昌五代墓出土1件[④]；铜鼓宋墓出土1件[⑤]；石城唐墓出土1件[⑥]；昌厦公路广昌甘竹段唐代M12出土1件[⑦]；德安宋墓出土1件[⑧]；金溪宋大观二年（公元1108年）墓出土2件[⑨]；顺昌宋墓出土1件[⑩]；武夷山唐墓出土1件[⑪]；浦城宋墓出土1件[⑫]；三明莘口宋墓出土1件[⑬]；建瓯东峰村出土1件[⑭]。

（2）江东地区。南田海岛出土1件[⑮]；江山唐墓出土1件[⑯]。

（3）岭南地区。梅县M2出土1件[⑰]；和平县出土3件[⑱]。

（4）西南地区：清镇平坝宋墓M35出土1件[⑲]；平坝马场唐墓出土几件[⑳]。

---

① 江西省文物工作队、南丰县博物馆：《江西南丰县桑田宋墓》，《考古》1988年第4期。

② 会昌县博物馆：《会昌县西江隋唐墓葬》，《江西文物》1990年第1期。

③ 池小琴：《江西会昌西江镇墩脑村唐代墓葬》，《南方文物》1995年第3期。

④ 池小琴：《江西会昌发现晚唐至五代墓葬》，《南方文物》2001年第3期。

⑤ 秋收起义铜鼓纪念馆：《江西铜鼓县发现纪年宋墓》，《江西文物》1989年第3期。

⑥ 陈必琳：《江西石城出土唐代文物》，《南方文物》1996年第4期。

⑦ 江西省文物考古研究所、江西省广昌县博物馆：《昌厦公路广昌甘竹段墓葬发掘简报》，《南方文物》1999年第4期。

⑧ 彭适凡、唐昌朴：《江西发现几座北宋纪年墓》，《文物》1980年第5期。

⑨ 陈定荣：《江西金溪宋孙大郎墓》，《文物》1990年第9期。

⑩ 福建省博物馆：《福建顺昌宋墓》，《考古》1979年第6期。

⑪ 赵爱玉：《福建武夷山市发现唐墓》，《文物》2008年第6期。

⑫ 陈寅龙、桑子文：《浦城宋墓清理简报》，《福建文博》1990年第2期。

⑬ 余生富：《三明莘口宋墓》，《福建文博》2001年第2期。

⑭ 厦门大学历史系考古专业、南平市博物馆：《福建建瓯市东峰村六朝墓》，《考古》2015年第9期。

⑮ 符永才、顾章：《浙江南田海岛发现唐宋遗物》，《考古》1990年第11期。

⑯ 江山县文物管理委员会：《浙江江山隋唐墓清理简报》，《考古学集刊》（第3集），中国社会科学出版社，1983年，第165页。

⑰ 广东省博物馆：《广东梅县古墓葬和古窑址调查、发掘简报》，《考古》1987年第3期。

⑱ 广东省文物考古研究所、和平县博物馆：《广东和平县晋至五代墓葬的清理》，《考古》2000年第6期。

⑲ 贵州省博物馆：《贵州清镇平坝汉至宋墓发掘简报》，《考古》1961年第4期。

⑳ 贵州省博物馆考古组：《贵州平坝马场东晋南朝墓发掘简报》，《考古》1973年第6期。

（5）黄淮及以北地区：怀柔上庄村出土2件[1]；北京亦庄M28出土1件[2]；北京大葆台金代遗址出土1件[3]；沂水何家庄子窖藏出土3件[4]；沂水黄挨头村出土1件[5]；泰安旧县窖藏出土10件[6]；安阳薛家庄唐代M5出土1件[7]；新安赵峪村金代窖藏出土1件[8]；郑州化工厂唐墓出土1件、中原制药厂出土1件[9]；郑州市地质医院唐墓出土1件[10]；南乐前王落M5出土1件[11]；新郑市郑韩故城M2出土1件[12]；偃师杏园唐墓出土几件[13]；怀来县寺湾唐墓出土1件[14]；宣化辽姜承义墓出土1件[15]；廊坊安次区金代窖藏出土1件[16]；沙河唐代窖藏出土2件[17]；廊坊广阳辽代窖藏出土1件[18]；朝阳唐韩贞墓出土1件[19]；灵台百里镇出土1件[20]；大同辽代许从赟夫妇墓出土2件[21]；固原南塬唐墓

[1]　北京市文物工作队：《北京出土的辽、金时代铁器》，《考古》1963年第3期。

[2]　北京市文物研究所：《北京亦庄考古发掘报告2003—2005年》，科学出版社，2009年，第189页。

[3]　北京市文物工作队：《北京大葆台金代遗址发掘简报》，《考古》1980年第5期。

[4]　沂水县文物管理站：《山东沂水县发现汉代铁器窖藏》，《考古》1988年第6期。

[5]　马玺伦：《山东沂水出土窖藏铁器》，《考古》1989年第11期。

[6]　程继林：《泰安旧县村发现汉魏窖藏》，《文物》1991年第9期。

[7]　河南省文化局文物工作队：《河南安阳薛家庄殷代遗址、墓葬和唐墓发掘简报》，《考古》1958年第8期。

[8]　汤文兴：《河南新安赵峪村发现金代遗物》，《考古》1965年第1期。

[9]　郑州市文物工作队：《郑州地区发现的几座唐墓》，《文物》1995年第5期。

[10]　郑州市文物考古研究所：《郑州市区两座唐墓发掘简报》，《华夏考古》2000年第4期。

[11]　濮阳市博物馆、濮阳市文物队、南乐县文化馆：《南乐县前王落古墓葬清理简报》，《中原文物》1988年第2期。

[12]　河南省文物考古研究所新郑工作站：《新郑市郑韩故城内近年发现的几座唐墓》，《中原文物》2006年第1期。

[13]　中国社会科学院考古研究所：《偃师杏园唐墓》，科学出版社，2001年。

[14]　张家口地区文管所：《河北怀来县寺湾唐墓》，《考古》1993年第7期。

[15]　张家口市文管所、宣化县文管所：《河北宣化辽姜承义墓》，《北方文物》1991年第4期。

[16]　廊坊市文物管理所、安次区文物保管所：《河北廊坊安次区出土金代遗物》，《文物春秋》1990年第2期。

[17]　温体润：《沙河市发现唐代窖藏》，《文物春秋》1991年第1期。

[18]　刘化成：《廊坊广阳区马坊村出土的辽代遗物》，《文物春秋》2005年第5期。

[19]　朝阳地区博物馆：《辽宁朝阳唐韩贞墓》，《考古》1973年第6期。

[20]　刘得祯：《甘肃灵台百里镇出土一批宋代文物》，《考古》1987年第4期。

[21]　王银田、解廷琦、周雪松：《山西大同市辽代军节度使许从赟夫妇壁画墓》，《考古》2005年第8期。

M3出土1件[①]。

（6）江淮地区：淮北柳孜运河遗址出土3件[②]。

（7）江汉地区：孝感田家岗采集1件[③]。

3. 铫

根据文献，可知铫无足，有柄，部分有流。考古亦发现一批器类，器形与文献描述相同，应该就是铫。考古所出大致如下。

（1）东北是出土核心地区，地点有：朝阳市南大街辽代窖藏[④]，辽金塔虎城[⑤]，吉林市郊金代窖藏[⑥]，葫芦岛金代窖藏[⑦]，大连谭家屯金代窖藏[⑧]，阜新梯子庙辽代M3[⑨]，集安钟家村金代窖藏[⑩]。

（2）京津地区共发现5处：怀柔上庄村[⑪]，门头沟金代窖藏[⑫]，丰台唐墓[⑬]，北京西便门外[⑭]；天津市宝坻区西河务[⑮]。

---

① 宁夏文物考古研究所：《固原南塬汉唐墓地》，文物出版社，2009年，第31页。

② 安徽省文物考古研究所、安徽省淮北市博物馆：《淮北柳孜：运河遗址发掘报告》，科学出版社，2002年，第81页。

③ 孝感市博物馆：《孝感田家岗东汉南朝及唐墓清理简报》，《江汉考古》1996年第3期。

④ 尚晓波：《辽宁省朝阳市南大街辽代铜铁器窖藏》，《文物》1997年第11期。

⑤ 何明：《记塔虎城出土的辽金文物》，《文物》1982年第7期。

⑥ 吉林市博物馆：《吉林市郊发现的金代窖藏文物》，《文物》1982年第1期。

⑦ 韩立新：《葫芦岛市大地藏寺村金代窖藏》，《辽海文物学刊》1997年第2期。

⑧ 刘俊勇：《大连谭家屯金代窖藏》，《文物资料丛刊》（8），文物出版社，1983年，第139页。

⑨ 辽宁省文物考古研究所、阜新市文物管理办公室：《辽宁阜新梯子庙二、三号辽墓发掘简报》，《北方文物》2004年第1期。

⑩ 吉林省博物馆集安考古队、集安县文物管理所：《吉林集安县钟家村发现金代文物》，《考古》1963年第11期。

⑪ 北京市文物工作队：《北京出土的辽、金时代铁器》，《考古》1963年第3期。

⑫ 鲁琪：《北京门头沟区发现的一处金代窖藏》，《文物资料丛刊》（7），文物出版社，1983年，第176页。

⑬ 北京市文物工作队：《北京市发现的几座唐墓》，《考古》1980年第6期。

⑭ 北京市文物工作队：《北京西便门外发现铜器》，《考古》1963年第3期。

⑮ 天津市文化遗产保护中心、天津市宝坻区文化馆：《天津市宝坻区西河务金元墓葬发掘简报》，《北方文物》2021年第1期。

（3）内蒙古出土地点有4处：准格尔旗西夏窖藏①，包头石拐窖藏②，伊金霍洛旗西夏窖藏③，赤峰大营子④。

（4）河南发现3处：新郑郑韩故城唐墓M1⑤，巩义石家庄M5⑥，伊川鸦岭唐齐国太夫人墓⑦。

（5）陕西发现2处：西安东郊十里铺337号唐墓⑧、西安何家村窖藏⑨。

（6）山西有大同金代徐龟墓所出⑩。

在广大的南方地区，几乎未有发现。

上述不少铛、銚的底部还残留烟炱痕迹，说明其与火接触。但当前亦无法识别哪些铛为炊具、哪些为茶具，不过所出必然有茶铛和茶銚。

（三）从器形方面观察铛、銚与鐎斗的关系

铛、銚在形制方面与鐎斗有无关联？为此，下面便对铛、銚的形制进行考察分析。

铛根据足的不同，分以下两类。

第一类：扁平足。其早期特征为盘口，直腹。例如，梅县梅程M2⑪（图三六，1）、平坝马场M47⑫（图三六，2）、新安赵峪村⑬、江山唐墓⑭、朝阳韩贞墓⑮、

① 伊克昭盟文物工作站：《准格尔旗发现西夏窖藏》，《文物》1987年第8期。
② 张海斌：《石拐窖藏铜铁器》，《内蒙古文物考古》2000年第1期。
③ 高毅、王志平：《内蒙古伊金霍洛旗发现西夏窖藏文物》，《考古》1987年第12期。
④ 前热河省博物馆筹备组：《赤峰县大营子辽墓发掘报告》，《考古学报》1956年第3期。
⑤ 河南省文物考古研究所新郑工作站：《新郑市郑韩故城内近年发现的几座唐墓》，《中原文物》2006年第1期。
⑥ 河南省文化局文物工作队：《河南巩县石家庄古墓葬发掘简报》，《考古》1963年第2期。
⑦ 洛阳市第二文物工作队：《伊川鸦岭唐齐国太夫人墓》，《文物》1995年第11期。
⑧ 陕西省文物管理委员会：《西安东郊十里铺337号唐墓清理简报》，《文物》1956年第8期。
⑨ 陕西历史博物馆、北京大学考古文博学院、北京大学震旦古代文明研究中心：《花舞大唐春：何家村遗宝精粹》，文物出版社，2003年，第158～160页。
⑩ 大同市博物馆：《山西大同市金代徐龟墓》，《考古》2004年第9期。
⑪ 广东省博物馆：《广东梅县古墓葬和古窑址调查、发掘简报》，《考古》1987年第3期。
⑫ 贵州省博物馆考古组：《贵州平坝马场东晋南朝墓发掘简报》，《考古》1973年第6期。
⑬ 汤文兴：《河南新安赵峪村发现金代遗物》，《考古》1965年第1期。
⑭ 江山县文物管理委员会：《浙江江山隋唐墓清理简报》，《考古学集刊》（第3集），中国社会科学出版社，1983年，第165页。
⑮ 朝阳地区博物馆：《辽宁朝阳唐韩贞墓》，《考古》1973年第6期。

建瓯东峰村M11[①]、清镇平坝M35[②]所出。时代主要在南朝晚期至唐代,北宋部分沿用。中期,盘口消失,为敞口,腹部变化最大,腹形成上、下层。例如,怀来寺湾[③](图三六,3)、孝感田家岗[④](图三六,4)、会昌西江墩脑村[⑤]、淮北柳孜运河遗址[⑥]、泰安旧县村[⑦]出土。时代为中晚唐至五代。晚期,腹部变直腹。例如,沂水何家庄子[⑧](图三六,5)、大同许从赟夫妇墓[⑨](图三六,6)出土。时代为北宋、辽时期。

第二类:S形足。一类为侈口,折沿。例如,郑州市地质医院M1[⑩](图三七,1)、郑州化工厂和中原制药厂[⑪]、武夷山唐墓[⑫](图三七,2)、和平县周屋村M1和高发村M1[⑬]、怀柔上庄村[⑭]、北京亦庄M28[⑮]出土。时代主要集中在唐代,部分延续到北宋。另一类为敞口。例如,会昌湾兴村[⑯](图三七,3)、金溪宋墓[⑰]、昌厦

① 厦门大学历史系考古专业、南平市博物馆:《福建建瓯市东峰村六朝墓》,《考古》2015年第9期。

② 贵州省博物馆:《贵州清镇平坝汉至宋墓发掘简报》,《考古》1961年第4期。

③ 张家口地区文管所:《河北怀来县寺湾唐墓》,《考古》1993年第7期。

④ 孝感市博物馆:《孝感田家岗东汉南朝及唐墓清理简报》,《江汉考古》1996年第3期。

⑤ 池小琴:《江西会昌西江镇墩脑村唐代墓葬》,《南方文物》1995年第3期。

⑥ 安徽省文物考古研究所、安徽省淮北市博物馆:《淮北柳孜:运河遗址发掘报告》,科学出版社,2002年,第81页。

⑦ 程继林:《泰安旧县村发现汉魏窖藏》,《文物》1991年第9期。

⑧ 沂水县文物管理站:《山东沂水县发现汉代铁器窖藏》,《考古》1988年第6期。

⑨ 王银田、解廷琦、周雪松:《山西大同市辽代军节度使许从赟夫妇壁画墓》,《考古》2005年第8期。

⑩ 郑州市文物考古研究所:《郑州市区两座唐墓发掘简报》,《华夏考古》2000年第4期。

⑪ 郑州市文物工作队:《郑州地区发现的几座唐墓》,《文物》1995年第5期。

⑫ 赵爱玉:《福建武夷山市发现唐墓》,《文物》2008年第6期。

⑬ 广东省文物考古研究所、和平县博物馆:《广东和平县晋至五代墓葬的清理》,《考古》2000年第6期。

⑭ 北京市文物工作队:《北京出土的辽、金时代铁器》,《考古》1963年第3期。

⑮ 北京市文物研究所:《北京亦庄考古发掘报告2003—2005年》,科学出版社,2009年,第189页。

⑯ 池小琴:《江西会昌发现晚唐至五代墓葬》,《南方文物》2001年第3期。

⑰ 陈定荣:《江西金溪宋孙大郎墓》,《文物》1990年第9期。

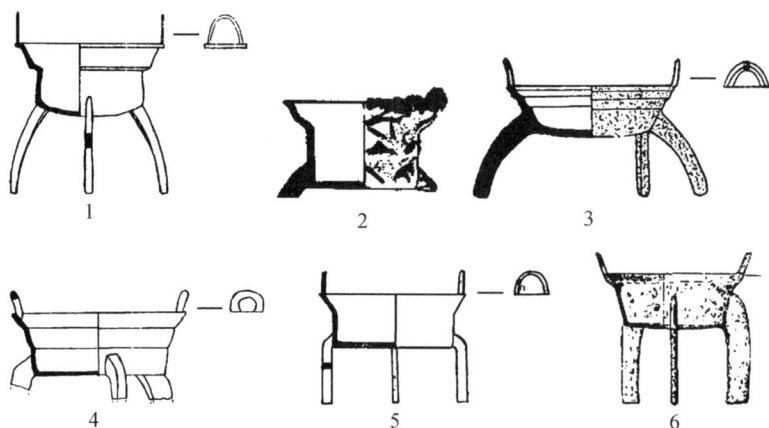

图三六　扁平足铜、铁铫

1、2. 早期（梅县梅程M2、平坝马场M47）　3、4. 中期（怀来寺湾、孝感田家岗）

5、6. 晚期（沂水何家庄子、大同许从赟夫妇墓）

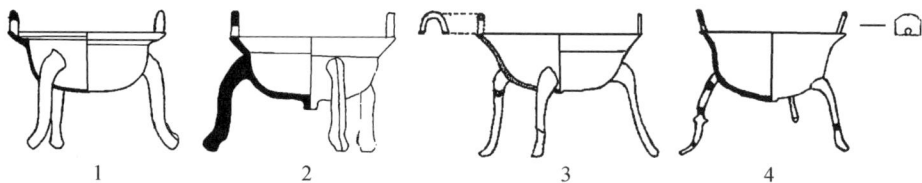

图三七　S形足铜、铁铫

1、2. 侈口类（郑州市地质医院M1、武夷山唐墓）　3、4. 敞口类（会昌湾兴村、昌厦公路广昌M12）

公路广昌M12①（图三七，4）、南丰宋墓②、南城宋墓③、铅山宋墓④、平坝马场M49⑤、和平县墩头村⑥、南田海岛⑦出土。时代主要为唐代晚期至宋代。

铫根据口沿的不同大致分三类。

第一类，侈口，折沿明显。有伊川鸦岭唐齐国太夫人墓⑧（图三八，1）、集安

----

① 江西省文物考古研究所、江西省广昌县博物馆：《昌厦公路广昌甘竹段墓葬发掘报告》，《南方文物》1999年第4期。

② 江西省文物工作队、南丰县博物馆：《江西南丰县桑田宋墓》，《考古》1988年第4期。

③ 薛尧：《江西南城、清江和永修的宋墓》，《考古》1965年第11期。

④ 江西省文物工作队、铅山县文化馆：《江西铅山县莲花山宋墓》，《考古》1984年第11期。

⑤ 贵州省博物馆考古组：《贵州平坝马场东晋南朝墓发掘简报》，《考古》1973年第6期。

⑥ 广东省文物考古研究所、和平博物馆：《广东和平县晋至五代墓葬的清理》，《考古》2000年第6期。

⑦ 符永才、顾章：《浙江南田海岛发现唐宋遗物》，《考古》1990年第11期。

⑧ 洛阳市第二文物工作队：《伊川鸦岭唐齐国太夫人墓》，《文物》1995年第11期。

钟家村窖藏^①（图三八，2）出土，时代为唐至宋金。

第二类为敞口，折沿不明显。柄分前后两段。前段较粗、圆，后段略细。天津宝坻西河务M2^②（图三八，3）、大同徐龟墓^③、朝阳市南大街辽代窖藏^④、辽金塔虎城^⑤、怀柔上庄村^⑥（图三八，4、5）、阜新梯子庙辽代M3^⑦出土。时代主要为辽金。

第三类为敛口，无折沿。包头石拐窖藏^⑧（图三八，6）、内蒙古伊金霍洛旗窖

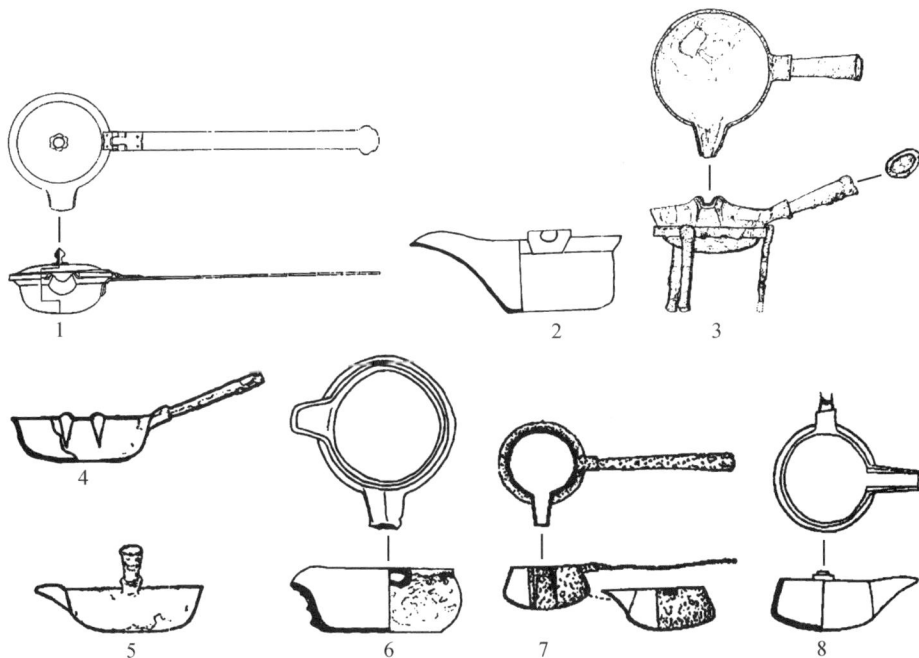

图三八　铜、铁铫

1、2.第一类（伊川鸦岭唐齐国太夫人墓、集安钟家村窖藏）　3～5.第二类（天津宝坻西河务M2、怀柔上庄村、怀柔上庄村）　6～8.第三类（包头石拐窖藏、伊金霍洛旗窖藏、准格尔旗窖藏）

---

① 吉林省博物馆集安考古队、集安县文物管理所：《吉林集安县钟家村发现金代文物》，《考古》1963年第11期。

② 天津市文化遗产保护中心、天津市宝坻区文化馆：《天津市宝坻区西河务金元墓葬发掘简报》，《北方文物》2021年第1期。

③ 大同市博物馆：《山西大同市金代徐龟墓》，《考古》2004年第9期。

④ 尚晓波：《辽宁省朝阳市南大街辽代铜铁器窖藏》，《文物》1997年第11期。

⑤ 何明：《记塔虎城出土的辽金文物》，《文物》1982年第7期。

⑥ 北京市文物工作队：《北京出土的辽、金时代铁器》，《考古》1963年第3期。

⑦ 辽宁省文物考古研究所、阜新市文物管理办公室：《辽宁阜新梯子庙二、三号辽墓发掘简报》，《北方文物》2004年第1期。

⑧ 张海斌：《石拐窖藏铜铁器》，《内蒙古文物考古》2000年第1期。

藏[①]（图三八，7）、准格尔旗窖藏[②]（图三八，8）出土，腹多样，有弧腹、鼓腹和垂腹，时代为西夏时期。

对比铛和鐎斗的器形，可以发现两者有很多的共同特征。

（1）先看足。

铛第一类为扁平足，此类足在鐎斗中有出现，其中陶瓷质和铁质中不少，且出现在南朝时期。

铛第二类为S形足，唐代铜鐎斗所出不少，唐代出现。

（2）器身方面。

铛第一类早期，与铜鐎斗南朝特征基本相同，中期腹分上下层的做法，唐代早中期铜鐎斗便有出现。

可见，铛第一类的器身和足基本沿袭了鐎斗的做法。铛第二类器身尚未见于鐎斗，与同时期的釜、锅之类倒是比较接近（图三九）。鉴于其时代明显晚于第一类，可能受到第一类的影响而对双耳釜进行了组合改造。

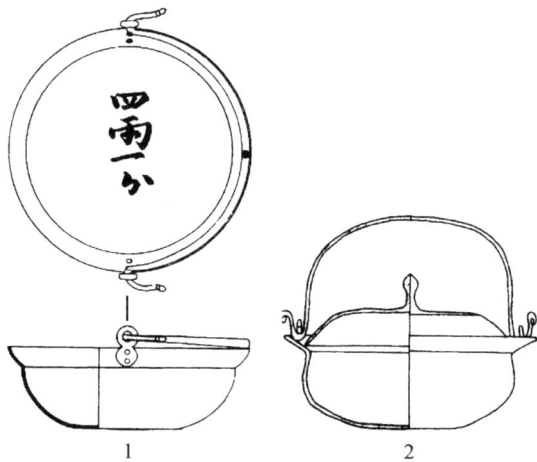

图三九　唐代银锅
1.何家村窖藏　2.伊川鸦岭唐齐国太夫人墓
（转引自齐东方：《唐代金银器研究》，中国社会科学出版社，1999年，第116、117页）

但是也必须看到，铛对鐎斗器形同样产生影响，尤其是对宋代的鐎斗影响更大。宋代鐎斗基本无流、无錾，部分甚至出现环耳，其形制明显在朝向铛的形态发生转变（图四〇）。

铫短流、长柄的做法应来自鐎斗。此外，部分铫的器身亦与鐎斗相同，举例如下。

---

① 高毅、王志平：《内蒙古伊金霍洛旗发现西夏窖藏文物》，《考古》1987年第12期。

② 伊克昭盟文物工作站：《准格尔旗发现西夏窖藏》，《文物》1987年第8期。

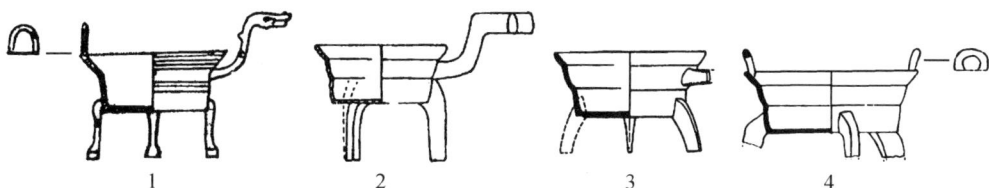

图四○　宋代的镰斗和铛对比

1~3.镰斗（沂水何家庄子、孝感田家岗、忠县土地岩M18）　4.铛（孝感田家岗）

第一类铫，伊川鸦岭唐齐国太夫人墓[①]所出，盘口、弧腹，与大同全家湾M7[②]所出镰斗并无差异，直柄环耳的做法亦一致（图四一，1、2）。

第二类铫，怀柔上庄村[③]所出铫与房山焦庄村[④]所出镰斗相同，柄亦一致（图四一，3、4）。

新郑[⑤]所出铫，与沂水黄挨头[⑥]、南乐前王落[⑦]所出镰斗相同，其下置的三足架，显然仿制镰斗三足。

当然，并非所有铫的器身均模仿镰斗，如第三类敛口、垂腹的做法并不见于镰斗。

综上所述，部分铫和铛由镰斗演化而来，其他铛和铫虽然并非直接源自镰斗，但亦深受镰斗的影响。因此，铫和铛可视为镰斗的蜕化形态，故在用途方面并无差异。

宋代还有一种器物，与上述长柄带流铫极其相似，仅将柄改变为提梁而已，均有凹槽流。考古报告中往往命名为"匜"。目前考古发现大致如下。

（1）山西襄汾出土1件，铜质，口沿上有耳，上置提梁。口径21.8厘米，年代为宋[⑧]。

（2）吉林市窖藏出土1件，铜质，口径29.6、高12.3厘米。报告根据出土文字定

① 洛阳市第二文物工作队：《伊川鸦岭唐齐国太夫人墓》，《文物》1995年第11期。

② 山西省考古研究所、大同市考古研究所：《山西大同南郊全家湾北魏墓（M7、M9）发掘简报》，《文物》2015年第12期。

③ 北京市文物工作队：《北京出土的辽、金时代铁器》，《考古》1963年第3期。

④ 北京市文物工作队：《北京出土的辽、金时代铁器》，《考古》1963年第3期。

⑤ 河南省文物考古研究所新郑工作站：《新郑市郑韩故城内近年发现的几座唐墓》，《中原文物》2006年第1期。

⑥ 马玺伦：《山东沂水出土窖藏铁器》，《考古》1989年第11期。

⑦ 濮阳市博物馆、濮阳市文物队、南乐县文化馆：《南乐县前王落古墓葬清理简报》，《中原文物》1988年第2期。

⑧ 襄汾县文化馆：《山西襄汾县出土宋代铜器》，《文物》1977年第12期。

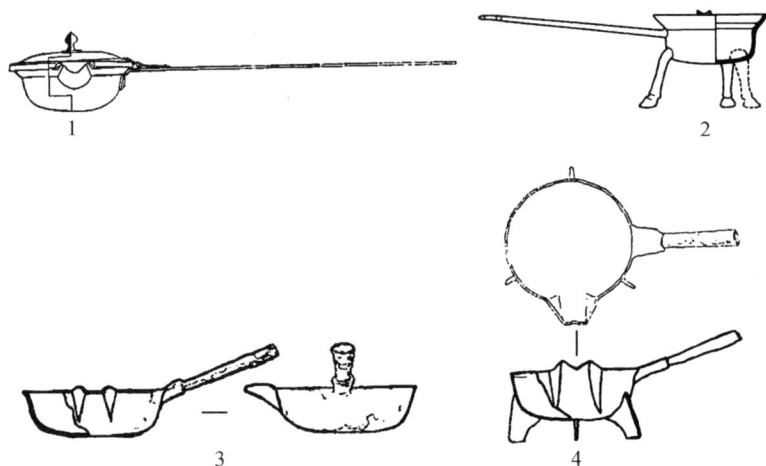

图四一　铫与鐎斗对比

1、3. 铫（伊川鸦岭唐齐国夫人墓、怀柔上庄村）　　2、4. 鐎斗（大同全家湾M7：17、房山焦庄村）

为金代初期①。

（3）四川境内发现4处：江油河西宋代窖藏出土1件，铜质，盘口，深腹内收，锅形底。口沿上有一束状流，三半月耳，耳上有孔。口径22、高11.5厘米②。江油大康巩家坝宋代窖藏出土2件，铜质，口径和高分别为18.3、23和7.5、9厘米，根据出土嘉泰、嘉定铁钱推断年代在南宋③。江油旧彰明县城北街宋代窖藏出土1件，铜质，上置提梁。口径16.2、高11.3厘米④。德阳出土宋代银器1件，口径14、高7厘米⑤。

（4）重庆合川有1件，口沿上有三耳⑥。

（5）浙江长兴出土1件，有鋬和流，上置一提梁⑦。

（6）河南三门峡庙底沟M51出土1件，铁质，口径11.6、高9厘米⑧。

（7）青海互助土族自治县宋代窖藏发现1件，铁质，口径12.7、高8.7厘米⑨。

（8）山东莒南宋代银器窖藏发现2件，银质，口径和高分别为18.8、18和8.6、

① 吉林市博物馆：《吉林市郊发现的金代窖藏文物》，《文物》1982年第1期。
② 曾昌林：《江油发现宋代窖藏》，《四川文物》1996年第3期。
③ 黄石林：《江油县发现宋代窖藏》，《四川文物》1987年第2期。
④ 江油县文物保护管理所：《四川江油县发现宋代窖藏》，《考古与文物》1984年第6期。
⑤ 沈仲常：《四川德阳出土的宋代银器简介》，《文物》1961年第11期。
⑥ 刘智、杨大用：《合川馆藏文物精品图典》，重庆出版社，2015年，第7页。
⑦ 王牧：《越地藏珍》（金属器卷），浙江古籍出版社，2022年，第74页。
⑧ 河南省文物考古研究所：《三门峡庙底沟唐宋墓葬》，大象出版社，2006年，第77页。
⑨ 许新国：《青海互助土族自治县发现宋代窖藏》，《文物资料丛刊》（8），文物出版社，1983年，第132页。

8.5厘米①。

（9）长沙宋代窖藏出土1件，铜质，口径16.4、高8厘米②。

（10）甘肃灵台百里镇出土1件，石质，口径14.7、高8.8厘米。据出土"政和通宝"来看，年代为北宋时期③。

上述"匜"之中，部分有鐎斗的元素，部分也不乏铫、铛的元素，从而呈现出一种混合的形态。举例如下。

（1）长兴所出，与唐代的铜鐎斗器身基本相同，为盘口、直腹，一侧附鋬和流（图四二，1、2）。

图四二　匜形铫与铛、鐎斗对比

1、3、5、7、8、10. 匜形铫（长兴、合川、江油宋代窖藏、三门峡庙底沟M51、江油宋代窖藏、《撵茶图》）　2. 鐎斗（故宫博物院藏）　4、6. 铛（郑州化工厂、会昌湾兴村）　9. 铫（包头石拐）

①　张成荣、吴瑞吉：《山东莒南发现宋代银器窖藏》，《文物资料丛刊》（8），文物出版社，1983年，第133页。

②　黄纲正：《长沙发现宋代铜钱和铜器窖藏》，《文物资料丛刊》（10），文物出版社，1987年，第192页。

③　刘得祯：《甘肃灵台百里镇出土一批宋代文物》，《考古》1987年第4期。

（2）合川所出，流与铫、鐎斗相同，但口沿和腹部特征与铛第一类一致。江油所出则与铛第二类相同（图四二，3~6）。

（3）三门峡庙底沟M51、江油宋代窖藏、莒南宋代银器窖藏、德阳等所出侈口、略鼓腹的做法，与包头石拐、集安钟家村所出接近（图四二，7~9）。

这些"匜"均有长流，与铫的差异仅在于使用方式，可归属铫类，故暂且命名为提梁铫。其时代基本集中在宋。用途方面，宋人刘松年的《撵茶图》清晰可见，其置于风炉之上，亦属煮茶器具（图四二，10）。

（四）铛、铫与鐎斗的共存关系

铛、铫与鐎斗有何关系？竞争还是互补？为揭示其关系，有必要首先看看铛、铫的兴衰状况。

根据上文对铛、铫的形制分析，结合时代和规模，列表如下（表一九）。

表一九　不同类型铛、铫时代和数量统计表

类型		南朝—隋	唐	宋辽金
铛	第一类	1	9	4
	第二类		10	7
	合计	1	19	11
铫	第一类		1	1
	第二类			6
	第三类			3
	匜形铫			13
	合计		1	23

虽然无法排除上述铫和铛部分为普通炊具的可能，但所出时段大致反映出铛、铫的发展趋势。

铛偶见于南朝—隋，唐代兴盛，宋代开始衰落，元代之后基本消亡。

铫偶见于唐代，宋代略有兴盛，之后消亡。

而金属类鐎斗，南朝至宋时期所出如下[1]（表二〇）。

---

① 由于不少陶瓷类鐎斗、铛、铫为明器，无法反映真实状况。虽然也有实用器，但很多难以统计。故暂时仅对金属类进行统计和比较。

表二〇　金属类鐎斗时代和数量统计表

南朝—隋	唐	宋辽金
97	62	20

可见，唐代铛和铫并未严重冲击鐎斗作为主流煮茶器具的地位，但宋代则不然，铛、铫和鐎斗大致形成了三足鼎立的瓜分格局。无疑，铛、铫的出现，使得鐎斗的数量在唐宋时期呈下降之势。

若综合三类器具的规模，也可以看出唐代煮茶器具的总体规模其实不低于南北朝时期，宋代开始才明显下降，之后消亡，与文献记载所反映的煮茶习俗的盛行和宋代饮茶习俗的变革基本吻合。

由此看来，导致鐎斗消亡的主要原因乃社会煮茶习俗的改变，茶釜、茶铛和茶铫的出现，加快了鐎斗消亡的进程。但是也可以看到，不少茶铛、茶铫的形态接近鐎斗，不妨视为鐎斗的蜕化。

余　论

　　以茶为祭，在宋代已成为丧礼的重要环节，朱子家礼中对此有详细的描述①，此点在考古场景中也得到证实，如宣化辽墓所绘，有文就此进行了考证，可供参考②。

　　若在宋代，饮茶成为生活日常的重要部分从而导致茶具成为当时祭祀必需，而其形成过程如何？是否就是在宋代才形成呢？

　　显然并非如此。《南齐书》卷三《武帝本纪》载，"永明十一年（公元493年）七月下诏令：'我灵上慎勿以牲为祭，唯设饼、茶饮、干饭、酒脯而已'"③；同书卷九《礼上》云："永明九年正月，诏太庙四时祭，荐宣帝面起饼、鸭臛；孝皇后笋、鸭卵、脯酱、炙白肉；高皇帝荐肉脍、菹羹；昭皇后茗、粣、炙鱼：皆所嗜也。"④显然，在南朝时期茶祭便出现在长江下游。

　　考古所出亦可为证。六朝时期大量的青瓷盏托随葬在墓葬中，便可知茶具几乎成为随葬品必备器类，但当前很难厘清墓葬所出茶具究竟是作为祭祀礼器还是生活实用器具。不过日常器具被用为祭器的现象自汉代便日趋严重。因此也无法排除六朝时期部分茶具亦是祭器的可能性。

　　虽然当前无法准确推断茶祭发生的起始年代，但随着时代的发展，墓葬所出茶具的分布区域和规模日益扩大，至少反映出茶具在中古丧葬中的地位及其变化。

　　无疑这些茶具的出现，乃中古墓葬器物结构的重大变革。汉代及以前，酒、食等饮食器具在墓葬器物中占据绝对的主导地位，约三国西晋时期其地位开始下降。导致其下降的当然并非仅有茶具，后来香炉、香宝子、瓶之类礼佛用具的兴盛亦是一重要因素。

---

　　①　（宋）朱熹《家礼》卷五："地上设酒架于东阶上，别置卓子于其东，设……茶合、茶筅、茶盏、托盐碟、醋瓶于其上。火炉、汤瓶、香匙、火箸于西阶上……"（文渊阁《四库全书》第142册，上海古籍出版社，2003年，第563页）。

　　②　袁泉：《宣化辽墓"备茶题材"考》，《华夏考古》2006年第1期。

　　③　（梁）萧子显撰：《南齐书》卷三《武帝纪》，中华书局，1974年，第62页。

　　④　（梁）萧子显撰：《南齐书》卷九《礼上》，中华书局，1974年，第133页。

附录一　考古报告所载鐎斗

一、江　　东

1. 绍兴漓渚[①]

铜鐎斗。1件。残高11厘米。未公布图。

按：墓葬时代为东汉中晚期。底部有灰烬，置于铁盆内。

2. 绍兴缪家桥[②]

铜鐎斗。3件。底部有烟炱。J2∶1，口径13.3、高14.9厘米。

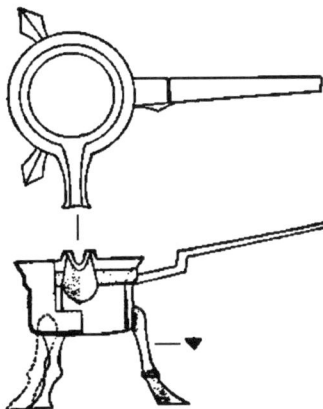

按：时代为南朝晚期。

---

① 浙江省文物管理委员会：《浙江绍兴漓渚东汉墓发掘简报》，《考古通讯》1957年第2期。
② 绍兴县文物管理委员会：《浙江绍兴缪家桥宋井发掘简报》，《考古》1964年第11期。

3. 绍兴坡塘乡M308①

青瓷鐎斗。1件。M308：6，口径9.5、高6.2厘米。

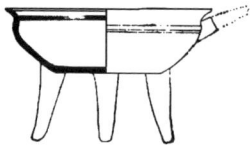

按：同出"太康七年（公元286年）""钟氏造"铭文砖。

4. 绍兴官山岙②

青瓷鐎斗。1件。口径8.2、高5厘米。

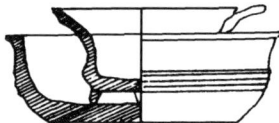

按：墓葬时代为西晋。

5. 绍兴凤凰山③

青瓷鐎斗。1件。口径9.9、高5.8厘米。

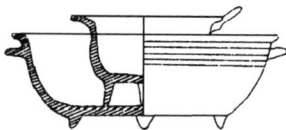

按：同出"永嘉七年（公元313年）二月造作"铭文砖。

① 绍兴县文管所：《浙江绍兴坡塘乡后家岭晋太康七年墓》，《考古》1992年第5期。
② 梁志明：《浙江绍兴官山岙西晋墓》，《文物》1991年第6期。
③ 沈作霖：《浙江绍兴凤凰山西晋永嘉七年墓》，《文物》1991年第6期。

6. 柯桥兰亭阮港村[①]

铜鐎斗。2件。M8：19，口径30、高22.5厘米。M12：11，残。

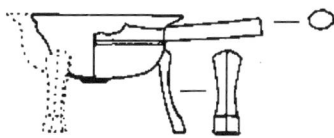

M8：19

按：墓葬时代为东汉早期。

7. 嵊州石璜镇苕苕山[②]

青瓷鐎斗。1件。M75出土，口径7、高2.4厘米。

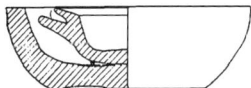

按：同出"太康九年（公元288年）太岁在戊申七月廿日陆主纪怆"铭文砖。

8. 嵊州大塘岭[③]

青瓷鐎斗。3件。M101：11，口径10、高6.8厘米。M104：14，口径8.8、高5.2厘米。M95：22，口径8.8、高5.2厘米。

铁鐎斗。1件，M101出土，残。

M101：11

M104：14

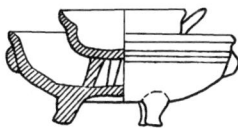
M95：22

按：M95出土"永安六年（公元263年）作此冢"铭文砖，M101出土"太平二年（公元257年）岁在丁丑七月六日建中校尉会稽剡番亿作此基图冢师未珧所处"砖墓志。

---

① 浙江省文物考古研究所、绍兴市文物考古研究所、柯桥区文化发展中心：《柯桥区兰亭阮港村后头山古墓葬发掘》，《东方博物》（第六十二辑），中国书店，2017年，第6页。

② 嵊县文管会：《浙江嵊县六朝墓》，《考古》1988年第9期。

③ 嵊县文管会：《浙江嵊县大塘岭东吴墓》，《考古》1991年第3期。

9. 嵊州剡山[①]

铜鐎斗。2件。M68：1，口径28.2、高17.7、连柄长38.6厘米。M118：3，未公布材料。

铁鐎斗。2件。M17：13，口径23.4、高16.2厘米。另一件不明。

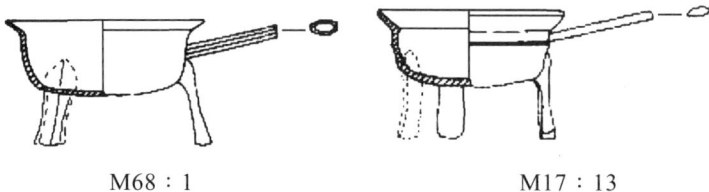

M68：1　　　　　　　　　　　　M17：13

按：墓葬时代为东汉早期。

10. 余姚湖山乡[②]

铁鐎斗。2件。M20：8，口径17、高14厘米。M28：23，口径24、高20厘米。
釉陶鐎斗。2件。M48：5，口径17、高11.5厘米。M54：2，口径16.8、高12.7厘米。

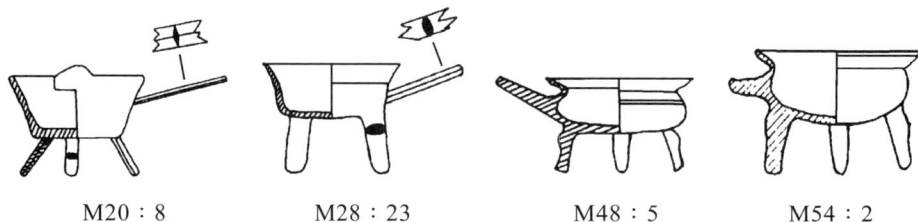

M20：8　　　　M28：23　　　　M48：5　　　　M54：2

按：M20、M28的时代为东汉早期。M48、M54的时代为东汉中晚期。

11. 衢州街路村[③]

铁鐎斗。1件。M：2，口径17、高15厘米。

按：同出"元康八年（公元298年）太岁在戊午八月十日造"铭文砖。

① 张恒：《浙江嵊州市剡山汉墓》，《东南文化》2004年第2期。

② 鲁怒放：《余姚市湖山乡汉—南朝墓葬群发掘报告》，《东南文化》2000年第7期。

③ 衢县文化馆：《浙江衢县街路村西晋墓》，《考古》1974年第6期。

12. 金华马铺岭M1[①]

铜鐎斗。1件。口径19、高15厘米。

按：墓葬时代为西汉末期。

13. 金华古方[②]

青瓷鐎斗。2件。M30：1，口径10.8、高8.3厘米。另一件不详。

按：同出"太康二年（公元281年）八月"铭文砖。

14. 常山何家[③]

青瓷鐎斗。1件。口径10.5、高6.5厘米。

按：同出"太康八年（公元287年）八月造"铭文砖。

---

① 金华地区文管会：《浙江省金华马铺岭汉墓》，《考古》1982年第3期。
② 金华地区文管会：《浙江金华古方六朝墓》，《考古》1984年第9期。
③ 金华地区文管会：《浙江常山县何家西晋纪年墓》，《考古》1984年第2期。

15. 龙游东华山^①

铁鐫斗。1件。M9：23，口径25、高17.3厘米。

铜鐫斗。1件。M70：1，口径24、高19厘米。

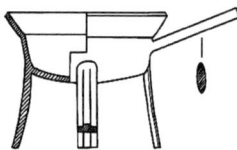 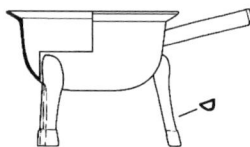

M9：23　　　　　　　　M70：1

按：墓葬时代为东汉早期。

16. 平阳横河村^②

青瓷鐫斗。1件。口径6.2、高4.5厘米。

按：墓葬出土"元康元年（291年）八月二日（造）会稽上虞"青瓷魂瓶。

17. 松阳周垒村^③

铜鐫斗。1件。SM：2，口径16、高12.6厘米。

陶鐫斗。1件。SM：9，口径11.4、高7.3厘米。

 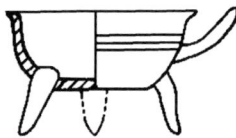

SM：2　　　　　　　　SM：9

按：墓葬时代为三国。

①　朱土生：《浙江龙游县东华山汉墓》，《考古》1993年第4期；衢州博物馆编：《衢州汉墓研究》，文物出版社，2015年，第17页。

②　徐定水、金柏东：《浙江平阳发现一座晋墓》，《考古》1988年第10期。

③　潘贤达：《浙江松阳县周垒村发现三国吴墓》，《考古》2003年第3期。

18. 宁波鄞州蜈蚣岭[①]

铜鐎斗。1件。M1：12，口径15.2、高9.4厘米。

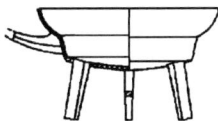

按：墓葬出土"永安三年"（公元260年）、"太平三年"（公元258年）墓砖。

19. 鄞州老虎岩[②]

铜鐎斗。1件。M9：8，残。
青瓷鐎斗。1件。M12：5，口径12.6、高8.2厘米。
硬陶鐎斗。1件。M5：6，口径9.3、高6.6厘米。

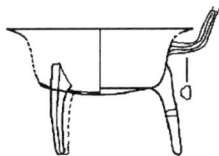 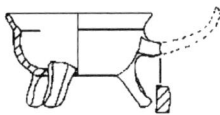 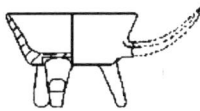

　　　M9：8　　　　　　M12：5　　　　　　M5：6

按：M12、M5为三国时期。M9出土"建兴二年（公元314年）八月二日张""建兴四年（公元316年）九月廿六日至孝""于是之墓""建兴二年（公元314年）八月一日己卯朔张建作"铭文砖，时代为西晋。

20. 萧山极地海洋公园[③]

铁鐎斗。1件。M16：11，口径19、高7.9厘米。

按：墓葬时代为东汉早期。

①　宁波市文物考古研究所、宁波市鄞州区文物管理委员会办公室：《浙江宁波市蜈蚣岭吴晋纪年墓葬》，《考古》2008年第11期。

②　宁波市文物考古研究所、鄞州区文物管理委员会：《宁波鄞州老虎岩三国至唐代墓葬发掘报告》，《东南文化》2011年第2期。

③　施梦以、杨国梅：《杭州萧山极地海洋公园二期古墓群——汉六朝墓发掘简报》，《东方博物》（第六十六辑），中国书店，2018年，第4页。

21. 萧山溪头黄①

铜鐎斗。4件。M29：16，口径17.8、高12.5厘米。其他不详。

铁鐎斗。10件。锈蚀，器形、尺寸不明。

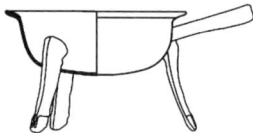

按：M29的时代为东汉中期。

22. 萧山老虎洞②

青瓷鐎斗。1件。M26：17，口径8.4、高6.1厘米。

按：墓葬时代为东吴晚期。

23. 余杭七里亭③

铜鐎斗。1件。M5：58，口径17.2、高17.5厘米。外底有烟炱。

按：墓葬出土"咸和"铭文砖，时代为咸和年号期间（公元326～334年）。

---

① 杭州市文物考古研究所、萧山博物馆：《萧山溪头黄战国汉六朝墓》，文物出版社，2018年，第77页。

② 复旦大学文物与博物馆学系、杭州市文物考古研究所、杭州市萧山区博物馆：《浙江杭州萧山老虎洞遗址东吴、南朝墓发掘简报》，《文物》2021年第7期。

③ 杭州市文物考古研究所、吉林大学边疆考古研究中心：《杭州余杭七里亭晋墓》，《东方博物》（第五十八辑），中国书店，2016年，第58页。

24. 余杭星桥里山[①]

铁鐎斗。1件。M13：8，口径20、高14厘米。

按：墓葬时代为东汉中期。

25. 安吉天子岗[②]

青瓷鐎斗。2件。M2：6，口径6.7、高4.4厘米。M3：6，口径9、高6.5厘米。
铜鐎斗。1件。M3：29，口径15.7、高11.9厘米。

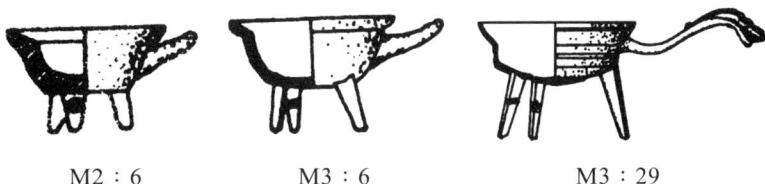

M2：6　　　　M3：6　　　　M3：29

按：M3的时代为西晋。M2出土"太康六年（公元285年）八月廿日作"铭文砖。

26. 安吉五福[③]

铜鐎斗。1件。M1：1，口径17.2、高8.2厘米。

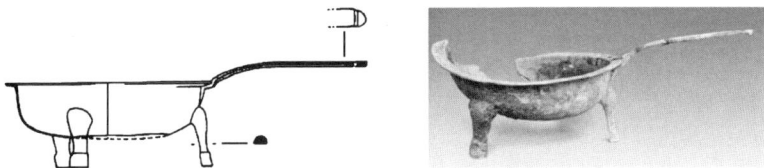

按：墓葬时代为东汉早期。

---

①　杭州市文物考古研究所、余杭博物馆、苏州考古所：《余杭星桥里山汉墓发掘简报》，《东方博物》（第五十四辑），中国书店，2015年，第13页。

②　安吉县博物馆：《浙江安吉天子岗汉晋墓》，《文物》1995年第6期。

③　浙江省文物考古研究所：《浙江安吉五福第八号墩汉墓》，《东方博物》（第五十三辑），中国书店，2015年，第87页。

27. 上虞道墟^①

青瓷镳斗。1件。口径7、高5.5厘米。

按：墓葬出土"元康六年（公元296年）□□□""元康七年（公元297年）陈作"铭文砖。

28. 上虞凤凰山^②

铁镳斗。1件。M88：1，其他不详。
陶镳斗。1件。M250：10，尺寸不明。

M88：1　　　　　　　　　　M250：10

按：墓葬时代为东汉中晚期。

29. 上虞驮山^③

铜镳斗。1件。M28：5，口径31.2、高18.8厘米。器底有炭痕。

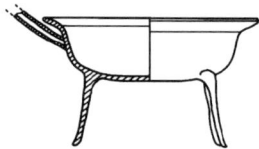

按：墓葬时代为东汉早期。

---

① 朱瑞钱：《浙江上虞发现晋墓》，《文物资料丛刊》（2），文物出版社，1978年，第257、258页。

② 浙江省文物考古研究所、上虞县文物管理所：《浙江上虞凤凰山古墓葬发掘报告》，《浙江省文物考古研究所学刊——建所十周年纪念1980—1990》，科学出版社，1993年，第220、226页。

③ 浙江省文物考古研究所：《上虞驮山古墓葬发掘》，《沪杭甬高速公路考古报告》，文物出版社，2002年，第233页。

30. 定海紫微公社①

铜鐎斗。1件。口径19、高24厘米。

按：时代为南朝。

31. 奉化中心粮库②

陶鐎斗。2件。M6：7，口径11.2、高7.2厘米。M13出土一件，不详。

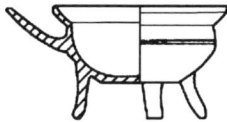

按：墓葬时代均为西晋。

32. 奉化南岙③

铁鐎斗。1件。M1：9，口径24、高19厘米。

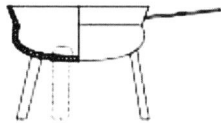

按：墓葬时代为东汉早期。

---

① 王和平：《浙江定海县发现汉代鐎斗》，《文物资料丛刊》（4），文物出版社，1981年，第222页。

② 宁波市文物考古研究所、奉化市文物保护管理所：《奉化中心粮库古代墓葬和窑址的发掘》，《东方博物》（第三十五辑），浙江大学出版社，2010年，第87页。

③ 浙江奉化市文物保护管理所：《浙江奉化市南岙东汉墓抢救清理简报》，《南方文物》2014年第1期。

33. 奉化白杜南岙①

铁鐎斗。1件。M137：1，口径24、高17.5厘米。

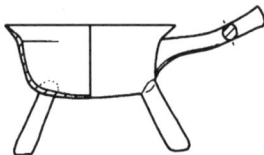

按：墓葬时代为东汉早期。

34. 德清五龙、华兴②

青瓷鐎斗。2件。D0396，口径5.4、高3.6厘米。D1340，口径5.5、高3.4厘米。

　　　　D0396　　　　　　　　　　　　D1340

按：墓葬时代为西晋。

35. 临安小山弄③

青瓷鐎斗。1件。M30：3，口径6.8、高4.6厘米。

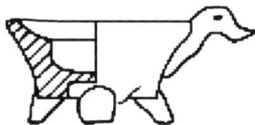

按：墓葬出土"元康三年（公元293年）八月十日钱君立冢"铭文砖。

　　① 浙江省文物考古研究所、宁波市文物考古研究所、奉化市文物保护管理所：《奉化白杜南岙林场汉六朝墓葬》，《浙江汉六朝墓报告集》，科学出版社，2012年，第284页。

　　② 施兰：《德清五龙、华兴两座墓葬出土的瓷器》，《东方博物》（第五十一辑），中国书店，2014年，第64、67页。

　　③ 临安市文物馆：《临安小山弄西晋纪年墓发掘简报》，《东方博物》（第三十一辑），浙江大学出版社，2009年，第77页。

36. 临海沿江镇麻车[①]

铜鐎斗。1件。口径17、高17.8厘米。

按：墓葬出土"赤乌元年"（公元238年）铜镜。

37. 长兴七女墩[②]

铜鐎斗。1件。M2：3，口径17、高12.5厘米。

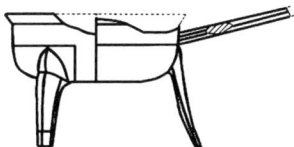

按：墓葬时代为东汉早期。

38. 瑞安桐溪[③]

陶鐎斗。2件。M107所出，高8.3厘米。另一件为M120出土，尺寸不详。均未公布图片。

按：墓葬时代为三国西晋。

39. 南京鼓楼附近[④]

铜鐎斗。数量不详，其他亦不详。

按：墓葬时代为东汉早期。

———————————

①　王薇、滕雪慧：《临海市沿江镇麻车古墓初探》，《东方博物》（第五十八辑），中国书店，2016年，第37页。

②　胡秋凉：《长兴七女墩墓葬群清理简报》，《东方博物》（第四十三辑），浙江大学出版社，2012年，第30页。

③　浙江省文物管理委员会：《浙江瑞安桐溪与芦蒲古墓清理》，《考古》1960年第10期。

④　倪振达：《南京鼓楼附近发现东汉木椁墓》，《考古通讯》1956年第5期。

40. 南京栖霞山[①]

铜鐎斗。1件。底部有烟熏痕迹。

按：墓葬时代为东汉中晚期。

41. 南京老虎山[②]

铜鐎斗。3件。M2出土，口径12.2、高9厘米。M3出土，口径12.3、高8.9厘米。M4出土，口径13、高9厘米。未公布图。

按：墓葬时代为东晋。M2墓主为颜琳，M3墓主为颜约，M4墓主为颜镇之。

42. 南京通济门外[③]

铜鐎斗。2件。口径15.8、高14.7厘米。未公布图。

按：墓葬时代为南朝。

43. 南京中华门外[④]

铜鐎斗。2件。M2、M4出土。其他情况不明。

按：墓葬时代为东晋。

44. 南京高家山M2[⑤]

青瓷鐎斗。1件。出土时置于一钵内，内置一勺。图示如下。

铁鐎斗。1件。出土时置于一三足铁盆内。其他不明。

---

① 葛家瑾：《南京栖霞山及其附近汉墓清理简报》，《考古》1959年第1期。

② 南京市文物保管委员会：《南京老虎山晋墓》，《考古》1959年第6期；周尊生：《南京老虎山晋墓的地理佐证》，《考古》1960年第7期。

③ 李蔚然：《南京通济门外发现南朝墓》，《考古》1961年第4期。

④ 南京市文物保管委员会：《南京中华门外晋墓清理》，《考古》1961年第6期。

⑤ 李蔚然：《南京高家山的六朝墓》，《考古》1963年第2期。

按：墓葬时代为三国西晋。

45. 南京甘家巷前头山①

铜鐎斗。1件。M1：5，高14.2厘米。置于铁火盆内。

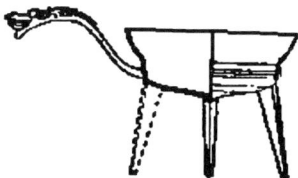

按：墓葬时代为西晋。

46. 南京迈皋桥②

铜鐎斗。1件。口径17.2、高14.3厘米。底部有烧痕。

按：墓葬出土"永嘉二年（公元308年）九月十日作壁"铭文砖。

47. 南京郊区王塘村③

铜鐎斗。1件。口径12厘米。未公布图。

按：墓葬时代为东晋。

① 金琦：《南京甘家巷和童家山六朝墓》，《考古》1963年第6期。
② 南京市文物保管委员会：《南京迈皋桥西晋墓清理》，《考古》1966年第4期。
③ 南京市博物馆考古组：《南京郊区三座东晋墓》，《考古》1983年第4期。

48. 南京板桥[①]

陶鐎斗。1件。口径13.5、残高5.2厘米。未公布图。
按：墓葬时代为南朝。

49. 南京马群[②]

铜鐎斗。1件。口径13.2、高9.4厘米。

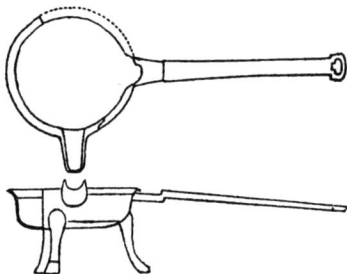

按：墓葬时代为南朝早期。

50. 南京狮子山、江宁索墅[③]

青瓷鐎斗。2件。狮子山M1所出，口径9.2、高5.8厘米。索墅M1：9，口径7.8、高4.8厘米。

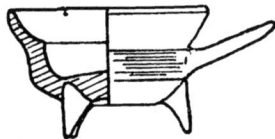

狮子山M1出土　　　　　索墅M1：9

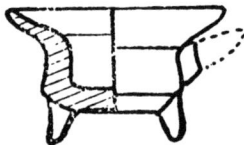

按：索墅M1出土"太岁庚子晋平吴天下太平"铭文砖，时代为公元280年。狮子山M1的时代为西晋。

① 南京市博物馆：《南京郊区两座南朝墓》，《考古》1983年第4期。
② 南京博物院：《南京马群六朝墓》，《考古》1985年第11期。
③ 南京市博物馆：《南京狮子山、江宁索墅西晋墓》，《考古》1987年第7期。

51. 南京富贵山①

铜鐎斗。3件。M2：34，口径11.4、高10.4厘米。M4：16、M4：51，大小、形制相同，口径11.2、高9.9厘米。

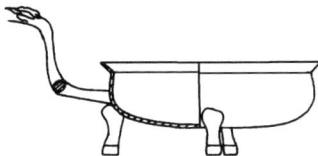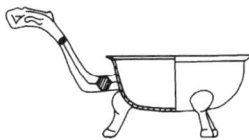

M2：34　　　　　　　　M4：16

按：墓葬时代为西晋。

52. 南京仙鹤山②

青瓷鐎斗。1件。M5：25，口径12、高7厘米。柄残。

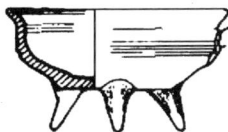

按：墓葬出土1件"赤乌十年"铭文的陶盒，其时代为公元247年。

53. 南京长岗村五号墓③

铜鐎斗。3件。M5：35，口径12.3、通高6.1厘米。M5：36，口径13.2、通高9.4厘米。M5：37，口径15.1、通高17.5厘米，残，无图。

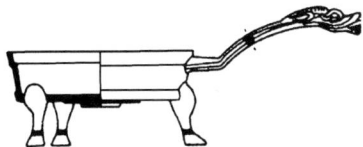

M5：35　　　　　　　　M5：36

按：墓葬时代为东吴。

---

① 南京市博物馆、南京市玄武区文化局：《江苏南京市富贵山六朝墓地发掘简报》，《考古》1998年第8期。

② 南京市博物馆、南京师范大学文物与博物馆学系：《南京仙鹤山孙吴、西晋墓》，《文物》2007年第1期。

③ 南京市博物馆：《南京长岗村五号墓发掘简报》，《文物》2002年第7期。

54. 南京东善桥"凤凰三年"墓[①]

青瓷鐎斗。1件。口径8、高5.4厘米。

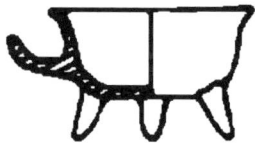

按：墓葬出土"赤乌六年"铜镜，时代为公元243年；同出"凤凰元年十月作""凤凰三年作"铭文砖，时代为公元272、274年。

55. 南京象山[②]

铜鐎斗。2件。M5：13，高11.8厘米。M7：31，口径17.7厘米。均有厚烟炱。

M5：13   M7：31

按：M5墓主为王闽之，根据墓志，时代为公元358年；M7时代为东晋早期。

56. 南京梅家山M1[③]

铜鐎斗。1件。底部有烟熏痕迹。尺寸不详。

按：墓葬时代为西晋。

---

① 南京市博物馆、江宁县博物馆：《南京市东善桥"凤凰三年"东吴墓》，《文物》1999年第4期。

② 南京市博物馆：《南京象山5号、6号、7号墓清理简报》，《文物》1972年第11期。

③ 屠思华、李鉴昭：《南京梅家山六朝墓清理记略》，《文物参考资料》1956年第4期。

57. 南京邓府山西碧峰寺M1[①]

铜鐎斗。1件。尺寸不详。

按：时代可能为东晋。

58. 南京卫岗[②]

铜鐎斗。1件。口径17、高13.7厘米。底部有烟熏痕。

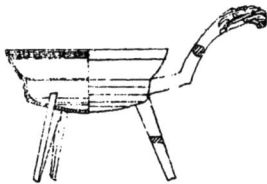

按：墓葬时代为西晋。

59. 南京山阴路口[③]

铜鐎斗。1件。口径10.6、高9厘米。置于铜炭炉内。

按：墓葬时代为西晋。

①　南京博物院：《南京邓府山古残墓二次至四次清理简介》，《文物参考资料》1955年第11期。

②　南京博物院：《南京市卫岗南京农业大学西晋墓发掘简报》，《东南文化》1991年第5期。

③　谷建祥：《南京市山阴路口西晋墓》，《东南文化》1985年（第一辑）。

60. 南京郊县①

陶鐎斗。2件。幕府山M1出土，口径12.4、高8厘米。幕府山M2出土，口径13.5、高8.3厘米，未公布图。

铜鐎斗。1件。殷巷M1出土，口径15、高8.5厘米。

幕府山M1出土   殷巷M1出土

按：幕府山M1、M2出土"五凤元年（公元254年）十月十八日"买地券；殷巷M1时代为三国时期。

61. 南京鼓楼区幕府山M3②

釉陶鐎斗。1件。M3：140，口径10.8、通高10.4厘米。

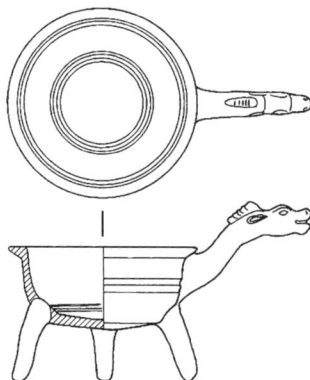

按：墓葬出土5方买地券共，纪年分别为太元元年（公元251年）和建衡三年（公元271年）。据报告，墓主为东吴权臣丁奉及其夫人。

---

① 南京市博物馆：《南京郊县四座吴墓发掘简报》，《文物资料丛刊》（8），文物出版社，1983年，第4、6页。

② 南京市考古研究院：《南京市鼓楼区幕府山两座东吴墓的发掘》，《考古》2023年第9期。

62. 江宁前郑家边[①]

铁鐎斗。1件。M2：11，口径24、高16厘米。

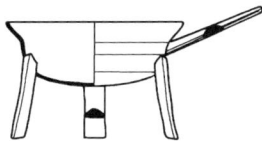

按：墓葬时代为东汉中期。

63. 江宁冯村[②]

铜鐎斗。1件。M1：3，口径15.6、高10.6厘米。

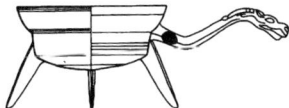

按：墓葬出土"元康八年（公元298年）八月廿三日二"铭文砖。

64. 江宁张家山[③]

青瓷鐎斗。1件。M：8，口径6.5、高4.4厘米。与炭盆一道出土。

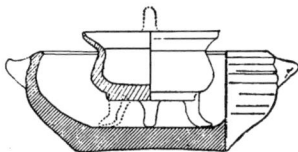

按：墓葬出土"元康七年（公元297年）八月陈氏作"铭文砖。

---

① 南京市博物馆、南京市江宁区博物馆：《南京江宁前郑家边东汉墓发掘简报》，《南京文物考古新发现》（第三辑），文物出版社，2014年，第45页。

② 南京市博物馆：《南京江宁冯村西晋墓》，《南京文物考古新发现》（第三辑），文物出版社，2014年，第72页。

③ 南京博物院：《江苏江宁县张家山西晋墓》，《考古》1985年第10期。

65. 句容孙西村①

青瓷鐎斗。1件。置于炭盆内。通高5.4厘米。

铜鐎斗。1件。底部有烟炱。口径17.5、高13.7厘米。

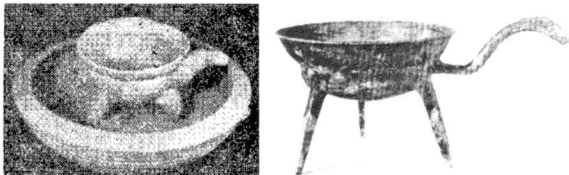

按：墓葬出土"元康四年（公元294年）许"铭文砖。

66. 句容暨南农场②

铜鐎斗。1件。高18厘米。

按：墓葬时代为唐代中期。

67. 句容春城③

铜鐎斗。2件。J442，口径12.8、高9厘米。J451，口径12.8、高11厘米。

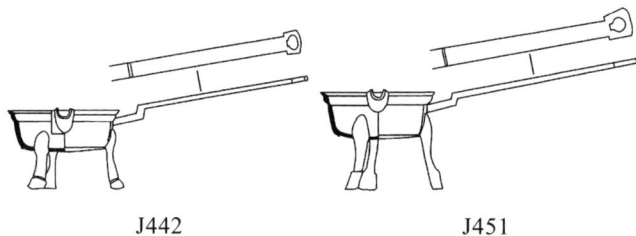

J442　　　　　　　　　　J451

按：墓葬出土宋"元嘉十六年（公元439年）太岁巳"铭文砖。同出青铜盏托。

① 南波：《江苏句容西晋元康四年墓》，《考古》1976年第6期。

② 镇江博物馆：《江苏镇江唐墓》，《考古》1985年第2期。

③ 镇江博物馆、句容市博物馆：《江苏句容春城南朝宋元嘉十六年墓》，《东南文化》2010年第3期。

68. 镇江东吴西晋墓①

铜鐎斗。2件。高·化M1：18，尺寸不详，无图。丹·葛M1所出，口径12.6、高12.4厘米。

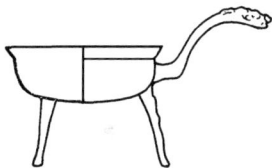

按：墓葬时代均为三国。

69. 镇江金山园艺场窖藏②

铜鐎斗。1件。口径11.6、高15.1厘米。

按：窖藏出土朱书"梁太清二年"铜熨斗，时代即公元548年。

70. 镇江润州山③

铜鐎斗。1件。M11：3，口径19.8、高13.6厘米。

按：墓葬时代为东晋早期。

---

① 镇江博物馆：《镇江东吴西晋墓》，《考古》1984年第6期。
② 刘兴：《江苏梁太清二年窖藏铜器》，《考古》1985年第6期。
③ 镇江博物馆：《江苏镇江润州山六朝墓葬及窑址发掘报告》，《东南文化》2019年第2期。

71. 丹徒辛丰小庄①

铜鐎斗。1件。口径15、高18厘米。惜未公布图。

按：墓葬出土"咸康元年（公元335年）"铭文砖。

72. 镇江"优山美地"小区②

铜鐎斗。1件。M7：28，口径11.5、高14厘米。

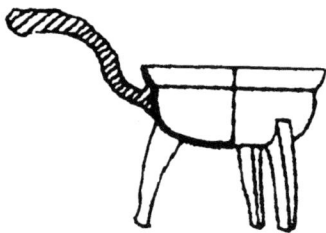

按：墓葬时代为西晋。

73. 镇江"东城绿洲"工地③

铜鐎斗。1件。M1：16，口径15.2、高10.8厘米。

按：墓葬时代为东晋。

---

① 镇江博物馆、刘建国：《镇江东晋墓》，《文物资料丛刊》（8），文物出版社，1983年，第21页。

② 镇江博物馆：《镇江"优山美地"小区六朝墓发掘简报》，《印记与重塑：镇江博物馆考古报告集（2001~2009）》，江苏大学出版社，2010年，第191页。

③ 镇江博物馆：《镇江"东城绿洲"工地六朝墓发掘简报》，《印记与重塑：镇江博物馆考古报告集（2001~2009）》，江苏大学出版社，2010年，第209页。

74. 高淳固城①

铜鐎斗。1件。M1：16，口径28.2、高20.4厘米。底部有烟熏痕迹。

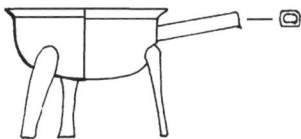

按：墓葬时代大致为东汉初期。

75. 苏州澄湖ⅣJ165②

铜鐎斗。3件。ⅣJ165-1，口径15.7、高14.6厘米。

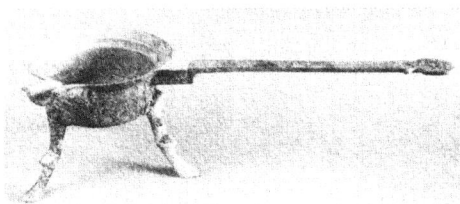

按：时代为南朝。

76. 苏州虎丘路新村M2③

青瓷鐎斗。1件。M2：9，口径 17、通高 10.8厘米。

铜鐎斗。1件。M2：8，口径14、高9.8厘米。

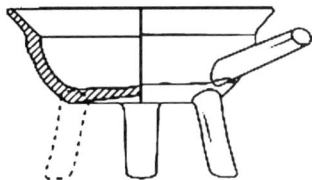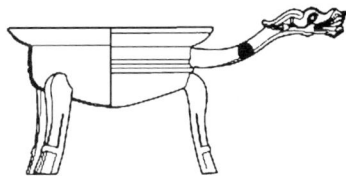

M2：9　　　　　　　　　　　M2：8

按：墓葬时代为东汉末孙吴早期。

---

① 南京市博物馆：《江苏高淳固城汉墓发掘简报》，《东南文化》1992年第5期。

② 苏州博物馆编：《苏州文物考古新发现——苏州考古发掘报告专辑（2001—2006年）》，古吴轩出版社，2007年，第156页。

③ 苏州市考古研究所：《江苏苏州姑苏区虎丘路新村土墩三国孙吴M2发掘报告》，《东南文化》2024年第2期。

77. 无锡惠山娘娘堂[①]

陶鐎斗。1件。口径13.5、高11厘米。未公布图。

按：墓葬时代为东汉晚期。置于三足陶盆内。

78. 苏州吴中区狮子山西晋墓[②]

青瓷鐎斗。2件。M3所出，口径21.6、高6.7厘米。M4：29，口径7.5、高4.8厘米。均未公布图。

铜鐎斗。1件。M1出土，尺寸不明。图示如下。

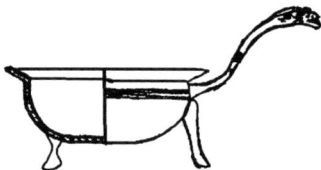

按：M1出土"元康五年（公元295年）七月十八日"铭文砖。M3出土"元康"铭文魂瓶。M4的时代亦为西晋。

79. 苏州吴中区何山[③]

青瓷鐎斗。1件。口径6.2、高4厘米。

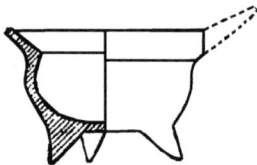

按：墓葬时代为西晋。

① 江苏省文物管理委员会：《无锡惠山娘娘堂古墓清理简报》，《考古通讯》1957年第2期。

② 吴县文物管理委员会：《江苏吴县狮子山四号西晋墓》，《考古》1983年第8期；张志新：《江苏吴县狮子山西晋墓清理简报》，《文物资料丛刊》（3），文物出版社，1980年，第135页。

③ 叶玉奇：《江苏省吴县何山出土晋代青瓷器》，《东南文化》1986年第2期。

80. 溧阳孙吴凤凰元年墓①

青瓷鐎斗。1件。残。口径8.8、高3.8厘米。未公布图。

按：墓葬出土孙"凤凰元年（公元272年）八月十日作姓彊"铭文砖。

81. 宜兴周墓墩M2②

青瓷鐎斗。1件。口径11.7、高8.3厘米。

按：M2为西晋周处家族墓葬〔M1出土"元康七年（公元297年）九月廿日阳羡所作周前将军砖"铭文砖〕。

82. 芜湖赭山③

铜鐎斗。1件。M111出土，口径15.5、高8.6厘米。

瓷鐎斗。1件。M113出土，置于青瓷火盆内，内有一勺。其他不详。

M111出土

按：M111出土"咸康二年作"铭文砖，可知时代为东晋时期的公元336年。M113时代为西晋。

---

①　南京博物院：《江苏溧阳孙吴凤凰元年墓》，《考古》1962年第8期。

②　罗宗真：《江苏宜兴晋墓发掘报告——兼论出土的青瓷器》，《考古学报》1957年第4期。

③　王步艺：《芜湖赭山古墓清理简报》，《文物参考资料》1956年第12期。

83. 马鞍山桃冲[①]

铜鐎斗。2件。M2：5，口径13.5、高10.5厘米。M3：3，口径17.5、高13.5厘米。

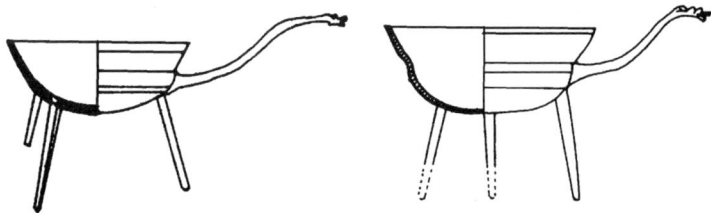

　　　　　　M2：5　　　　　　　　　　　M3：3

　　按：M2出土"建兴四年（公元316年）八月五日辛酉"铭文砖；M3出土"永嘉二年（公元308年）九月一日丹杨徐可作砖壁"铭文砖。

84. 马鞍山朱然墓[②]

陶鐎斗。3件。M：48，口径17.7、高11.2厘米。

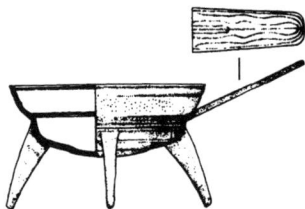

　　按：根据墓葬出土的谒和木刺，墓主为三国时期朱然，墓葬时代为赤乌十二年（公元249年）。

---

　　①　马鞍山市文物管理所、马鞍山市博物馆：《安徽马鞍山桃冲村三座晋墓清理简报》，《文物》1993年第11期。

　　②　安徽省文物考古研究所、马鞍山市文化局：《安徽马鞍山东吴朱然墓发掘简报》，《文物》1986年第3期。

85. 马鞍山东苑小区[①]

铜鐎斗。2件。M1：7，口径16.2、高17.7厘米。M2：8，口径11.7、高12.7厘米。

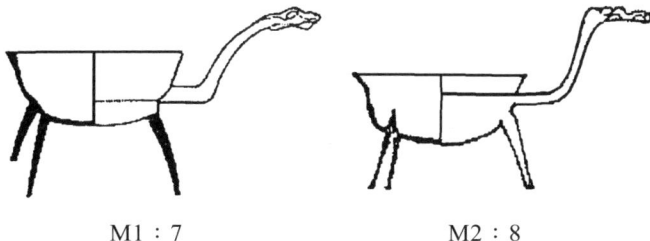

M1：7　　　　　　　M2：8

按：墓葬时代为两晋之际。

86. 马鞍山马钢二钢厂谢沈家族墓地[②]

铜鐎斗。1件。M3：8，残。
按：墓葬时代为东晋。

87. 马鞍山盆山M1[③]

铜鐎斗。1件。M1：2，口径12、通高14厘米。

按：墓葬时代属西晋时期。

---

① 吴志兴、王俊、殷春梅：《马鞍山东苑小区六朝墓清理简报》，《文物研究》（第十一辑），黄山书社，1998年，第152、153页。
② 马鞍山市博物馆：《马鞍山市马钢二钢厂东晋谢沈家族墓群发掘简报》，《江汉考古》2012年第1期。
③ 马鞍山市文物管理所：《马鞍山市盆山发现六朝墓》，《文物研究》（第六辑），黄山书社，1990年。

88. 郎溪凌笪乡[①]

铜鐎斗。1件。M3出土，口径20、高10厘米。

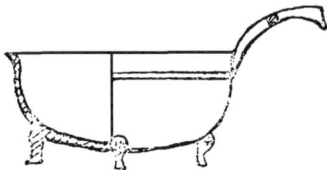

按：墓葬时代为东晋初。同出铜炭炉。

89. 郎溪营盘村窖藏[②]

铜鐎斗。1件。口径17.3、高16.5厘米。底部有烟炱。

按：窖藏时代为南朝。

90. 宣城外贸巷[③]

铜鐎斗。1件。M2：15，口径17、高12.8厘米。

按：墓葬时代为西晋。同出青铜炭炉。

---

① 宋永祥：《安徽郎溪的三座晋墓》，《东南文化》1989年第2期。

② 宋永祥：《郎溪县发现一批六朝窖藏铜器》，《文物研究》（第六辑），黄山书社，1990年，第159页。

③ 宣城市博物馆：《宣城市外贸巷西晋墓清理简报》，《文物研究》（第十三辑），黄山书社，2001年，第167页。

91. 和县张集乡①

铜鐎斗。1件。M：3，口径16.5、高13厘米。

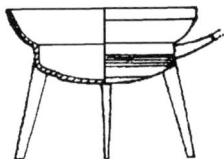

按：墓葬出土"元康五年（公元295年）丹阳□□□□"铭文砖。

92. 当涂黄山②

铜鐎斗。1件。口径12.5、高9厘米。惜未公布图。
按：墓葬时代为东晋早期。同出铜炭炉。

93. 广德双河乡长安村③

铜鐎斗。1件。口径15.5、高15厘米。

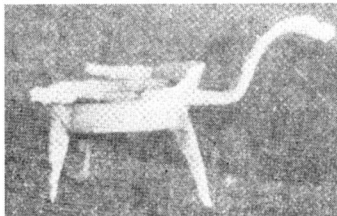

按：墓葬时代为西晋。

---

① 张钟云、李开和：《和县张集乡西晋墓发掘简报》，《文物研究》（第十一辑），黄山书社，1998年，第149页。

② 王俊、李万德：《当涂县黄山东晋墓清理简报》，《文物研究》（第九期），黄山书社，1994年，第134页。

③ 广德县文化局：《广德县双河乡长安村西晋墓清理报告》，《文物研究》（第二期），黄山书社，1986年，第26页。

94. 繁昌闸口村唐墓[①]

铁鐎斗。2件。M1：13，口径17.2、通高14.4厘米。M1：14，口径16.4、通高14厘米。

M1：14　　　　　　　　M1：13

按：墓葬时代为唐代。

二、江　　淮

1. 扬州胥浦六朝墓[②]

青瓷鐎斗。1件。M93：27，口径10、高5.5厘米。

按：墓葬出土西晋"元康七年（公元297年）七月十日"铭文砖。

---

①　汪发志：《安徽繁昌县闸口村发现一座唐墓》，《考古》2003年第2期。
②　胥浦六朝墓发掘队：《扬州胥浦六朝墓》，《考古学报》1988年第2期。

2. 江都大桥窖藏[①]

铜鐎斗。1件。CT222，口径14、高14.5厘米。

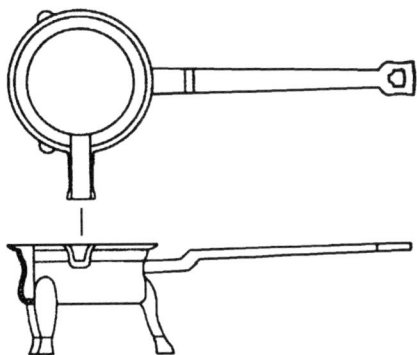

按：窖藏时代为南朝中晚期。同出铜盏托。

3. 邗江甘泉六里[②]

铜鐎斗。1件。M109：15，口径20～25、通高19.8厘米。底部有烟炱。

按：墓葬时代为东晋。同出炭炉。

4. 天长槽坊[③]

铜鐎斗。1件。M1：6，口径29.7、高21.5厘米。

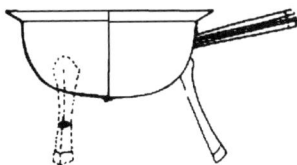

按：墓葬大致属西汉末期。

---

① 夏根林：《江苏江都大桥窖藏青铜器》，《东南文化》2010年第1期。

② 扬州博物馆：《江苏邗江甘泉六里东晋墓》，《东南文化》1986年第2期。

③ 天长市博物馆、天长市文物管理所：《安徽天长市槽坊汉墓群发掘简报》，《文物研究》（第19辑），科学出版社，2012年，第128页。

5. 六安双龙机床厂M819[1]

铜鐎斗。1件。口径16.8、高8厘米。

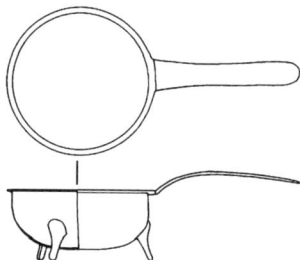

按：墓葬时代为西汉晚期。

6. 怀宁青树嘴[2]

铁鐎斗。1件，M2∶1，口径17.2、高20厘米。

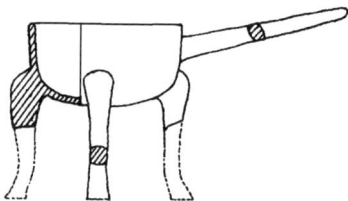

按：墓葬时代为北宋。

7. 望江北宋墓[3]

铁鐎斗。1件。口径15、通高14厘米。器形不明。
按：墓葬出土嘉祐七年（公元1062年）墓志。

① 安徽省文物考古研究所、武汉大学历史学院考古系、六安市文物局：《安徽六安城东墓地——双龙机床厂墓群发掘报告》（四），上海古籍出版社，2016年，第1523页。

② 怀宁县文物管理所：《怀宁县青树嘴宋墓清理简报》，《文物研究》（第十五辑），黄山书社，2007年，第243页。

③ 程霁红：《安徽望江发现一座北宋墓》，《考古》1993年第2期。

三、两　湖

1. 长沙南郊黄泥塘①

铜鐎斗。1件。M3出土，口径12、高8.2厘米。

按：墓葬时代为东晋。

2. 攸县网岭连滩②

铜鐎斗。1件。口径20、高17.2厘米。

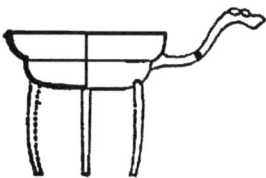

按：窖藏时代大致为三国西晋。

3. 衡阳龙祖山③

铜鐎斗。1件。GLM1：14，通宽21.6、高12.3厘米。

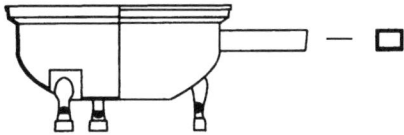

按：墓葬时代为东汉中期。

---

① 湖南省博物馆：《长沙南郊的两晋南朝隋代墓葬》，《考古》1965年第5期。

② 陈少华：《湖南攸县出土东吴窖藏文物》，《考古》1990年第2期。

③ 衡阳县文物局：《湖南衡阳龙祖山战国、汉墓考古发掘简报》，《湖南考古辑刊》（第13集），科学出版社，2018年，第106页。

4. 保靖四方城①

铜鐎斗。2件。M11、M81出土形制相同。器底皆有一层厚烟炱。M11：7，口径16、高19厘米。M81无其他信息。

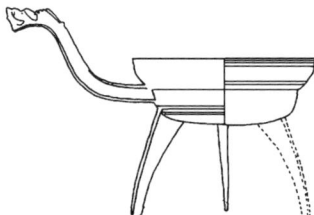

按：墓葬时代为西晋。

5. 汉阳蔡甸一号墓②

铜鐎斗。1件。M1：28，口径17.8、高17.2厘米。

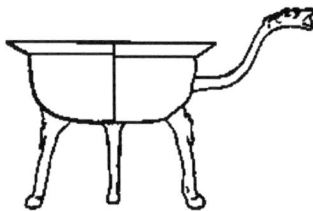

按：墓葬时代为东晋早期。同出炭炉。

6. 武汉黄陂滠口③

青瓷鐎斗。1件。M：14，口径15.6、高12厘米。

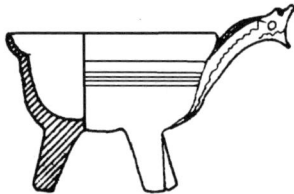

按：墓葬时代为三国。

① 湘西自治州文物管理处、保靖县文物管理所：《保靖四方城晋、唐、元墓发掘清理简报》，《湖南考古2002》（上），岳麓书社，2004年，第295页。
② 湖北省博物馆：《湖北汉阳蔡甸一号墓清理》，《考古》1966年第4期。
③ 武汉市博物馆：《武汉黄陂滠口古墓清理简报》，《文物》1991年第6期。

7. 英山郭家堰宋墓①

铁鐎斗。1件。口径20.8厘米。

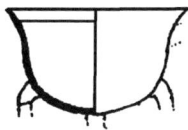

按：墓葬出土熙宁十年（公元1077年）地券。

8. 英山茅竹湾②

铁鐎斗。2件。YM：17，口径21、残高15.9厘米。YM：37，口径21.3、高19.8厘米。

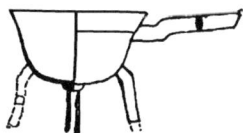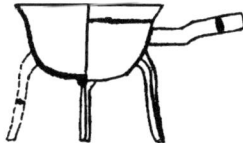

YM：17　　　　　YM：37

按：墓葬出土政和四年（公元1114年）墓志。

9. 英山"毕卅八"宋墓③

铁鐎斗。1件。M：7，口径13.2、高9.8厘米。

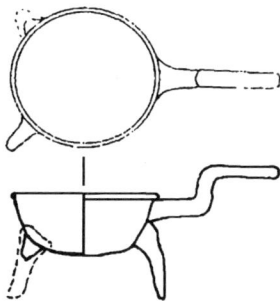

按：墓葬时代为北宋。

① 黄冈地区博物馆、英山县博物馆：《湖北英山三座宋墓的发掘》，《考古》1993年第1期。
② 黄冈地区博物馆、英山县博物馆、文化馆：《英山县茅竹湾宋墓发掘》，《江汉考古》1988年第1期。
③ 黄冈市博物馆、英山县博物馆：《湖北英山"毕卅八"宋墓》，《江汉考古》2005年第2期。

10. 应城高庙①

铜鐫斗。1件。尺寸不详。

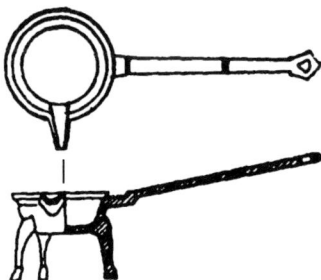

按：墓葬时代为南朝。同出铜盏托。

11. 孝感田家岗②

铁鐫斗。1件。XT采：37，口径15.6、高13.6厘米。

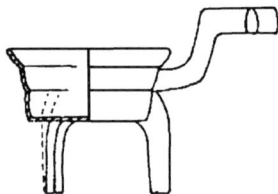

按：器物时代大致属北宋。

12. 武汉新洲朱家堤③

铁鐫斗。1件。M1：10，口径20.8、高16.2厘米。

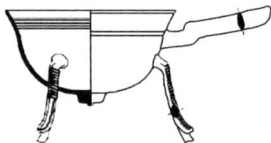

按：墓葬出土"圣宋元宝"，可知时代属公元1101年之后的北宋晚期。

---

①　应城市博物馆：《应城市高庙南朝墓清理简报》，《江汉考古》1990年第2期。

②　孝感市博物馆：《孝感田家岗东汉南朝及唐墓清理简报》，《江汉考古》1996年第3期。

③　武汉市文物考古研究所、武汉市新洲区博物馆：《湖北武汉市新洲朱家堤宋墓发掘简报》，《北方文物》2022年第1期。

13. 江夏流芳①

铜鐎斗。1件。M1：11，高15.4厘米。

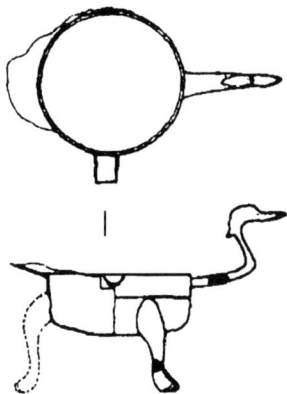

按：墓葬时代为唐代早期。

14. 秭归新县城窖藏②

铜鐎斗。1件。口径15.5、高11.5厘米。

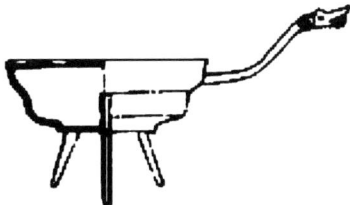

按：窖藏时代为西晋。同出炭炉。

15. 鄂州鄂钢饮料厂M1③

铁鐎斗。3件。M1：29，口径22、高17.4厘米。另外2件不详。

---

①　武汉市文物考古研究所、武汉市江夏区博物馆：《武汉江夏流芳唐墓清理发掘简报》，《江汉考古》2003年第4期。

②　谭传旺、周昊：《秭归新县城发现窖藏铜器》，《江汉考古》1997年第1期。

③　鄂州博物馆、湖北省文物考古研究所：《湖北鄂州鄂钢饮料厂一号墓发掘报告》，《考古学报》1998年第1期。

按：墓葬出土"将军孙邻弩一张"铜弩机，根据《三国志·宗室传》，孙邻卒于公元249年。

16. 鄂城六朝墓①

铜鐎斗。10件。M2181：2，口径11.9厘米。M2082：8，口径11.4厘米。M2011：6，口径17厘米。M2017：6，口径13.6厘米。此外，还有M4016：4、M2137：7，以及M2775、M2079、M2076、M2052所出，惜无其他信息。

铁鐎斗。2件。M2162：18，口径12.6厘米。M1006：1，口径16厘米。

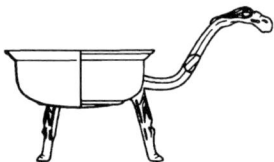

M2181：2

M2082：8

M2011：6

M2017：6

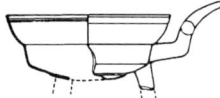

M2162：18

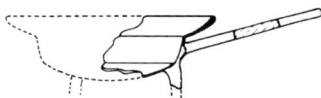

M1006：1

按：墓葬时代集中为三国西晋。

① 南京大学历史系考古专业、湖北省文物考古研究所、鄂州市博物馆：《鄂城六朝墓》，科学出版社，2007年，第242、249页。

17. 鄂城新庙大鹰山①

铜鐎斗。1件。M1：1，口径15.5、通高14.4厘米。

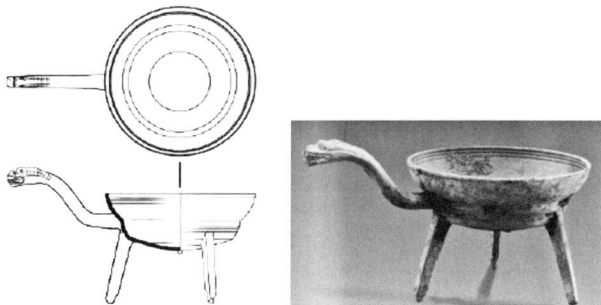

按：墓葬时代为孙吴时期。

18. 巴东旧县坪②

陶鐎斗。3件。西F12Ⅰ：3，口径13.6、高16厘米。西L2Ⅰ：2，口径16、高16厘米。西ⅠT1103⑦：1，残。

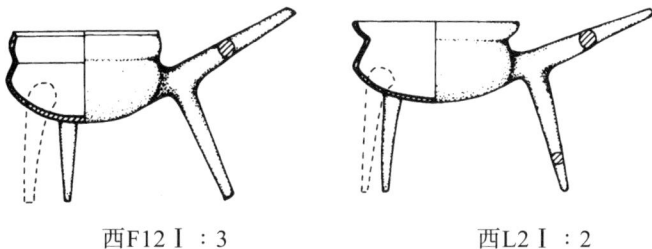

西F12Ⅰ：3　　　　　　　　西L2Ⅰ：2

按：器物的时代为宋代。

---

① 鄂州市博物馆、湖北省文物考古研究所：《湖北鄂城新庙大鹰山孙吴墓发掘简报》，《江汉考古》2022年第1期；饶浩洲主编：《鄂州馆藏文物精品图录》，湖北美术出版社，2016年，第79页。

② 国务院三峡工程建设委员会办公室、国家文物局：《巴东旧县坪》，科学出版社，2010年，第539页。

四、闽　　赣

1. 瑞昌马头[①]

铁鐎斗。1件。M：82，口径19、高16厘米。

按：墓葬时代为西晋。

2. 南昌高荣墓[②]

陶鐎斗。1件。口径10.5、高6.5厘米。

按：墓葬时代为三国。出土青瓷碗墨书"茶"。

3. 南昌京家山晋墓[③]

铜鐎斗。1件。口径12.5、高9.2厘米。

按：墓葬时代为西晋末期。

---

①　江西省博物馆：《江西瑞昌马头西晋墓》，《考古》1974年第1期。

②　江西省历史博物馆：《江西南昌市东吴高荣墓的发掘》，《考古》1980年第3期。

③　江西省博物馆：《江西南昌市郊的两座晋墓》，《考古》1981年第6期。

4. 南昌东吴墓[①]

陶鐎斗。1件。M3出土，器形不详。

按：墓葬时代为东吴。

5. 南昌罐头啤酒厂[②]

铜鐎斗。1件。口径13.5、高8.5厘米。器形不明。

按：墓葬时代为东晋。同出有铜炭炉。

6. 高安左家村南朝墓[③]

青瓷鐎斗。2件。M：4，口径11、高8厘米。M：6，口径11、高6.7厘米。

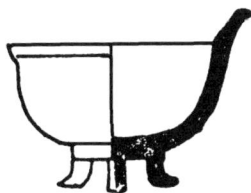

M：4

按：墓葬时代为南朝。

7. 大余宝珠山[④]

铜鐎斗。1件。口径13、高9.5厘米。

按：墓葬出土"元嘉八年（公元431年）闰月廿四日"铭文砖。

---

① 唐昌朴：《江西南昌东吴墓清理简记》，《考古》1983年第10期。

② 范林：《南昌市清理一座东晋墓》，《文物工作资料》1977年第6期。

③ 高安县博物馆：《江西高安清理一座南朝墓》，《考古》1985年第9期；高安县博物馆：《高安县梳头山南朝墓的清理》，《江西历史文物》1985年第1期。

④ 张小平：《江西大余清理一座南朝宋纪年墓》，《考古》1987年第4期。

8. 大余[①]

青铜鐎斗。1件。高27厘米。

按：时代为唐代。

9. 大余二塘[②]

铜鐎斗。1件。器形不详。
按：墓葬时代为南朝。

10. 清江山前[③]

青瓷鐎斗。3件。仅公布1件。M6：1，口径12.2、高6.2厘米。

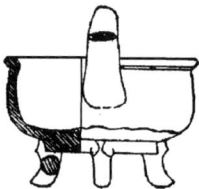

按：M6出土"建武三年"（公元496年）铭文砖。

11. 德安县城南门畈[④]

铜鐎斗。1件。不详。
按：墓葬出土景祐四年（公元1037年）墓志。

① 张小平：《大余县出土西晋龙首凤尾青铜鐎斗》，《文物》1984年第11期。
② 赣州博物馆：《大余二塘南朝墓葬调查》，《江西历史文物》1980年第3期。
③ 清江县博物馆：《清江县山前南朝墓》，《江西历史文物》1981年第1期。
④ 德安县文艺站：《德安县北宋墓又发现精瓷》，《江西历史文物》1979年。

12. 德安高塘乡[1]

青瓷鐎斗。1件。口径12、高7.5厘米。

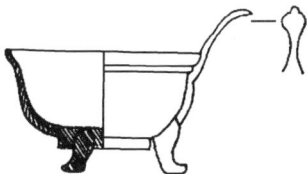

按：墓葬时代为南朝。

13. 宁都罐头厂[2]

铁鐎斗。1件。口径15.2、高13.2厘米。器形不明。
按：墓葬时代为南朝晚期。

14. 永修南朝梁墓[3]

青瓷鐎斗。1件。口径10.3、高10.1厘米。

按：墓葬出土"天监九年（公元510年）太岁庚寅次氏"铭文砖。

15. 赣州冶金化工厂[4]

铁鐎斗。1件。残。
按：墓葬时代为唐代。

---

[1]　于少先：《江西德安南朝墓》，《南方文物》1993年第4期。
[2]　宁都县文化馆：《宁都县发掘一座唐代墓葬》，《江西历史文物》1981年第1期。
[3]　杨厚礼：《永修县发现南朝梁墓》，《江西历史文物》1981年第1期；杨后礼：《江西永修南朝梁墓》，《考古》1984年第1期。
[4]　赣州市博物馆：《赣州市郊发现一座唐墓》，《江西历史文物》1984年第2期。

16. 于都县马岭岽①

铁鐎斗。2件。其中1件，口径14.5、高13厘米。另一件不详。

按：墓葬时代为隋代。

17. 会昌西江塅脑村②

铁鐎斗。1件。口径23.5、高17.5厘米。

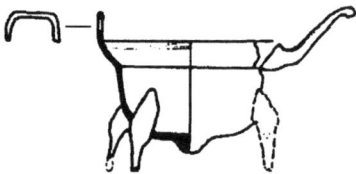

按：墓葬时代为北宋。

18. 会昌西江大园背③

铁鐎斗。1件。口径15.6、高19.1厘米。

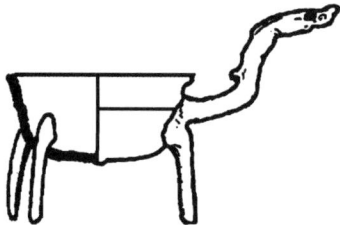

按：墓葬时代为隋代。同出5件青瓷盅。

① 于都县博物馆：《于都县马岭岽隋墓》，《江西历史文物》1984年第2期。
② 会昌县博物馆：《会昌县西江发现一座五代墓》，《江西历史文物》1987年第2期。
③ 会昌县博物馆：《会昌县西江隋唐墓葬》，《江西文物》1990年第1期。

19. 会昌西江西源村①

铁鐎斗。1件。口径15、高11.5厘米。

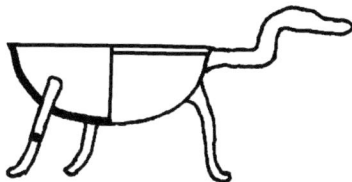

按：墓葬时代为唐代。

20. 宜春万载②

铜鐎斗。1件。高11厘米。底部有烧痕。

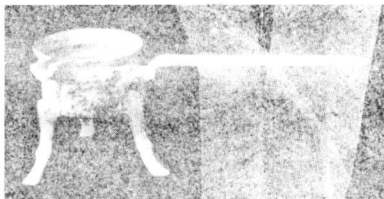

按：时代为南朝。

21. 南康龙华③

铜鐎斗。1件。口径14.6、高16.6厘米。

按：墓葬时代为唐代。

---

① 池小琴：《江西会昌西江镇唐墓》，《南方文物》1998年第3期。

② 王虹光：《江西宜春征集到铜鐎斗》，《南方文物》1993年第2期。

③ 赣州地区博物馆、南康县博物馆：《江西南康龙华晋墓》，《南方文物》1993年第3期。

22. 广昌甘竹段①

铁鐎斗。1件。M9：1，口径15、高11.6厘米。

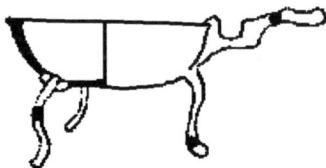

按：墓葬时代为北宋。

23. 南昌市区出土②

铜鐎斗。1件。口径15.5、高14.8厘米。

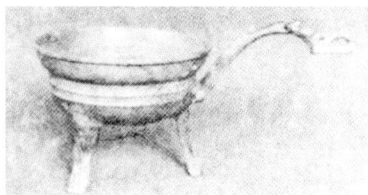

按：墓葬时代为西晋。

24. 福州仓山区桃花山③

铜鐎斗。数量不详，尺寸不详。其中南齐永明七年（公元489年）墓所出，图示如下。

按：墓葬出土南齐永明七年（公元489年）铭文砖。同出铜杯。

① 江西省文物考古研究所、江西省广昌县博物馆：《昌厦公路广昌甘竹段墓葬发掘简报》，《南方文物》1999年第4期。

② 刘玲琳：《南昌市博物馆馆藏珍品选萃》，《南方文物》2003年第3期。

③ 马春卿、赵肃芳：《福州市发现六朝古墓》，《考古通讯》1955年第2期。

25. 福州仓山万春一三区M1[①]

青瓷鐎斗。1件。M1：2，口径9.8、高12.1厘米。

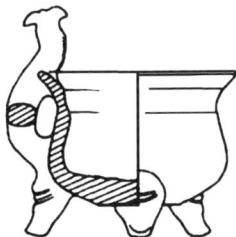

按：墓葬时代为唐代。

26. 福州西门外文林山[②]

青瓷鐎斗。1件。口径7、高7厘米。置于三足火盆内。
按：墓葬时代大致为南朝。

27. 福州郊区南朝墓[③]

青瓷鐎斗。1件。高8.1厘米。

按：墓葬时代为南朝。

---

①　福州市文物考古工作队：《福州市仓山区万春一三区唐墓发掘简报》，《福建文博》2014年第3期。

②　曾凡：《福州西门外六朝墓清理简报》，《考古通讯》1957年第5期。

③　福建省博物馆：《福建福州郊区南朝墓》，《考古》1974年第4期。

28. 福州屏山南朝墓M1[①]

铜鐎斗。1件。M1：5，口径14.6、高19.7厘米，底部有烟炱。同出五盅盘。

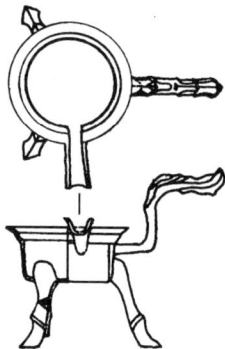

按：墓葬时代为南朝。

29. 福州洪塘金鸡山[②]

铜鐎斗。1件。M5：2，口径10、高8.2厘米。未公布图。

青瓷鐎斗。9件。M6：9、M11：14、M11：15，口径14、通高11～19.5厘米。M1、M2、M8、M9、M10、M14所出不详。

　　　M6：9　　　　　　　M11：14

按：墓葬时代为南朝。

① 福建省博物馆：《福州屏山南朝墓》，《考古》1985年第1期。
② 曾凡：《福州洪塘金鸡山古墓葬》，《考古》1992年第10期。

30. 福安溪潭①

青瓷鐎斗。1件。口径8、高8厘米。

按：墓葬时代为唐代。

31. 福州东郊唐墓②

青瓷鐎斗。1件。M：3，口径7.5、高7.3厘米。

按：墓葬时代为唐代。

32. 福州台江区龙岭小学③

青瓷鐎斗。2件。M1：5，口径10.8、高8.6厘米。M2：25，口径10.8、高7.6厘米。

M1：5　　　　　　　M2：25

按：墓葬时代为南朝。

---

①　福建省博物馆：《福建福安、福州郊区的唐墓》，《考古》1983年第7期。

②　福州市文物管理委员会：《福州东郊清理一座唐代墓葬》，《考古》1987年第5期。

③　福州市文物考古工作队：《福州市台江区龙岭小学南朝墓清理简报》，《福建文博》2012年第1期。

33. 福州仓山福建师范学院附中[①]

铜鐎斗。1件。底部有烟炱。其他不详。

按：墓葬出土"永明四年（公元486年）八月十日"铭文砖。

34. 福州仓山洋桃岭M2[②]

青瓷鐎斗。1件，未公布。

按：墓葬时代为唐代。

35. 福州北郊天才山[③]

青瓷鐎斗。1件。口径11.3、高12.5厘米。未公布图。

按：墓葬时代为南朝。

36. 福州东门外登云乡[④]

青瓷鐎斗。4件，分别出自M1、M2、M3、M4，口径9、高5～7厘米。出土时放在六足盘之上。无图。

按：墓葬时代为唐代。

37. 福州西门外凤凰山[⑤]

青瓷鐎斗。1件。未公布其他信息。

按：墓葬时代为唐代。

---

① 马春卿：《福州仓山区福建师范学院附中校内发现南齐时代墓葬》，《文物参考资料》1955年第12期；福建博物院编：《福建考古资料汇编》（1953～1959），科学出版社，2011年，第136页。

② 福建博物院编：《福建考古资料汇编》（1953～1959），科学出版社，2011年，第122页。

③ 福建博物院编：《福建考古资料汇编》（1953～1959），科学出版社，2011年，第130页。

④ 福建博物院编：《福建考古资料汇编》（1953～1959），科学出版社，2011年，第163～169页。

⑤ 福建博物院编：《福建考古资料汇编》（1953～1959），科学出版社，2011年，第170、171页。

38. 福州市郊八一水库①

青瓷鐎斗。2件。M1：1，口径7.4、高8厘米。M2：2，口径7.3、高6厘米。未公布图。

按：墓葬时代均为唐代。

39. 闽侯连江园村M1②

青瓷鐎斗。1件。口径11、高9.5厘米。出土时放在三足盆内。未公布图。

按：墓葬时代为南朝。

40. 闽侯恒心乡③

陶鐎斗。1件。未公布尺寸和图。

按：墓葬时代为唐代。

41. 闽侯关口桥头山④

铜鐎斗。1件。M1：18，口径9.7、高9.5厘米。

按：墓葬时代为齐。同出铜盏托。

42. 闽侯荆山、杜武⑤

青瓷鐎斗。2件。荆山墓所出，口径11、高13厘米，出土时斗内有炭，置于三足陶盆内，图示如下。杜武墓所出，高11厘米，未公布图。

---

①　福建博物院编：《福建考古资料汇编》（1953~1959），科学出版社，2011年，第174~176页。

②　福建博物院编：《福建考古资料汇编》（1953~1959），科学出版社，2011年，第149页。

③　福建博物院编：《福建考古资料汇编》（1953~1959），科学出版社，2011年，第178页。

④　福建省文物管理委员会：《福建闽侯关口桥头山发现古墓》，《考古》1965年第8期。

⑤　黄汉杰：《福建闽侯荆山、杜武南朝、唐墓清理记》，《考古》1959年第4期。

按：荆山墓时代大致为南朝，杜武墓为唐代。

43. 闽侯南屿南朝墓①

青瓷鐎斗。1件。M1：14，口径12、高13.7厘米。

按：墓葬时代为南朝。出土时置于火盆内。

44. 南安丰州②

青瓷鐎斗。3件。M9、M11、M12出土。M9出土，高11厘米。M11出土，口径11、高11厘米。M12，高9.5厘米。M11所出未公布图。

M9出土　　　　　　　　　　　M12出土

按：墓葬时代均为南朝。

———————————

①　福建省博物馆：《福建闽侯南屿南朝墓》，《考古》1980年第1期。

②　福建省文物管理委员会：《福建南安丰州东晋、南朝、唐墓清理简报》，《考古通讯》1958年第6期。

45. 南安皇冠山六朝墓地^①

青瓷鐎斗。4件。M12：17，口径10.6、高13.5厘米。M9：1，口径12.2、高16.2厘米。M1、M10所出不详。

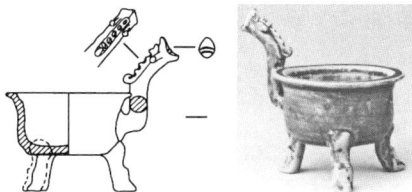

M12：17

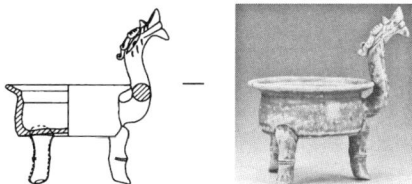

M9：1

按：M12出土"天监十一年"（公元512年）铭文砖。M9时代为南朝。

46. 南安丰州桃源^②

青瓷鐎斗。1件。M1：14，口径11.6、高12.7厘米。

按：墓葬时代为南朝。

47. 南安梅亭^③

鐎斗。2例。M2所出为青瓷质，M3所出为陶质。无其他信息。
按：墓葬时代为唐代。

<hr>

①　福建博物院、泉州市博物馆、南安市博物馆：《福建南安市皇冠山六朝墓群的发掘》，《考古》2014年第5期；福建博物院、泉州市博物馆：《福建南安丰州皇冠山"天监十一年"墓发掘简报》，《东南文化》2017年第4期。

②　泉州市博物馆：《南安市丰州桃源南朝墓清理简报》，《福建文博》2014年第4期。

③　福建博物院编：《福建考古资料汇编》（1953～1959），科学出版社，2011年，第194页。

48. 建瓯木墩梁墓①

青瓷鐎斗。1件。尺寸不详。

按：墓葬出土"天监五年（公元506年）作""太岁丙戌七月"铭文砖。

49. 泉州西南郊奇树村唐墓②

青瓷鐎斗。2件。M1：8，口径9.5、高5厘米。M4出土，口径7、高6厘米。

　　　　　　M1：8　　　　　　　　M4出土

按：墓葬时代为唐代。

50. 惠安曾厝村隋墓③

青瓷鐎斗。2件。M2：9，口径9.2、高9.6厘米。另一件不详。

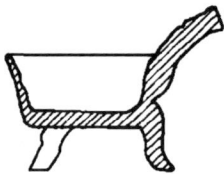

　　按：M2出土"开皇十七年（公元597年）十一月十二日"铭文砖。

①　许清泉：《福建建瓯木墩梁墓》，《考古》1959年第1期。

②　泉州海外交通史博物馆、泉州市文物管理委员会：《福建泉州市西南郊唐墓清理简报》，《考古》1961年第12期。

③　泉州市文管会、惠安县博物馆：《福建惠安县曾厝村发现两座隋墓》，《考古》1998年第11期。

51. 莆田下郑村唐墓[①]

青瓷鐎斗。1件。口径7.8、高4.4厘米。

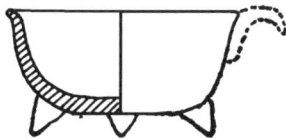

按：墓葬出土"上元三年（公元676年）十月□"铭文砖。

52. 浦城三里亭唐墓[②]

铜鐎斗。1件。口径17、高25厘米。

按：墓葬时代为唐代。

53. 松政渭田西晋墓[③]

铜鐎斗。1件。口径16、高20厘米。

按：墓葬出土"永兴三年（公元306年）八月廿二日建造"铭文砖。

---

① 福建省博物馆：《福建莆田唐墓》，《考古》1984年第4期。
② 赵洪章：《浦城出土唐代铜鐎斗》，《考古》1986年第4期。
③ 卢茂村：《福建松政县发现西晋墓》，《文物》1975年第4期。

54. 安溪澳江水里工程[①]

青瓷鐎斗。1件。M：16，尺寸不详，图太模糊。
按：墓葬时代为唐代。

55. 晋江草邦水库[②]

青瓷鐎斗。1件。口径9.5、高5.8厘米。无图。
按：墓葬时代为唐代。

56. 仙游三象乡[③]

青瓷鐎斗。1件。口径8.3、高6.1厘米。无图。
按：墓葬时代为唐代。

57. 闽清墘上村[④]

青瓷鐎斗。1件。M42：11，口径6、高7.5厘米。

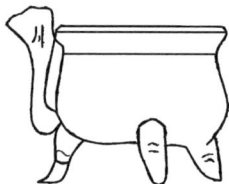

按：墓葬时代为唐代。

---

① 福建博物院编：《福建考古资料汇编》（1953～1959），科学出版社，2011年，第189、190页。

② 福建博物院编：《福建考古资料汇编》（1953～1959），科学出版社，2011年，第182页。

③ 福建博物院编：《福建考古资料汇编》（1953～1959），科学出版社，2011年，第196页。

④ 福建博物院编：《福建考古资料汇编》（1953～1959），科学出版社，2011年，第204、205页。

58. 晋江紫帽园坂村①

青瓷鐎斗。1件。M1：26，口径9.5、高5.8厘米。

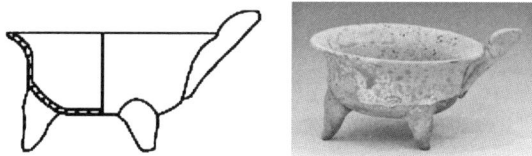

按：墓葬时代为唐代。

59. 政和营前村②

铁鐎斗。1件。M1：10，口径19.8、高18.8厘米。

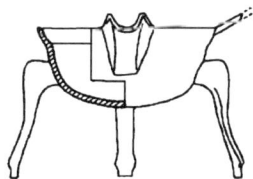

按：墓葬时代为北宋。

60. 邵武斗米山③

铁鐎斗。1件。M1出土，口径12.3、高14.7厘米。

按：墓葬时代为唐代。

---

①　泉州市博物馆、泉州市文物保护研究中心、晋江市博物馆：《晋江紫帽园坂村唐墓清理简报》，《福建文博》2018年第2期。

②　福建博物院：《长汀、政和县宋墓发掘简报》，《福建文博》2014年第1期。

③　福建省博物馆：《邵武斗米山的汉唐遗存》，《福建文博》2002年第1期。

五、西　　南

1. 彰明常山村①

铜鐎斗。1件。M12出土，口径13.5、高10.4厘米。底部有烟炱。

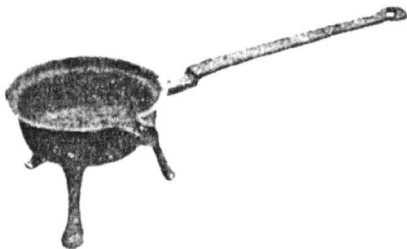

按：墓葬时代为南朝。

2. 绵阳西山②

铜鐎斗。3件。其中1件口径14.4、高13.2厘米。

铁鐎斗。2件。①号，口径15.2、高13.6厘米。②号，口径18、高11.4厘米，无图。

铜鐎斗　　　　　　　　　　铁鐎斗①

按：墓葬时代为南朝。

3. 绵阳园艺乡南朝墓③

铜鐎斗。1件。M1：06，口径14.3、高13厘米。

①　石光明、沈仲常、张彦煌：《四川彰明县常山村崖墓清理简报》，《考古通讯》1955年第5期。

②　绵阳博物馆：《四川绵阳西山六朝崖墓》，《考古》1990年第11期。

③　何志国、唐光孝：《四川绵阳市园艺乡发现南朝墓》，《考古》1996年第8期。

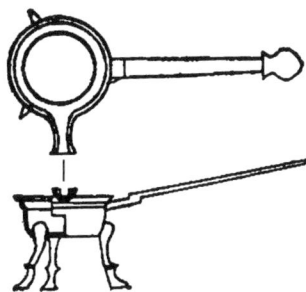

按：墓葬时代为南朝。

4. 昭化宝轮镇南北朝崖墓①

铜鐎斗。1件。外底有烟炱。M23出土，口径13.4、高9.5厘米。

按：鐎斗的时代大致为东晋或南朝初期。

5. 蒲江杨柳村②

铁鐎斗。1件。M5：6，口径30、高23.2厘米。

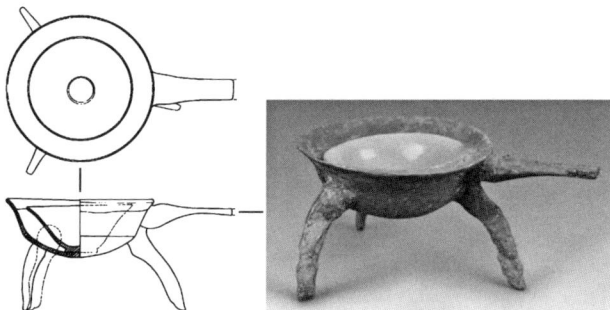

按：墓葬时代为北宋。

---

① 沈仲常：《四川昭化宝轮镇南北朝时期的崖墓》，《考古学报》1959年第2期。

② 成都文物考古研究院、蒲江县文物管理所：《四川蒲江县杨柳村宋墓发掘简报》，《四川文物》2019年第5期。

6. 三台郪江柏林坡M5①

铁鐎斗。1件。口径25、残高15.5厘米。

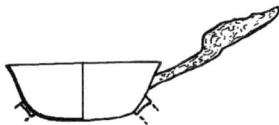

按：墓葬时代为唐代。

7. 青神观金乡M2②

陶鐎斗。1件。M2：6，口径16、高14.4厘米。

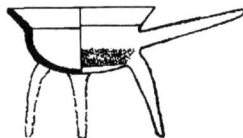

按：原报告推断墓葬时代为唐代，实属北宋。

8. 青神四亩田③

陶鐎斗　4件。M1：3，口径17.4、高12.4厘米。M4：12，口径19.3、高8.4厘米。M5：3，口径18.4、高9厘米。M6：4，残甚。

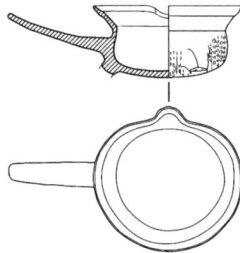

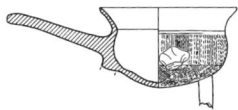 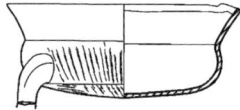

M1：3　　　　　　M4：12　　　　　　M5：3

按：据报告，M1时代大致在北宋中晚期，其余3座墓葬的时代在北宋末期至南宋早期。

①　四川省文物考古研究院、绵阳市博物馆、三台县文物管理所：《三台郪江崖墓》，文物出版社，2007年，第245页。

②　李水成：《四川青神县唐墓清理记》，《考古与文物》1986年第1期。

③　四川省文物考古研究院、青神县文物保护管理中心：《四川青神县四亩田宋代墓地发掘简报》，《四川文物》2022年第2期。

9. 平坝尹关六朝墓[①]

铜鐎斗。1件。M9出土，口径13.5厘米。

按：墓葬时代为南朝。

10. 平坝马场[②]

铜鐎斗。6件。M34出土，口径13.5、高10.6厘米。M37：14，口径13.5、高10.6厘米。M55：8，口径10.6、高12厘米。M37所出另外一件及M42、M36所出均不详。

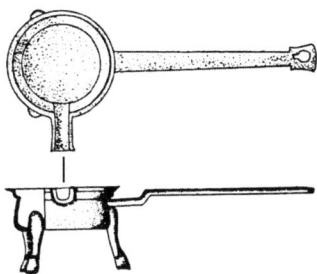
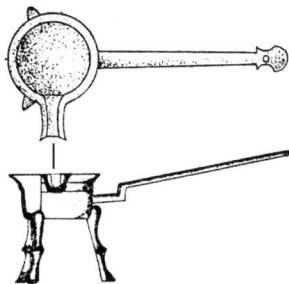

M34出土　　　　　　M37：14　　　　　　M55：8

按：墓葬时代为南朝。

① 贵州省博物馆：《贵州平坝县尹关六朝墓》，《考古》1959年第1期；贵州省文物考古研究所、中国社会科学院考古研究所、贵州省博物馆等编：《黔中遗珍——贵安新区出土文物精粹》，科学出版社，2016年，第154页。

② 贵州省博物馆考古组：《贵州平坝马场东晋南朝墓发掘简报》，《考古》1973年第6期；贵州省文物考古研究所、中国社会科学院考古研究所、贵州省博物馆等编：《黔中遗珍——贵安新区出土文物精粹》，科学出版社，2016年，第155页。

11. 忠县大坟坝①

铁鐎斗。2件。M2：3，口径15.6、高19.4厘米。M2：7，不详。

M2：3

按：墓葬时代为南朝早期。

12. 忠县乌杨镇②

铁鐎斗。1件。M4：4，口径16.5、高8.6厘米。

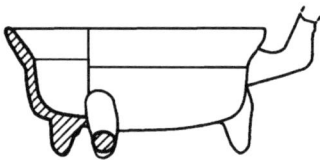

按：墓葬时代为南朝早期。

13. 忠县中坝③

陶鐎斗。发现数百件，多残。01BT0107⑧：15，高13.4厘米。

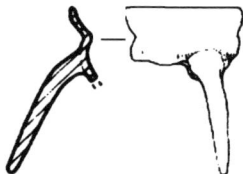

按：时代为宋代。

---

①　北京大学考古文博学院：《重庆忠县大坟坝六朝墓葬发掘报告》，《东南文化》2005年第4期。

②　南京大学历史学院考古文物系、重庆市文物局、忠县文物局：《重庆忠县乌杨镇汉晋墓葬发掘报告》，《考古学集刊》（第20集），社会科学文献出版社，2017年，第52页。

③　重庆市文物局、重庆市水利局编：《忠县中坝》（三），科学出版社，2020年，第1624页。

14. 忠县仙人洞和土地岩①

铁鐎斗。3件。仙人洞M30：5，口径16.8、残高8.8厘米。土地岩B区M17：6，口径16、高20.2厘米。土地岩A区M18：1，口径20、高12厘米。

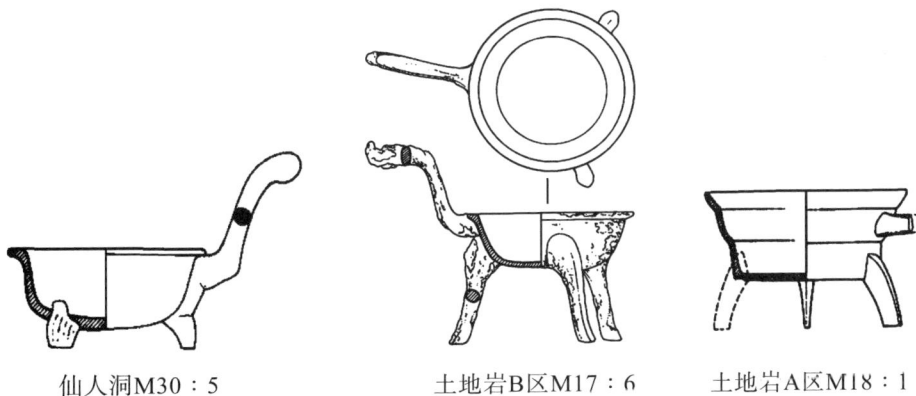

仙人洞M30：5　　　　土地岩B区M17：6　　　　土地岩A区M18：1

按：M30和M17时代为南朝。M18可能属唐代。

15. 忠县翠屏山②

铁鐎斗。1件。M410：6，口径23.2、高27.2厘米。

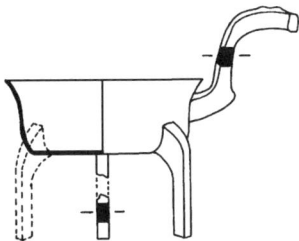

按：墓葬时代为东晋，有误，可能为南朝。

16. 重庆市永川区石坝屋基③

铁鐎斗。1件。M5：2，口径16.4、高10.4厘米。

---

① 重庆市文物局、重庆市移民局编：《忠县仙人洞与土地岩墓地》，科学出版社，2008年，第15、74、146页。
② 重庆市文物局、重庆市移民局编：《忠县翠屏山崖墓》，科学出版社，2011年，第87页。
③ 重庆市文化遗产研究院、永川区文物管理所：《重庆市永川区石坝屋基、伏岩寺崖墓群发掘简报》，《四川文物》2017年第1期。

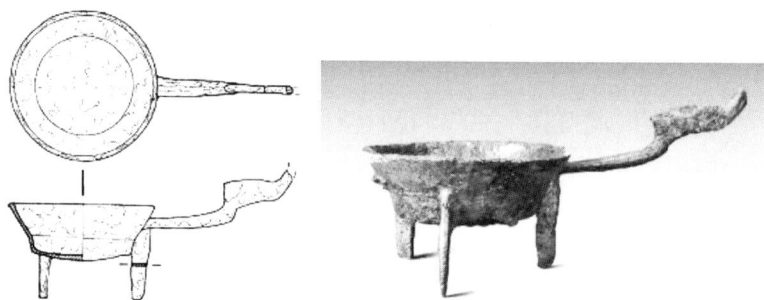

按：墓葬时代为唐代晚期。

17. 万州下中村[①]

陶鐎斗。26件。H56：21，口径12.6、高15厘米。H14：15，口径17.5、高18.9厘米。F14：5，口径18.2、高19厘米。底部有厚烟炱。

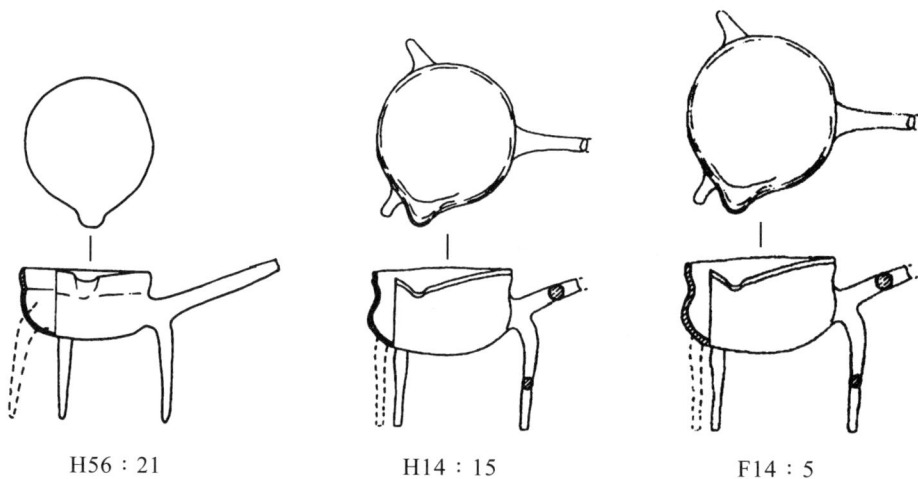

H56：21　　　　　　H14：15　　　　　　F14：5

铁鐎斗。1件。M21：7，口径25、残高12.9厘米。

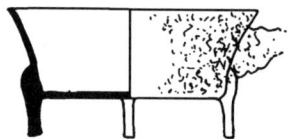

按：M21时代为南朝。陶鐎斗的时代为宋代。

---

①　重庆市文物局、重庆市移民局编：《万州下中村遗址》，科学出版社，2017年，第60、113、136、146页。

18. 万州武陵①

铁镰斗。1件。M12：10，口径22、高25.6厘米。

按：墓葬时代为南朝。

19. 万州大坪②

铁镰斗。1件。M64：1，口径19.2、高22厘米。

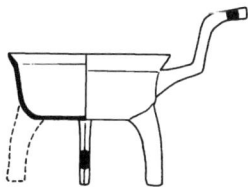

按：墓葬时代为南朝。

20. 石柱中间包③

陶镰斗。1件。M1①：009，口径20、高19.2厘米。

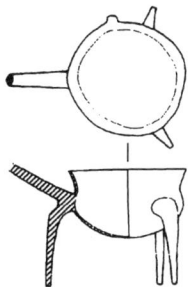

按：墓葬时代为宋代。

---

①　重庆市文物局、重庆市移民局编：《万州武陵墓群》，科学出版社，2018年，第78页。

②　重庆市文物局、重庆市移民局编：《万州大坪墓地》，科学出版社，2006年，第170页。

③　辽宁省文物考古研究所、石柱县文物管理所：《石柱中间包汉代至东晋墓群与明代窑址发掘简报》，《重庆库区考古报告集》（2002卷·中），科学出版社，2010年，第898页。

21. 云阳余家包[①]

铁鐎斗。1件。M208：7，口径22、高19厘米。

按：墓葬时代为唐代早期。

22. 丰都槽房沟[②]

铁鐎斗。1件。M3：29，口径18、高8厘米。

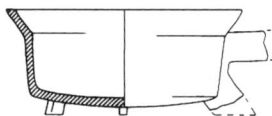

按：墓葬时代为东晋。

23. 丰都沙溪嘴[③]

陶鐎斗。数量很多，但残。ⅡT3101⑤：87，残高14.8厘米。ⅡT3102④：6，足高10.8厘米。ⅡT3202⑤：22，仅有柄足残片。

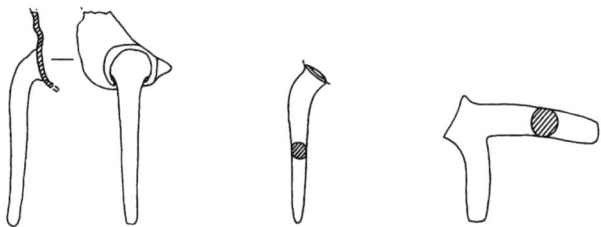

ⅡT3101⑤：87　　　ⅡT3102④：6　　　ⅡT3202⑤：22

按：时代为宋代。

① 重庆市文物局、重庆市水利局编：《重庆库区考古报告集》（2003卷·中），科学出版社，2019年，第826页。

② 重庆市文物考古所、宝鸡市考古工作队、重庆市文物局等：《丰都槽房沟墓地发掘报告》，《重庆库区考古报告集》（2001卷·下），科学出版社，2007年，第1797页。

③ 成都市文物考古研究所、绵阳博物馆、重庆市文化局等：《丰都沙溪嘴遗址2001年度发掘报告》，《重庆库区考古报告集》（2002卷·下），科学出版社，2010年，第1809页。

24. 涪陵石沱^①

陶鐎斗。数量较多，但复原极少。G26：9，口径16.2、高13.1厘米。H13：15，口径15.3、残高7.6厘米。底部有厚烟炱。

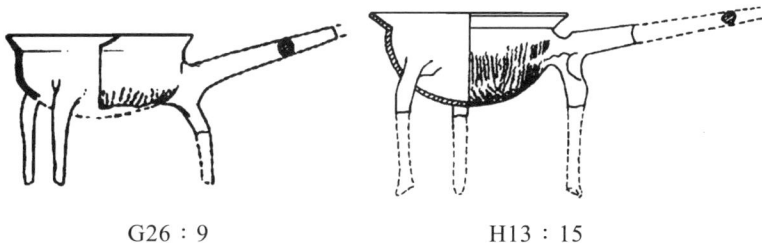

G26：9　　　　　　　　　　H13：15

按：时代为宋代。

六、岭　南

1. 广州下塘狮带岗晋墓^②

铜鐎斗。1件。M5：9，口径12.7、高9厘米。

按：墓葬时代为东晋。

---

① 北京市文物研究所、重庆市文物局、重庆市涪陵区博物馆：《涪陵石沱遗址2001年度发掘报告》，《重庆库区考古报告集》（2001卷·下），科学出版社，2007年，第2005页；北京市文物研究所三峡考古队、涪陵区博物馆：《涪陵石沱遗址发掘报告》，《重庆库区考古报告集》（1997卷），科学出版社，2001年，第752页。

② 广州市文物管理委员会：《广州市下塘狮带岗晋墓发掘简报》，《考古》1996年第1期。

2. 和平龙子山晋墓①

铜鐎斗。1件。M2∶29，残。

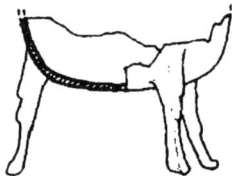

按：墓葬时代为西晋。

3. 肇庆②

铜鐎斗。1件。口径18、高17厘米。底部有烟炱。

按：墓葬时代为东晋早期。

4. 恭城新街长茶地南朝墓③

铜鐎斗。1件。M2∶6，口径13.8、高11.5厘米。

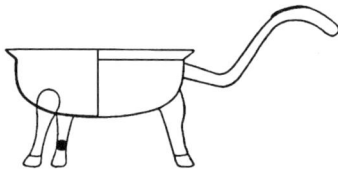

按：墓葬时代为南朝，但铜鐎斗的时代偏早，大致为东晋。

---

① 广东省文物考古研究所、和平县博物馆：《广东和平县晋至五代墓葬的清理》，《考古》2000年第6期。

② 肇庆市文化局：《广东肇庆晋墓》，《文物资料丛刊》（2），文物出版社，1978年，第103页。

③ 广西壮族自治区文物工作队：《广西恭城新街长茶地南朝墓》，《考古》1979年第2期。

5. 阳朔高田[①]

铜鐎斗。1件。LM25：23，口径13.2、高14厘米。

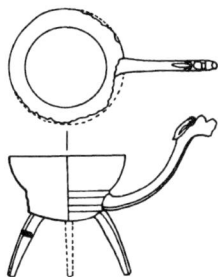

按：墓葬时代为三国西晋。

6. 贵港深钉岭[②]

铜鐎斗。1件。M12：14，口径25.5、高21.3厘米。底部有烟炱。

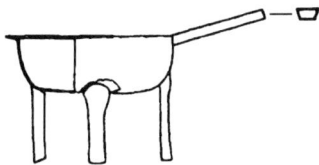

按：墓葬时代为西汉晚期。

7. 兴安石马坪[③]

铜鐎斗。1件。M10：17，口径23.6、高14厘米。口沿下铸造"九十三"铭文。

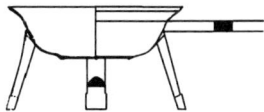

按：墓葬年代为西汉末期。

---

①　广西文物考古研究所、桂林市文物工作队、阳朔县文物管理所：《2005年阳朔县高田镇古墓葬发掘报告》，《广西考古文集》（第三辑），文物出版社，2007年，第213页。

②　广西壮族自治区文物工作队、贵港市文物管理所：《广西贵港深钉岭汉墓发掘报告》，《考古学报》2006年第1期。

③　广西壮族自治区文物工作队、兴安县博物馆：《兴安石马坪汉墓》，《广西考古文集》，文物出版社，2004年，第249页。

七、黄淮及以北地区

1. 寿光纪国故城附近[①]

铜鐎斗。1件。口径16.3、高11.5厘米。

　　按：窖藏时代为西晋。报告推断为汉代窖藏，有误。所出鼎为子母敛口，扁鼓腹，高蹄足，腹部有一周宽棱，风格与临沂洗砚池M1所出相同[②]；魁为侈口，弧腹，平底，下置三乳钉足，腹部一侧置曲首柄，特征与临沂洗砚池M1[③]、邳州煎药庙M7[④]等所出接近；炭炉为侈口，窄折沿，弧腹，圜底，下置三矮蹄足，腹部有多道凸弦纹，与平阳横河村[⑤]、南昌高荣墓[⑥]、马鞍山朱然墓[⑦]所出相同；鐎斗为侈口，弧腹，圜底，下置三矮蹄足，腹部一侧置龙首曲柄，风格与临沂洗砚池M1[⑧]、邹城刘宝墓[⑨]、邳州煎药庙M7所出毫无二致；熏炉为鼎形，盖面隆起，上置五凤，与南京市溧水区博物馆馆藏[⑩]、荥阳桐树村[⑪]所出相同。

---

　　① 寿光县博物馆：《纪国故城附近出土一批汉代铜器》，《考古》1984年第1期。
　　② 山东省文物考古研究所、临沂市文化广电新闻出版局：《临沂洗砚池晋墓》，文物出版社，2016年，第28页。
　　③ 山东省文物考古研究所、临沂市文化广电新闻出版局：《临沂洗砚池晋墓》，文物出版社，2016年，第83页。
　　④ 南京博物院、徐州博物馆、邳州市博物馆：《江苏邳州煎药庙西晋墓地发掘》，《考古学报》2019年第2期。
　　⑤ 徐定水、金柏东：《浙江平阳发现一座晋墓》，《考古》1988年第10期。
　　⑥ 江西省历史博物馆：《江西南昌市东吴高荣墓的发掘》，《考古》1980年第3期。
　　⑦ 安徽省文物考古研究所、马鞍山市文化局：《安徽马鞍山东吴朱然墓发掘简报》，《文物》1986年第3期。
　　⑧ 山东省文物考古研究所、临沂市文化广电新闻出版局：《临沂洗砚池晋墓》，文物出版社，2016年，第81、82页。
　　⑨ 山东邹城市文物局：《山东邹城西晋刘宝墓》，《文物》2005年第1期。
　　⑩ 溧水县文化局编：《溧水文物集萃》，东南大学出版社，2009年，第147页。
　　⑪ 郑州市博物馆：《郑州近年发现的窖藏铜、铁器》，《考古学集刊》（第1集），中国社会科学出版社，1981年，第181页。

2. 临淄北朝崔氏墓地①

铜鐎斗。2件。M15：16，口径14.8、高12.7厘米。M15：17，不详。

按：根据墓志推断墓葬时代为公元493年。

3. 诸城西晋墓②

铜鐎斗。1件。M1：18，口径16.7、高12厘米。

按：墓葬时代为西晋。

4. 临沂洗砚池③

铜鐎斗。7件。M1东：12，口径13.2、通高6.5厘米。M1东：43，口径14、通高7.7厘米。M1西：2，口径11.4、通高9.9厘米。M1西：4，口径13.2、通高10.2厘米。M1西：5，口径17.3、通高11.1厘米。M1西：47，口径13.7、通高7.2厘米。M1西：7，口径17.1、通高19.5厘米。

---

①　临淄市博物馆、临淄区文管所：《临淄北朝崔氏墓地第二次清理简报》，《考古》1985年第3期。

②　诸城县博物馆：《山东省诸城县西晋墓清理简报》，《考古》1985年第12期。

③　山东省文物考古研究所、临沂市文化广电新闻出版局：《临沂洗砚池晋墓》，文物出版社，2016年，第37、38、80～82页。

M1东：12　　　　　　　　M1东：43　　　　　　　　M1西：2

M1西：4　　　　　M1西：5　　　　　M1西：47　　　　　M1西：7

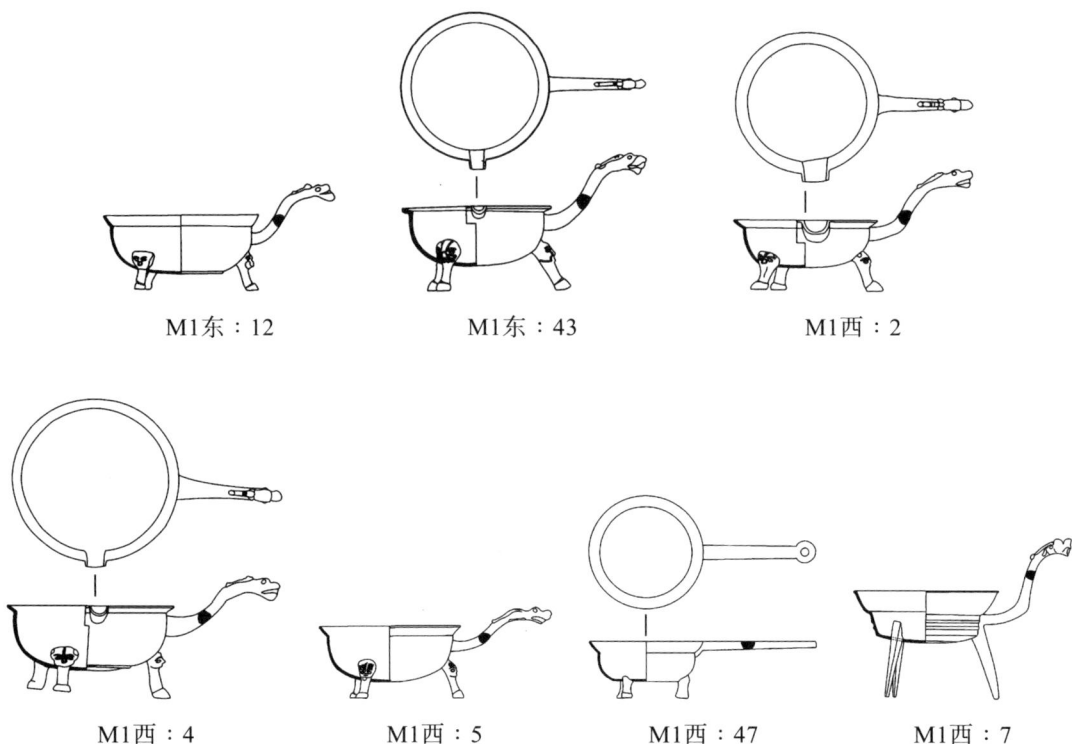

按：M1出土4个年号的纪年器物："正始二年"（公元241年）铜弩机和"大康七年"（公元286年）、"大康八年"（公元287年）、"十年"（公元289年）漆器。

5. 沂水县境内征集[①]

铜鐎斗。1件。口径17、高18.4厘米。

按：原报告推断为汉代，实属西晋。器形特征与邹城刘宝墓、临沂洗砚池M1所出接近。

---

① 孔繁刚：《山东沂水一批汉代铜器》，《东南文化》1993年第4期。

6. 沂水县城黄挨头村窖藏①

铁鐎斗。2件。凫首柄类，口径14、高12厘米。龙首柄类，口径17、高12厘米。

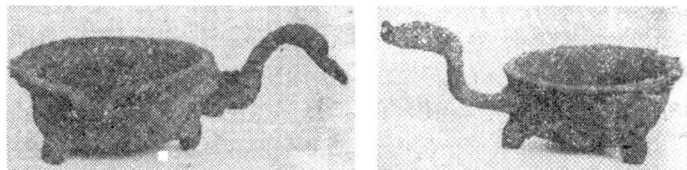

按：时代为唐代，报告推断为汉代有误。窖藏所出剪刀为双股式，中间用铆钉固定。据研究，此类型剪刀始见于宋代。鼎为敞口，盆形，扁平足，与汉代子母敛口风格迥异。类似鼎在新安赵峪村②、朝阳韩贞墓③等唐代中晚期至北宋墓葬中出土。凫首柄鐎斗器身为侈口，弧腹，口沿一侧有流，足残，但断面似乎为半圆形，腹部一侧置凫首曲柄。这些特征均与西安秦川机械厂M16④、南乐前王落⑤所出相同。龙首柄鐎斗口略侈，弧腹，无流，一侧附龙首曲柄。与邵武斗米山M1⑥、广昌甘竹段M9⑦所出接近。以上除了广昌甘竹段M9属北宋外，其余墓葬在唐代中晚期。因此，沂水县城黄挨头村窖藏的时代可推断为宋代，鐎斗的时代或略早至唐代中晚期。

7. 沂水荆山⑧

铜鐎斗。2件。大小、形制相同。口径17、高9厘米。

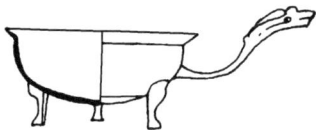

①　马玺伦：《山东沂水出土窖藏铁器》，《考古》1989年第11期。

②　汤文兴：《汤南新安赵峪村发现金代遗物》，《考古》1965年第1期。

③　朝阳地区博物馆：《辽宁朝阳唐韩贞墓》，《考古》1973年第6期。

④　西安市文物管理处：《西安东郊秦川机械厂汉唐墓葬发掘简报》，《考古与文物》1992年第3期。

⑤　濮阳市博物馆、濮阳市文物队、南乐县文化馆：《南乐县前王落古墓葬清理简报》，《中原文物》1988年第2期。

⑥　福建省博物馆：《邵武斗米山的汉唐遗存》，《福建文博》2002年第1期。

⑦　江西省文物考古研究所、江西省广昌县博物馆：《昌厦公路广昌甘竹段墓葬发掘简报》，《南方文物》1999年第4期。

⑧　沂水县文物管理站：《山东沂水县荆山西汉墓》，《文物》1985年第5期。

按：墓葬时代为西晋，报告推断西汉有误。墓葬所出鼎与临沂洗砚池M1[1]所出并无太大差异，为子母敛口，鼓腹，圜底，环耳，下置三高蹄足，腹部有一周宽棱。铜盒口径4～5、通高9～10厘米，器形为子母敛口，弧腹，喇叭状圈足。此类器不见于汉代，而出现在南北朝时期，实为香宝子，赞皇西高李仲胤墓[2]、寿阳贾家庄库狄迴洛墓[3]便有出土。鐎斗与临沂洗砚池M1[4]、邳州煎药庙M7[5]所出相同。可见，沂水荆山所谓"西汉墓"所出并不单纯，除了基本属西汉器外，还有零星西晋或南北朝时期的器物混入。其原因与当年（1974年）墓葬现场被破坏扰乱，器物基本被群众取出有关。

8. 沂水何家庄子[6]

铁鐎斗。1件。口径20、高20厘米。

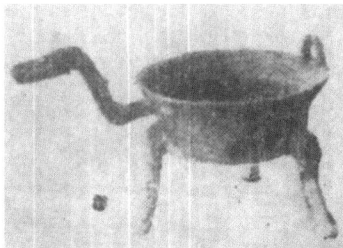

按：时代为宋金时期，报告推断为汉代有误。窖藏所出鼎为敞口，直腹，平底，三扁平足，口沿置对称环耳。器形与大同辽代军节度使许从赟夫妇墓[7]、淮北柳

① 山东省文物考古研究所、临沂市文化广电新闻出版局：《临沂洗砚池晋墓》，文物出版社，2016年，第78页。

② 中国社会科学院考古研究所河北工作队：《河北赞皇县北魏李仲胤夫妇墓发掘简报》，《考古》2015年第8期。

③ 山西省文物工作委员会：《北齐库狄迴洛墓》，《考古学报》1979年第3期。

④ 山东省文物考古研究所、临沂市文化广电新闻出版局：《临沂洗砚池晋墓》，文物出版社，2016年，第81页。

⑤ 南京博物院、徐州博物馆、邳州市博物馆：《江苏邳州煎药庙西晋墓地发掘》，《考古学报》2019年第2期。

⑥ 沂水县文物管理站：《山东沂水县发现汉代铁器窖藏》，《考古》1988年第6期。

⑦ 王银田、解廷琦、周雪松：《山西大同市辽代军节度使许从赟夫妇壁画墓》，《考古》2005年第8期。

孜运河遗址①所出类似。许从赟夫妇分别卒于公元958、976年，迁葬于公元982年，时代属辽代早期。淮北柳孜的时代大致在唐代中晚期至北宋早期。釜为敛口，深鼓腹，小平底，腹上部置对称六平板方耳。此类铁釜大量发现于辽至元时期的北方遗址中，如大同辽代军节度使许从赟夫妇墓、大同徐龟墓②、吉林镇赉③便有出土，时代当在宋金。鐎斗亦为敞口，直腹，平底，三高蹄足，口沿一侧置环耳，腹部一侧为龙首曲柄。器形与唐代北京琉璃河遗址铁鐎斗（M1：8）④接近。因此，沂水何家庄子窖藏的埋藏时代可归属宋金时期，鐎斗的时代可能略早，或在唐末宋初。

9. 牟平崑嵛山林场⑤

铜鐎斗。1件。口径19、高10.6厘米。

按：时代为西晋至十六国时期。

10. 邹城西晋刘宝墓⑥

铜鐎斗。1件。口径12、高8.8厘米。

按：根据出土墓志，可知墓主卒于永康二年，即公元301年。

---

① 安徽省文物考古研究所、安徽省淮北市博物馆：《淮北柳孜：运河遗址发掘报告》，科学出版社，2002年，第81页。

② 大同市博物馆：《山西大同市金代徐龟墓》，《考古》2004年第9期。

③ 镇赉县文物保护管理所：《吉林镇赉县出土金代窖藏文物》，《考古》2000年第1期。

④ 北京市文物研究所、北京大学考古文博院、中国社会科学院考古研究所：《1997年琉璃河遗址墓葬发掘简报》，《文物》2000年第11期。

⑤ 林仙庭、宋协礼：《山东牟平发现十六国时期文物》，《考古》1994年第2期。

⑥ 山东邹城市文物局：《山东邹城西晋刘宝墓》，《文物》2005年第1期。

11. 泰安旧县村窖藏①

铁鐎斗。3件。标本10，口径17.5、高18厘米。另外两件不详。

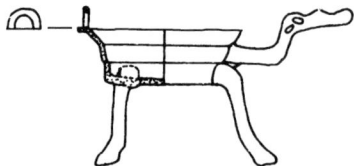

按：窖藏时代为北宋，报告推断为汉魏有误。窖藏所出青瓷罐与三门峡庙底沟 M164②、淮北柳孜运河遗址③所出盂相同，时代属唐代晚期。鼎与沂水何家庄子所出 相同，时代为北宋初。鐎斗的时代大致在唐末或稍后。

12. 高唐房悦墓④

青瓷鐎斗。2件。高10厘米。

按：根据墓志推断墓葬时代为兴和三年，即公元542年。

13. 济南魏家庄⑤

铁鐎斗。1件。M4：7，口径19、高18.8厘米。

① 程继林：《泰安旧县村发现汉魏窖藏》，《文物》1991年第9期。

② 河南省文物考古研究所：《三门峡庙底沟唐宋墓葬》，大象出版社，2006年，第85页。

③ 安徽省文物考古研究所、安徽省淮北市博物馆：《淮北柳孜：运河遗址发掘报告》，科学 出版社，2002年，第53页。

④ 山东省博物馆文物组：《山东高唐东魏房悦墓清理纪要》，《文物资料丛刊》（2），文物 出版社，1978年，第108页。

⑤ 济南市考古研究所：《济南魏家庄——战国至明清墓葬》，线装书局，2017年，第11页。

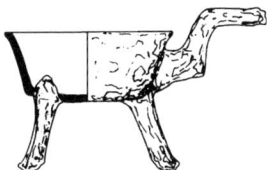

按：墓葬时代为北魏。

14. 青州杨姑桥①

铜鐎斗。1件。采集。口径21.2、高11厘米。

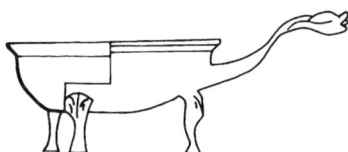

按：原报告推断为汉代，实属三国西晋。器形特征与邹城刘宝墓、临沂洗砚池M1所出接近。

15. 郑州西岗郑令同夫妇墓（M9）②

铜鐎斗。1件。M9：4，通高20.6厘米。

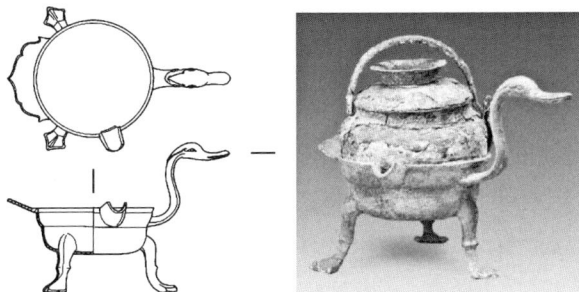

按：根据墓志推断合葬的时代为唐元和十五年（公元820年）。

---

① 青州市博物馆：《青州杨姑桥遗址调查报告》，《海岱考古》（第五辑），科学出版社，2012年，第246页。

② 郑州市文物考古研究院：《河南郑州西岗唐郑令同夫妇合葬墓发掘简报》，《文物》2022年第6期。

16. 偃师杏园村李景由墓（**M2603**）①

铜鐎斗。1件。M2603：23，高16.5厘米。

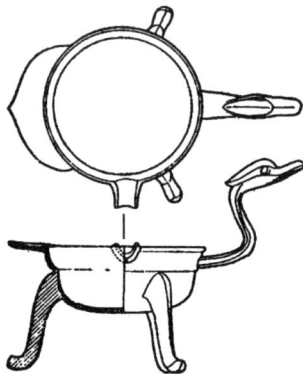

按：根据墓志，墓主李景由卒于开元五年（公元717年），祔葬于开元二十六年（公元738年）。

17. 洛阳孟津朱仓北魏墓地②

铜鐎斗。2件。M1：6，口径8.8、高8.4厘米。M60：2，口径12、高11厘米。

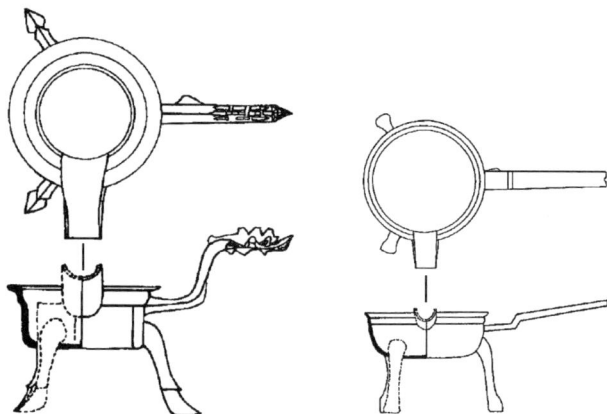

M1：6　　　　　　　M60：2

按：墓葬时代为北魏。

① 中国社会科学院考古研究所河南第二工作队：《河南偃师杏园村的六座纪年唐墓》，《考古》1986年第5期。

② 洛阳市文物考古研究院：《洛阳孟津朱仓北魏墓》，《文物》2012年第12期。

18. 洛阳元祉墓（ⅠM4034）[①]

铜鐎斗。1件。ⅠM4034：79，口径8厘米。

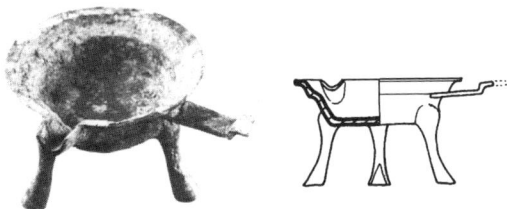

按：墓葬时代为北魏永安二年（公元529年）。

19. 南乐前王落[②]

铁鐎斗。1件。M17：5，口径17、残高8厘米。

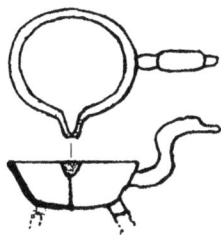

按：墓葬时代为唐代。

20. 焦作嘉禾屯[③]

铜鐎斗。2件。口径17、高7.5厘米。

---

① 洛阳市文物考古研究院：《洛阳北魏元祉墓》，中州古籍出版社，2018年，第242页。

② 濮阳市博物馆、濮阳市文物队、南乐县文化馆：《南乐县前王落古墓葬清理简报》，《中原文物》1988年第2期。

③ 焦作市文物工作队：《河南焦作嘉禾屯出土汉代窖藏铜器》，《华夏考古》1995年第2期。

按：时代为西晋。原报告推断为汉代，后来孙机[1]和韩茗[2]均对其埋藏时代进行了考证。孙机认为可在北魏；韩茗认为属西晋末期，可能与西晋末期战乱有关。韩说可从。窖藏出土炭炉、熏炉等均流行于三国西晋。

21. 新乡代店村[3]

铜鐰斗。1件。口径17.8、高9厘米。

按：同出"正始二年"铜弩机，即公元241年。可知时代大致为三国或稍后。

22. 安阳固岸北齐墓[4]

铜鐰斗。1件。M34：3，口径6.6、高7.2厘米。

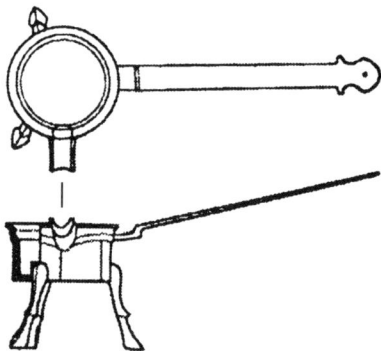

按：墓葬时代为北齐。

---

① 孙机：《关于焦作窖藏铜器与其中的杆称》，《华夏考古》1997年第1期。

② 韩茗：《河南焦作嘉禾屯铜器窖藏年代及相关问题》，《中原文物》2019年第2期。

③ 冯广瓅、张新斌：《河南省新乡县发现的三国铜器》，《考古与文物》1990年第3期。

④ 安阳市文物考古研究所、濮阳市戚城文物景区管理处：《2018年安阳固岸村北齐墓发掘简报》，《中原文物》2021年第4期。

23. 邳州煎药庙西晋墓①

铜鐎斗。2件。M7：4，口径20、高13.2厘米。M1：20，口径17.2、高20厘米。

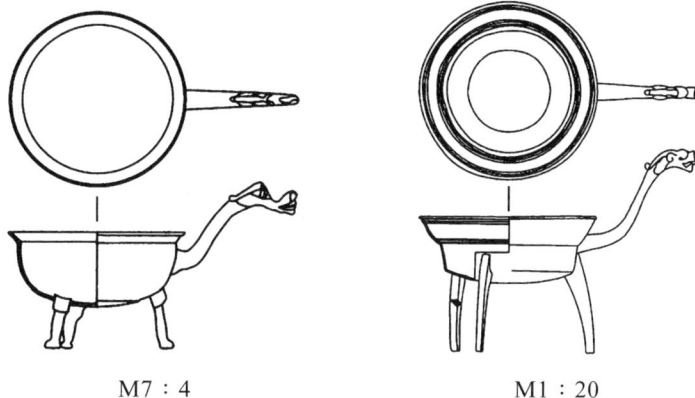

M7：4　　　　　　　　　　M1：20

按：墓葬时代为西晋。

24. 侯马虒祁北魏墓②

铜鐎斗。1件。M1007：3，口径10.9、高8.8厘米。

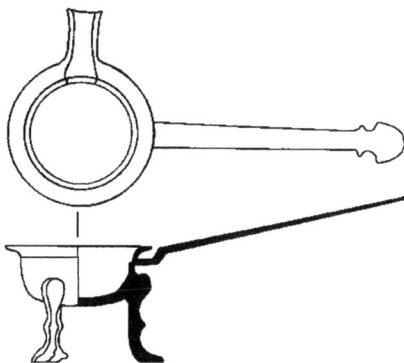

按：根据墓志推断墓葬时代为熙平元年（公元516年）。

---

① 南京博物院、邳州市博物馆：《煎药庙西晋墓地》，文物出版社，2023年，第150、233页。
② 山西省考古研究院：《山西侯马虒祁北魏墓（M1007）发掘简报》，《文物》2021年第2期。

25. 大同二电厂北魏墓地[①]

铜鐎斗。1件。M37：11，口径10.4、高10厘米。

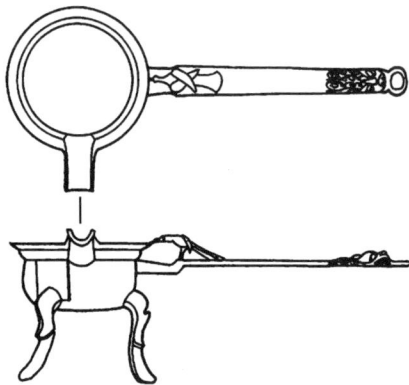

按：同墓地M16出土太和十四年（公元490年）铭文砖，M37年代与之相近，在公元490年前后。

26. 大同全家湾[②]

铜鐎斗。1件。M7：17，口径10.4、高8.7厘米。

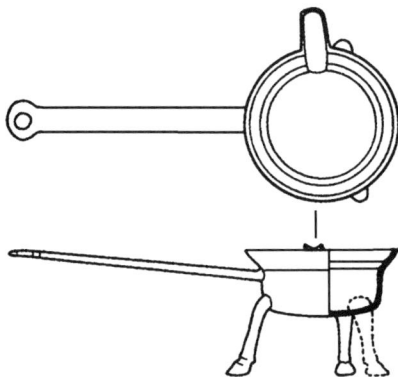

按：墓葬时代为北魏。

---

① 大同市考古研究所：《山西大同二电厂北魏墓群发掘简报》，《文物》2019年第8期。

② 山西省考古研究所、大同市考古研究所：《山西大同南郊全家湾北魏墓（M7、M9）发掘简报》，《文物》2015年第12期。

27. 乌审旗郭家梁[1]

铜鐎斗。1件。M5：3，口径18.4、高22.9厘米。

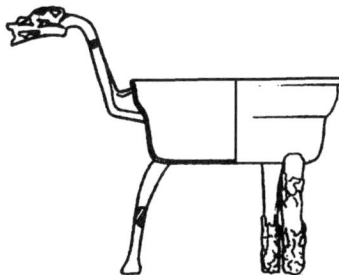

按：墓葬时代为北魏。

28. 土默特旗麦岱[2]

铜鐎斗。1件。口径21.2、高21厘米。

按：墓葬时代为北魏。

29. 和林格尔土城子[3]

铁鐎斗。1件。口径23.2厘米。未公布图。
按：墓葬时代为辽代。

① 内蒙古自治区文物考古研究所、鄂尔多斯博物馆、乌审旗文物管理所：《内蒙古乌审旗郭家梁村北魏墓葬发掘简报》，《中原文物》2012年第1期。

② 李逸友：《内蒙古土默特旗出土的汉代铜器》，《考古通讯》1956年第2期。

③ 内蒙古自治区文物工作队：《和林格尔县土城子古墓发掘简介》，《文物》1961年第9期。

30. 房山焦庄村①

铁鐎斗。1件。口径21、高24.5厘米。

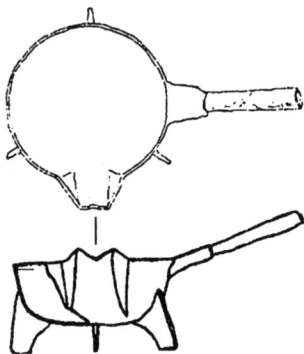

按：时代大致为辽金时期。

31. 北京唐墓②

陶鐎斗。昌平旧县M：9，1件。口径12、高14厘米。此外，西城区西什库发现鸭首三足陶鐎斗，情况不明。

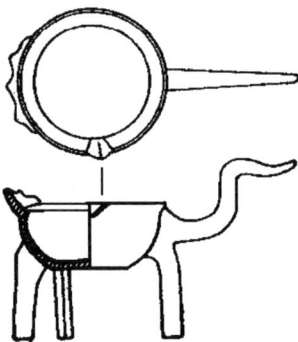

铁鐎斗。1件。石景山高井村出土，残，器形不明。口径21.5厘米。

按：墓葬时代为唐代。

① 北京市文物工作队：《北京出土的辽、金时代铁器》，《考古》1963年第3期。
② 北京市文物工作队：《北京市发现的几座唐墓》，《考古》1980年第6期。

32. 北京琉璃河遗址[1]

铁鐎斗。1件。M1：8，口径16、高22厘米。

按：墓葬时代为唐代。

33. 通州次渠[2]

铁鐎斗。2件。M9：2，高14.2厘米。M4：2，口径21.8厘米。

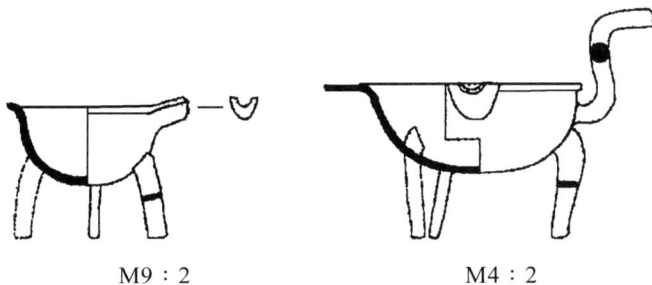

M9：2　　　　　　　M4：2

按：墓葬时代为唐代。

34. 北京亦庄[3]

铁鐎斗。3件。80号地M8：1，口径16.5、高20.7厘米。80号地M25：14，口径17、高22厘米。80号地M18：3，口径22、高23.3厘米。

陶鐎斗。2件。69号地M27：1，残。69号地M14：18，口径13.6、高14.2厘米。

---

[1]　北京市文物研究所、北京大学考古文博院、中国社会科学院考古研究所：《1997年琉璃河遗址墓葬发掘简报》，《文物》2000年第11期。

[2]　北京市文物研究所：《北京通州次渠唐金墓发掘简报》，《文物春秋》2015年第1期。

[3]　北京市文物研究所：《北京亦庄考古发掘报告2003—2005年》，科学出版社，2009年，第170、183、244、270页。

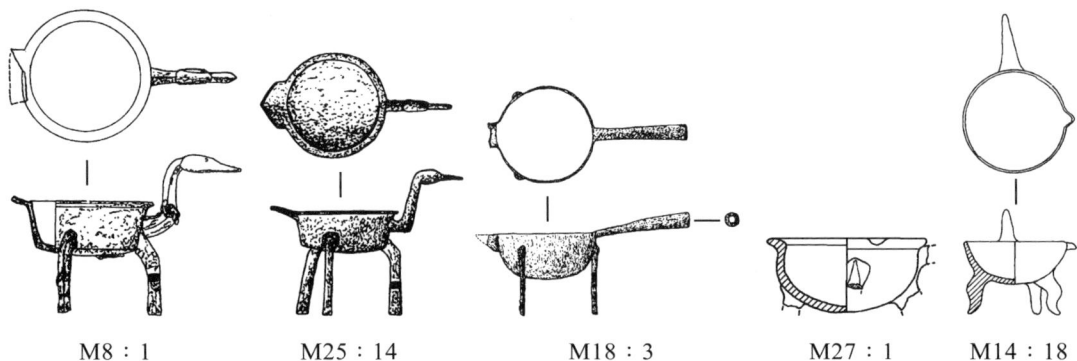

M8：1　　　　　M25：14　　　　　M18：3　　　　　M27：1　　　M14：18

按：M8、M25、M27时代为唐，M18、M14属辽、金。

35. 密云大唐庄①

陶鐎斗。1件。M108：1，口径13.6、高8厘米。

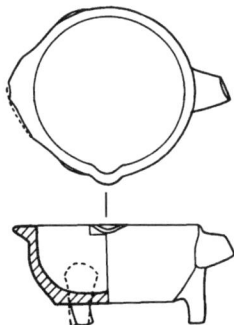

按：墓葬时代为唐代。

36. 曲阳北魏墓②

铜鐎斗。1件。高5.4厘米。

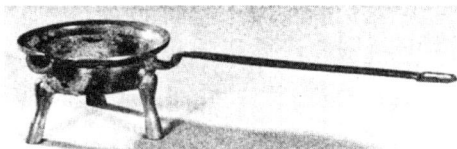

按：根据墓志推断墓葬时代为孝明帝正光五年（公元524年）。

_____

①　北京市文物研究所：《密云大唐庄——白河流域古代墓葬发掘报告》，上海古籍出版社，2010年，第75页。

②　河北省博物馆　文物管理处：《河北曲阳发现北魏墓》，《考古》1972年第5期。

37. 赞皇李希宗墓[①]

铜鐎斗。1件。鎏金。高10.2厘米。

按：根据墓志推断墓葬时代为兴和二年（公元540年）。

38. 三河辽金墓[②]

陶鐎斗。1件。M1：23，口径8.8、高6厘米。

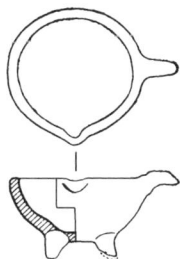

按：墓葬时代为辽金。

39. 寿阳贾家庄厍狄迴洛墓[③]

铜鐎斗。1件。鎏金。高7厘米。

按：根据墓志断推墓葬时代为河清元年（公元562年）。

① 石家庄地区革委会文化局文物发掘组：《河北赞皇东魏李希宗墓》，《考古》1977年第6期。
② 河北省文物研究所、河北大学历史系、三河县文物保管所：《河北三河县辽金元时代墓葬出土遗物》，《考古》1993年第12期。
③ 王克林：《北齐厍狄迴洛墓》，《考古学报》1979年第3期。

40. 平山王母村唐代崔氏墓地[1]

铁镶斗。1件。M1：5，口径14厘米。

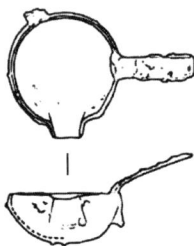

按：根据墓志断推墓葬时代为天复三年（公元903年）。同出茶碾。

41. 平山北齐崔昂墓[2]

铜镶斗。1件。口径6.5、高5.3厘米。

按：根据墓志推断墓葬时代为北齐天统二年（公元566年）。

42. 宣化辽墓[3]

陶镶斗。4件。M1（姜承义墓）：18，口径7.6、高5.6厘米。M5（张世古墓）：32，口径14.5、高10.5厘米。M3（张世本墓）：92，口径16、高10.4厘米。M2（张恭诱墓）：49，口径16、高10.8厘米。

---

① 河北省文物研究所、石家庄市文物保护研究所、平山县文物保护管理所：《河北平山王母村唐代崔氏墓发掘简报》，《文物》2019年第6期。

② 河北省博物馆、河北省文物管理处：《河北平山北齐崔昂墓调查报告》，《文物》1973年第11期。

③ 河北省文物研究所：《宣化辽墓——1974～1993年考古发掘报告》（上），文物出版社，2001年，第148、261、283页；张家口市宣化区文物保管所：《河北宣化辽代壁画墓》，《文物》1995年第2期；张家口市文管所、宣化县文管所：《河北宣化辽姜承义墓》，《北方文物》1991年第4期。

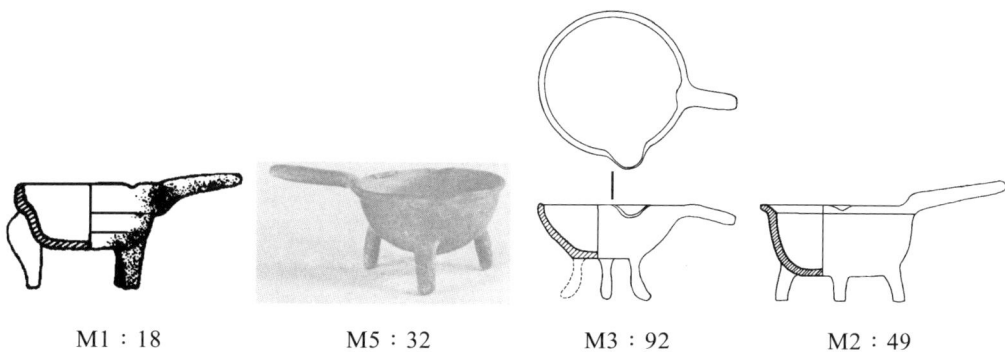

| M1：18 | M5：32 | M3：92 | M2：49 |

按：根据墓志，M1墓主姜承义葬于统和十二年（公元994年）。M3墓主张世本卒于辽大安四年（公元1088年），大安九年（公元1093年）葬于祖茔。M5墓主为张世古，卒于乾统八年（1108年），葬于天庆七年（1117年）。M2墓主张恭诱卒于天庆三年（1113年），天庆七年（1117年）葬于祖茔。

43. 唐县北村①

铁鐎斗。1件。口径17、高16厘米。残，器形不明。
按：墓葬时代为隋代。

44. 怀来桑园②

陶鐎斗。1件。M1：17，口径11.4、高6.3厘米。

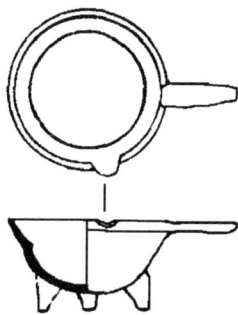

按：墓葬时代为辽金。

---

① 李文龙：《河北唐县县北村发现隋墓》，《文物春秋》1991年第4期。
② 张家口地区文管所：《怀来县桑园发现辽金时代墓葬》，《文物春秋》1993年第2期。

45. 廊坊西永丰村[①]

陶鐎斗。1件。XM1：9，口径7.8、高4厘米。

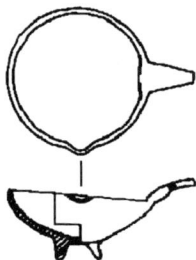

按：墓葬时代为辽代。

46. 天津蓟州区弥勒院村[②]

陶鐎斗。1件。M：15，口径13.2、高8.4厘米。

按：墓葬时代为辽代。

47. 邯郸城区[③]

铁鐎斗。1件。M206：8，口径18厘米。

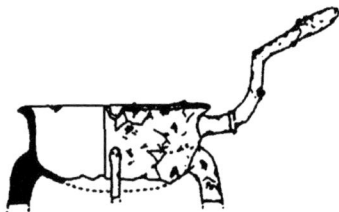

按：根据墓志推断墓葬时代为开元二十六年（公元738年）。

---

① 廊坊市文物管理处、安次区文物保管所：《廊坊市安次区西永丰村辽代壁画墓》，《文物春秋》2001年第4期。

② 天津历史博物馆考古队、蓟县文物保护管理所：《天津蓟县弥勒院村辽墓》，《文物春秋》2001年第6期。

③ 邯郸市文物保护研究所：《邯郸城区唐代墓群发掘简报》，《文物春秋》2004年第6期。

48. 固安县大王村[①]

陶鐎斗。1件。M3：12，口径10、高7.8厘米。

按：墓葬时代为辽代。

49. 蠡县王庄[②]

铁鐎斗。1件。M1：6，口径15.3、高17.1厘米。

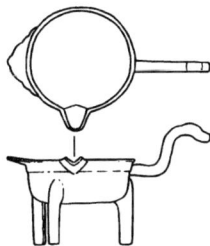

按：墓葬时代为唐代。

50. 井陉柿庄[③]

铁鐎斗。1件。M11：4，口径16厘米。

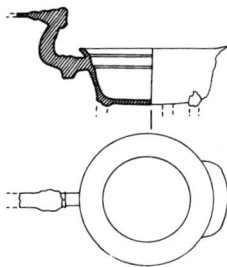

按：根据墓志推断墓葬时代为贞元七年（公元791年）。

---

①　廊坊市文物管理处：《固安县大王村辽墓清理简报》，《文物春秋》2013年第6期。

②　河北省文物研究所、保定市文物管理所、蠡县文物保管所：《河北蠡县王庄唐代墓群发掘简报》，《文物春秋》2015年第5期。

③　井陉县文物保护管理所：《井陉柿庄宋墓群发现唐代纪年墓》，《文物春秋》2013年第6期。

51. 咸阳头道塬①

铜镰斗。1件。M3：17，口径21.2、高22.5厘米。外底有大量烟炱。

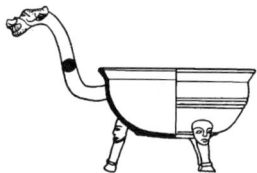

按：墓葬时代为十六国时期，器物时代可能为西晋。

52. 咸阳平陵②

铜镰斗。1件。M1：39，口径21.3、高16.5厘米。底部有烟炱。

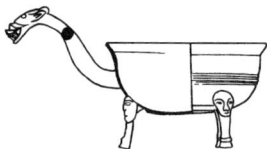

按：墓葬时代为十六国时期，器物时代可能为西晋。

53. 咸阳陈马村北周武帝孝陵③

铜镰斗。1件。口径14.4、高22.5厘米。

按：根据墓志，墓主为北周武帝宇文邕和皇后阿史那氏合葬墓。前者卒于宣政元年（公元578年），后者卒于开皇八年（公元588年）。

---

① 咸阳市文物考古研究所：《陕西咸阳市头道塬十六国墓葬》，《考古》2005年第6期。
② 咸阳市文物考古研究所：《咸阳十六国墓》，文物出版社，2006年，第90页。
③ 陕西省考古研究所、咸阳市考古研究所：《北周武帝孝陵发掘简报》，《考古与文物》1997年第2期。

54. 西安吐谷浑公主与茹茹大将军合葬墓①

铜鐎斗。1件。口径6.5、高6.5厘米。

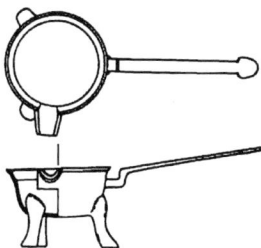

按：根据墓志推断墓葬时代为大统七年（公元541年）。

55. 西安乙弗虬及夫人合葬墓（M4）②

铜鐎斗。1件。M4：23，口径7.1、高5.6厘米。出土时鐎斗与瓶同置于大铜盘内。

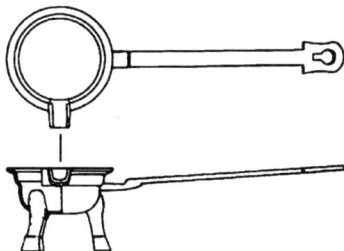

按：乙弗虬卒于西魏恭帝元年（公元554年），夫人席氏卒且葬于隋开皇六年（公元586年）。

56. 西安柳带韦墓③

铜鐎斗。1件。口径11、高9.6厘米。

---

① 陕西省考古研究院、陕西历史博物馆、长安区旅游民族宗教文物局：《陕西西安西魏吐谷浑公主与茹茹大将军合葬墓发掘简报》，《考古与文物》2019年第4期。

② 西安市文物保护考古研究院：《陕西西安西魏乙弗虬及夫人隋代席氏合葬墓发掘简报》，《考古与文物》2020年第1期。

③ 西安市文物保护考古研究院：《陕西西安北周康城恺公柳带韦墓发掘简报》，《文博》2020年第5期。

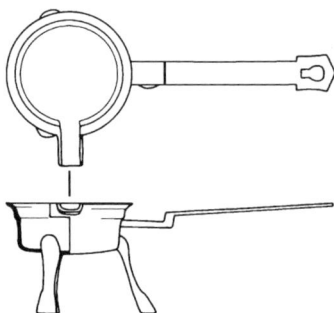

按：根据墓志推断墓葬时代为北周建德六年（公元577年）。同出铜杯。

57. 西安凤栖原①

铜鐎斗。1件。M9：32，口径15.2厘米。

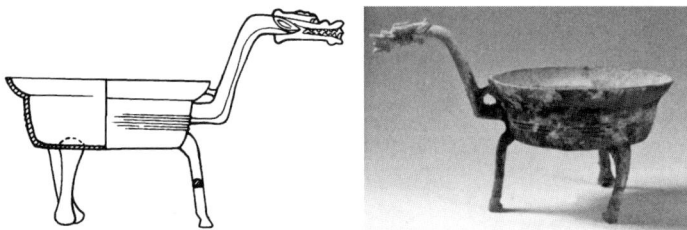

按：墓葬时代为十六国晚期。

58. 西安李静训墓②

铜鐎斗。1件。M：139，口径8.9、高8.7厘米。

按：根据墓志推断墓葬时代为隋大业四年（公元608年）。

---

① 西安市文物保护考古研究院：《西安凤栖原十六国墓发掘简报》，《文博》2014年第1期。

② 中国社会科学院考古研究所：《唐长安城郊隋唐墓》，文物出版社，1980年，第20页。

59. 西安东郊秦川机械厂①

铁鐎斗。1件。M16∶2，通高19厘米。

按：墓葬时代为唐代。

60. 敦煌佛爷庙湾②

陶鐎斗。1件。M72∶14，底部有烟炱。口径11.8、高10厘米。

按：根据墓志推断墓葬时代为麟嘉六年（公元394年）。

61. 张家川平王村③

铜鐎斗。2件。一件底部有烟熏痕。口径10.8、高10厘米。另一件不详。

按：出土"大赵神平二年"墓志，墓葬时代为公元528年。

---

① 西安市文物管理处：《西安东郊秦川机械厂汉唐墓葬发掘简报》，《考古与文物》1992年第3期。

② 甘肃省文物考古研究所：《甘肃敦煌佛爷庙湾墓群2014年发掘简报》，《文物》2019年第9期。

③ 秦明智、任步云：《甘肃张家川发现"大赵神平二年"墓》，《文物》1975年第6期。

62. 固原西郊雷祖庙北魏墓[①]

铜鐎斗。2件。龙首柄鐎斗，口径18.2、高24厘米，图示如下。扁平长柄鐎斗，口径14.5、高10.6厘米，底部有较厚烟炱，无图。

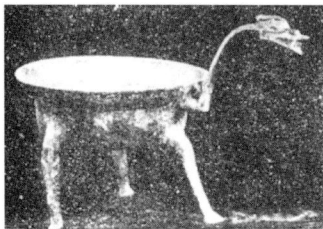

按：墓葬时代为北魏。

63. 固原南郊[②]

铜鐎斗。1件。M4：3，口径11、高11厘米。外底有烟炱。

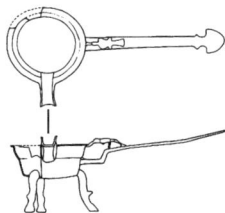

按：墓葬时代为北魏。

八、辽西及以东地区

1. 集安七星山[③]

铜鐎斗。1件。M96出土，口径13.6、高10厘米。

---

① 固原县文物工作站：《宁夏固原北魏墓清理简报》，《文物》1984年第6期。

② 宁夏回族自治区文物考古研究所：《固原南郊北魏墓发掘简报》，《中原文物》2020年第5期。

③ 集安县文物保管所：《集安县两座高句丽积石墓的清理》，《考古》1979年第1期。

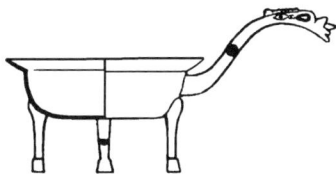

按：墓葬时代为4世纪初期。

2. 朝阳唐代韩贞墓[①]

铁鐎斗。1件。口径11、高19.8厘米。

按：根据墓志推断墓葬时代为开元廿四年（公元736年）。

3. 朝阳姑营子辽代耿氏家族墓地[②]

铁鐎斗。1件。M3：21，口径16、高14.4厘米。

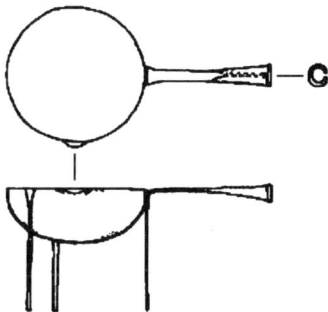

按：根据墓志推断墓葬时代为保宁二年（公元970年）左右。

---

① 朝阳地区博物馆：《辽宁朝阳唐韩贞墓》，《考古》1973年第6期。
② 朝阳博物馆、朝阳市城区博物馆：《辽宁朝阳市姑营子辽代耿氏家族3、4号墓发掘简报》，《考古》2011年第8期。

4. 朝阳姑营子①

铁鐎斗。1件。M2：44，口径13、高10.6厘米。

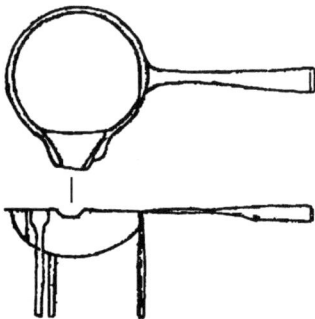

按：根据墓志推断墓葬时代为开泰八年（公元1019年）。

5. 朝阳杜杖子辽代墓地②

铁鐎斗。1件。M1：14，口径22、高17厘米。

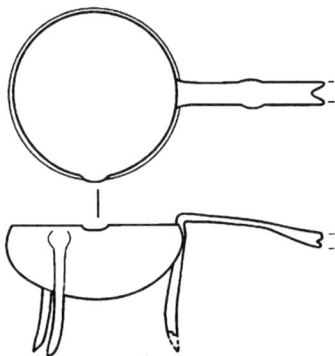

按：墓葬时代为辽代早、中期。

———————————

①　朝阳地区博物馆：《辽宁朝阳姑营子辽耿氏墓发掘报告》，《考古学集刊》（第3集），中国社会科学出版社，1983年，第186页。

②　朝阳市博物馆、朝阳市龙城区博物馆：《辽宁朝阳杜杖子辽代墓葬发掘简报》，《文物》2014年第11期。

6. 朝阳袁台子[①]

铜鐎斗。1件。M1：45，口径18.2、高13.9厘米。底部有烟炱。

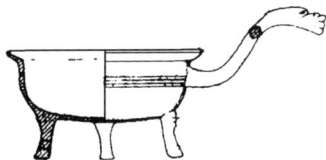

按：墓葬时代为东晋十六国时期，但鐎斗的时代可能略早，为西晋。

7. 朝阳朝阳镇左才墓[②]

铜鐎斗。1件。M：62，口径11、高9.4厘米。

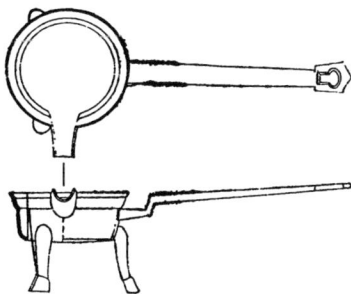

按：根据墓志推断墓葬时代为咸亨四年（公元673年）。

8. 朝阳召都巴金墓[③]

陶鐎斗。1件。M1：18，口径10.3、高7.2厘米。

按：墓葬时代为辽金。

---

① 辽宁省博物馆文物队、朝阳地区博物馆文物队、朝阳县文化馆：《朝阳袁台子东晋壁画墓》，《文物》1984年第6期。

② 辽宁省博物馆文物队：《辽宁朝阳唐左才墓》，《文物资料丛刊》（6），文物出版社，1982年，第106页。

③ 朝阳市博物馆、朝阳市龙城区博物馆：《辽宁朝阳召都巴金墓》，《北方文物》2005年第3期。

9. 朝阳水泉①

陶鐎斗。2件。M10：13，口径11.3、高8.4厘米。M10：14，口径10.2、高6.6厘米。

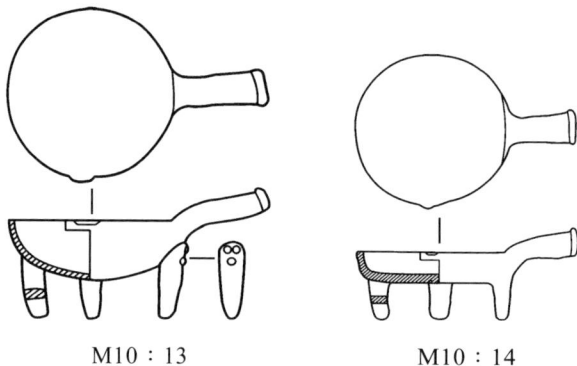

M10：13　　　　　　　　　M10：14

按：根据墓志推断墓葬时代为寿昌四年（公元1098年）。

10. 朝阳市区中心市场②

铁鐎斗。1件。M10：9，口径12、高8.3厘米。

按：墓葬时代为唐代早期。

11. 锦州靠山屯③

铜鐎斗。1件。M1：3，口径22、高8厘米。

———————

①　朝阳市龙城区博物馆：《辽宁朝阳市水泉三座辽代纪年墓》，《北方文物》2020年第4期。

②　朝阳市博物馆：《朝阳市区中心市场唐墓发掘简报》，《朝阳隋唐墓葬发现与研究》，科学出版社，2012年，第91页。

③　刘谦：《锦州北魏墓清理简报》，《考古》1990年第5期。

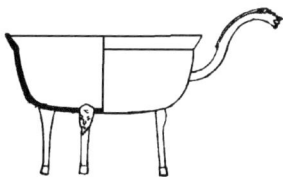

按：墓葬时代为十六国。

12. 北票仓粮窖鲜卑墓[①]

铜鐎斗。1件。口径18、高17厘米。

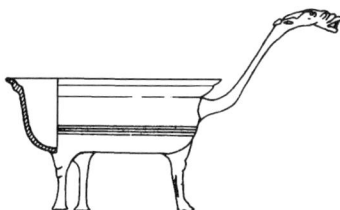

按：墓葬时代为前燕。

13. 北票冯素弗墓[②]

铜鐎斗。2件。M1：59，口径16.8、高15厘米。图示如下。M1：60，高10.1厘米。无图。

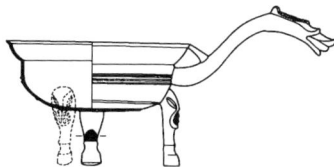

M1：59

按：根据出土"范阳公""辽西公"等印章，可知墓主为北燕冯素弗。结合《晋书·冯跋载记》附素弗传，冯素弗卒于太平六年，即公元414年。

---

① 孙国平、李智：《辽宁北票仓粮窖鲜卑墓》，《文物》1994年第11期。

② 辽宁省博物馆：《北燕冯素弗墓》，文物出版社，2015年，第30页。

附录二　文物图录所著或馆藏鐎斗

一、江　　东

1.《八婺古韵——金华市博物馆基本陈列》[①]

铜鐎斗。1件。金华乾西乡出土。口径16.2、高22.5厘米。

按：时代为唐代。

2.《发现萧山》[②]

铜鐎斗。2件。尺寸不详。

①　　　　　　②

按：①号的时代为东汉，②号的时代为三国西晋。

---

①　金华市文物局、金华市博物馆编：《八婺古韵——金华市博物馆基本陈列》，中国书店，2017年，第51页。

②　施加农主编：《发现萧山》，西泠印社出版社，2014年，第180页。

3.《苕水流长》[①]

铜鐎斗。4件。①号，安吉递铺出土。②号，安吉上马山出土。③号，安吉天子岗出土。④号，安吉上马山出土。

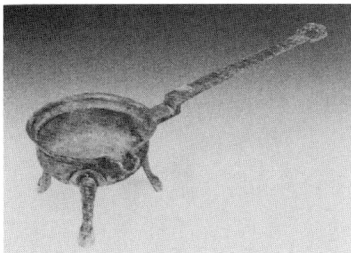

①

②

③

④

按：③号时代为三国西晋，其余均为南朝。

4.《物阜长兴：长兴文物精华》[②]

铜鐎斗。1件。口径12.1、高9.1厘米。

按：时代为西晋。

---

①　安吉县博物馆编：《苕水流长》，浙江摄影出版社，2012年，第231、232页；部分鐎斗亦见于钱菲菲：《安吉县博物馆藏青铜鐎斗之我见》，《东方博物》（第六十四辑），中国书店出版社，2017年，第99页。

②　长兴县博物馆：《物阜长兴：长兴文物精华》，浙江人民美术出版社，2009年，第131页。

5.《越地范金》[①]

铜鐎斗。4件。①号，瑞安山前山M1出土。口径12.2、高8.7厘米。②号，湖州杨家埠出土。口径23.5、高17.4厘米。③号，口径21.2、高28厘米。④号，口径14.4、高18厘米。

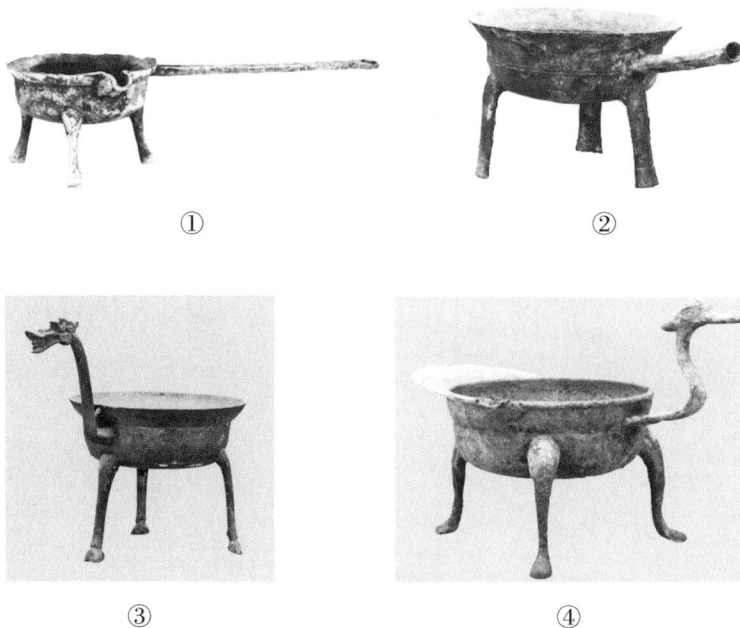

①   ②

③   ④

按：①号时代为东晋，②号时代为东汉，③号时代为北朝，④号时代为唐代。

6.《义乌文物精粹》[②]

铜鐎斗。1件。义乌西山农场出土，口径17.8、高22.8厘米。

按：时代为南朝。

---

① 浙江省博物馆编：《越地范金》，浙江古籍出版社，2009年，第86、87页。

② 浙江省义乌市博物馆：《义乌文物精粹》，文物出版社，2003年，第138页。

7.《六朝风采》①

铜鐎斗。2件。①号，南京东善桥出土。口径17.2、高16.6厘米。②号，南京黑墨营出土。口径12、高9厘米。

①　　　　　　　　　　　　　②

按：①号时代为西晋，②号时代为东晋。

8.《高淳出土青铜器》②

铜鐎斗。1件。高淳西舍废品站拣选，高13.6厘米。

按：时代为西晋。

9.《溧水文物集粹》③

铜鐎斗。1件。溧水土产公司二站拣选，口径17.2、高15.2厘米。

按：时代为三国西晋。

---

①　南京市博物馆：《六朝风采》，文物出版社，2004年，第114、115页。

②　南京市高淳区博物馆：《高淳出土青铜器》，科学出版社，2021年，第142页。

③　溧水县文化局编：《溧水文物集粹》，东南大学出版社，2009年，第147页。

10.《荷浦珠还——荷兰倪汉克新近捐赠文物》①

2件。凫首柄铜鐎斗①，口径16、高22.4厘米。铜鐎斗②，高20厘米。

①   ②

按：①号时代为唐代，②号时代为南北朝。

二、江　淮

1.《滁州馆藏文物精萃》②

铜鐎斗。1件。1986年滁州地区文化局下拨，口径13.6、高11.6厘米。

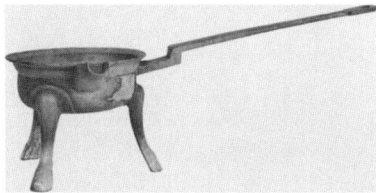

按：时代属南朝中晚期。

2.《江苏省出土文物选集》③

铜鐎斗。1件。1958年仪征破山口出土。口径16.6、高18厘米。

---

①　上海博物馆：《荷浦珠还——荷兰倪汉克新近捐赠文物》，上海书画出版社，2020年，第80、82页。

②　滁州市文物所编：《滁州馆藏文物精萃》，黄山书社，2014年，第41页。

③　南京博物院、南京市文物保管委员会、江苏省博物馆等合编：《江苏省出土文物选集》，文物出版社，1963年，图136。

按：时代为三国西晋。

三、两　湖

1.《恩施州博物馆精品文物之历史篇》①

铜鐎斗。1件。来凤仙人洞出土。口径16.5、高20厘米。

按：时代可能属唐代。

2.《岁月衡阳——衡阳博物馆馆藏文物精选》②

铜鐎斗。1件。1984年衡阳市区征集，口径13.8、高14.3厘米。

按：时代为唐代。

---

①　恩施土家族苗族自治州博物馆编：《恩施州博物馆精品文物之历史篇》，长江出版社，2019年，第119页。

②　李安元主编：《岁月衡阳——衡阳博物馆馆藏文物精选》，岳麓书社，2010年，第32页。

3.《长沙馆藏文物精华》[①]

铜鐎斗。1件。口径16.4、高20.4厘米。

按：时代为唐代。

4.《长沙市文物征集集锦》[②]

铜鐎斗。3件。书中著录尺寸均为口径16.4、高20.4厘米。可能有误。

按：时代均为唐代。

5.《峡江遗珍：三峡工程湖北段出土文物图集》[③]

铜鐎斗。1件。秭归县博物馆藏，口径16、高11.6厘米。

按：时代为三国西晋。

---

① 　长沙市文物局：《长沙馆藏文物精华》，湖南美术出版社，2007年，第43页。

② 　周英主编：《长沙市文物征集集锦》，湖南美术出版社，2007年，第24页。

③ 　湖北省文物局编：《峡江遗珍：三峡工程湖北段出土文物图集》，文物出版社，2009年，第157页。

6.《孝感可移动文物普查报告》[①]

铜鐎斗。1件。孝感市博物馆藏，尺寸不详。

按：时代为南朝。

四、闽　　赣

1.《福州文物集粹》[②]

铜鐎斗。1件。福州铁头山出土。口径16、高14厘米。

按：时代为南朝。

2.九江博物馆藏[③]

铜鐎斗。1件。尺寸不详。

---

① 湖北省孝感市博物馆编：《孝感可移动文物普查报告》，武汉大学出版社，2020年，第214页。

② 福州市文物管理局编：《福州文物集粹》，福建人民出版社，1999年，第6页。

③ 九江博物馆展厅。

按：时代大致为两晋之际。

3. 晋江博物馆藏①

铜鐎斗。1件。晋江出土。口径18.2、高18.5厘米。

按：时代为南朝晚期。

五、西　　南

1.《涪江遗珠——绵阳可移动文物》②

铁鐎斗。1件。绵阳白虎嘴出土。口径15、高18.5厘米。

按：时代为南朝。

---

① 承蒙晋江博物馆林清哲先生提供资料。

② 绵阳市文物管理局、绵阳博物馆：《涪江遗珠——绵阳可移动文物》，科学出版社，2015年，第62、63、77页。

铜鐎斗。4件。形制相同。1984年绵阳西山崖墓出土、绵阳市博物馆旧藏、1978年绵阳石塘乡出土。口径14～19、高14～17厘米。

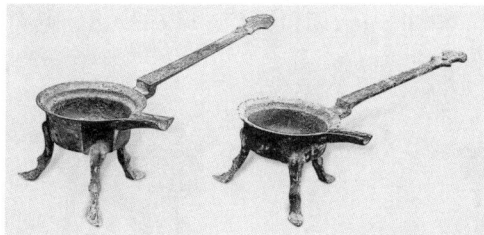

按：时代为南朝中晚期。

2.《清风雅雨间——雅安文物精萃》[①]

铜鐎斗。1件。芦山县博物馆藏。口径16.7、高11厘米。

按：时代为西晋。

3.《巴渝藏珍——重庆市第一次全国可移动文物普查文物精品图录》[②]

铁鐎斗。1件。重庆市万州区博物馆藏。口径17.2、高20厘米。

按：时代为南朝时期。

---

① 雅安市博物馆、四川省文物考古研究院：《清风雅雨间——雅安文物精萃》，文物出版社，2010年，第57页。

② 幸军主编：《巴渝藏珍——重庆市第一次全国可移动文物普查文物精品图录》，西南师范大学出版社，2019年，第191页。

4.《黔中遗珍：贵安新区出土文物精粹》[1]

铜鐎斗。2件。①号，平坝尹关M9出土。口径13.8、高10.8厘米。②号，平坝马场M34出土。口径13.5、高10.6厘米。

①　　　　　　　　　②

按：墓葬时代均为南朝。

六、岭　南

《梧州市博物馆文物藏品精粹》[2]

铜鐎斗。1件。梧州市郊出土。口径11.6、高12.5厘米。

按：时代为东晋。

---

①　贵州省文物考古研究所、中国社会科学院考古研究所、贵州省博物馆等：《黔中遗珍——贵安新区出土文物精粹》，科学出版社，2016年，第154、155页。

②　广西梧州市博物馆：《梧州市博物馆文物藏品精粹》，印刷品，2013年，第68页。

七、黄淮及以北地区

1.《阜阳博物馆文物集萃》[①]

铜鐎斗。1件。阜南合作社拣选。口径23、高12.6厘米。口沿下刻"寿春波置三足容斗二升重十斤"。

按：时代为西汉晚期。

2.《济南文物精粹》（馆藏卷）[②]

铜鐎斗。2件。①号，商河县文物管理所藏，高12厘米。②号，济南市章丘区博物馆藏，高20.4厘米。

①　　　　　　　②

按：①号的时代为宋代，②号的时代为唐代。

① 阜阳博物馆编：《阜阳博物馆文物集萃》，文物出版社，2017年，第63页。

② 济南市文物局、济南市博物馆、济南市考古研究所编：《济南文物精粹》（馆藏卷），文物出版社，2018年，第129、131页。

3.《齐国故城遗址博物馆馆藏青铜器精品》[1]

铜鐎斗。1件。口径15.4、高12.3厘米。

按：时代为北朝。

4.《蒙阴文物》[2]

铜鐎斗。2件。①号，口径16.8、高8.3厘米。②号，口径14、高11.6厘米。

①   ②

按：①号的时代为三国两晋，②号属南北朝时期。

5.《沂源文物精粹》[3]

铜鐎斗。1件。口径16.9、高9.4厘米。

按：时代为三国西晋。

---

[1] 齐国故城遗址博物馆：《齐国故城遗址博物馆馆藏青铜器精品》，文物出版社，2015年，第176页。

[2] 蒙阴县文化和旅游局编：《蒙阴文物》，天津古籍出版社，2021年，第118页。

[3] 沂源县文物管理所：《沂源文物精粹》，文物出版社，2016年，第148页。

6.《沁阳市博物馆馆藏文物精粹》[①]

铜鐎斗。1件。1989年崇义镇崇义村征集。口径11、通高10.5厘米。

按：时代为三国西晋。

7.《三门峡文物精粹》[②]

铜鐎斗。1件。卢氏县出土。口径22.5、高17.8厘米。

按：时代为北朝。

8.《厚重天中——驻马店历史文物陈列》[③]

铜鐎斗。1件。上蔡徐庄出土。高15厘米。

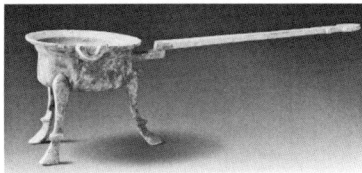

按：时代为南朝。

---

① 沁阳市博物馆编、张红军主编：《沁阳市博物馆馆藏文物精粹》，文物出版社，2020年，第138页。

② 三门峡市文物考古研究所：《三门峡文物精粹》，北京燕山出版社，2004年，第144、145页。

③ 驻马店市博物馆编：《厚重天中——驻马店历史文物陈列》，大象出版社，2018年，第211页。

9.《千年邢窑》①

青瓷镳斗。1件。内丘四里铺出土。口径14.5、高17厘米。

按：时代为唐代。

10.《平城文物精粹——大同市博物馆馆藏精品录》②

铜镳斗。1件。大同交通苑出土。口径15、高17厘米。

按：时代大致为北魏初期。

11.《陕北出土青铜器》③

铜镳斗。1件。甘泉县潘家圪塝村出土。口径18.8、高19.9厘米。

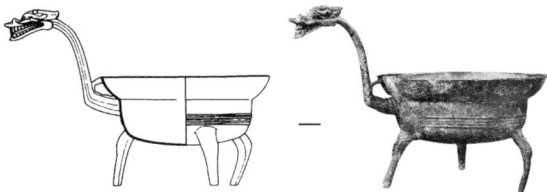

按：时代为十六国或北魏早期。

① 千年邢窑编辑委员会编，赵庆钢、张志忠主编：《千年邢窑》，文物出版社，2007年，第198页。

② 大同市博物馆编，王利民主编：《平城文物精粹——大同市博物馆馆藏精品录》，江苏凤凰美术出版社，2016年，第57页。

③ 曹玮主编：《陕北出土青铜器》（第二卷），巴蜀书社，2009年，第264、265页。

12.《榆次馆藏集珍——榆次区第一次全国可移动文物普查成果》[①]

铜鐎斗。1件。口径10.7、高8.1厘米。

按：时代为北朝。

13.《平阳撷珍：临汾市博物馆馆藏文物选粹》[②]

铜鐎斗。1件。襄汾县博物馆藏。口径18.5、高16.5厘米。

按：时代为三国西晋。

14. 北京拣选[③]

铜鐎斗。1件。口径16.5、高26厘米。

按：时代为唐代。

---

① 闫震、杨健：《榆次馆藏集珍——榆次区第一次全国可移动文物普查成果》，山西经济出版社，2019年，第48页。

② 临汾市博物馆：《平阳撷珍：临汾市博物馆馆藏文物选粹》，科学出版社，2021年，第154页。

③ 程长新、张先得：《历尽沧桑　重放光华——北京市拣选古代青铜器展览简记》，《文物》1982年第9期。

15.《邺城文物菁华》①

铜鐎斗。1件。临漳县上柳村出土。口径17.3、高10.3厘米。

按：时代为西晋。

16. 河北大学博物馆藏②

铜鐎斗。1件。口径13.5、高13.5厘米。

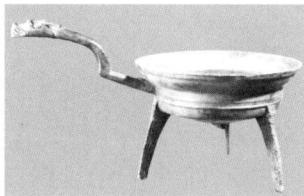

按：时代为三国西晋。

17.《涿州博物馆馆藏文物选》③

铜鐎斗。1件。2011年紫竹苑小区出土。口径13.8、高13.5厘米。

按：时代为三国。

---

① 中国社会科学院考古研究所、河北省文物考古研究院、临漳县文化广电和旅游局：《邺城文物菁华》，文物出版社，2022年，第28页。

② 邵凤芝：《介绍两件馆藏青铜器》，《文物春秋》2014年第2期。

③ 涿州市博物馆：《涿州市博物馆馆藏文物选》，2014年印刷，第127页。

18.《西安文物精华·青铜器》[①]

铜鐎斗。2件。①号，口径21.5、高28.6厘米。②号，口径14.5、高13厘米。

①　　　　　　　　　　②

按：时代均为北朝。

19.《镇原县博物馆文物精品图集》[②]

铜鐎斗。1件。口径22、高32.5厘米。

按：时代为北朝晚期。

20.《隆德县文物志》[③]

铜鐎斗。2件。①号，口径17、高9.6厘米。②号，口径17.5、高13.5厘米。

---

①　西安市文物保护考古所：《西安文物精华·青铜器》，世界图书出版公司，2005年，第34页。

②　镇原县博物馆：《镇原博物馆文物精品图集》，甘肃文化出版社，2015年，第131页。

③　刘世友编著：《隆德县文物志》，宁夏人民教育出版社，2016年，第96、190页；刘世友、高科、夏福德：《宁夏隆德县博物馆收藏的两件鐎斗》，《文物天地》2019年第12期。

①　　　　　　　　　②

按：①号时代为三国西晋，②号时代为北朝。

21.《固原文物精品图集》①

铜鐎斗。2件。1981年固原西郊乡雷祖庙北魏墓出土。①号，口径18.2、高24厘米。②号，口径14.5、高10.6厘米。

①　　　　　　　　　②

按：墓葬时代为北魏。

22.《马背上的青铜帝国》②

铜鐎斗。1件。鄂尔多斯地区出土。尺寸不详。

按：时代为西晋。

---

①　宁夏固原博物馆编：《固原文物精品图集》（中），宁夏人民出版社，2011年，第110、111页；固原县文物工作站：《宁夏固原北魏墓清理简报》，《文物》1984年第6期有发掘简报，但仅公布了鐎斗①，且照片模糊。

②　鄂尔多斯青铜器博物馆：《马背上的青铜帝国》，科学出版社，2021年，第84页。

23.《吉林大学考古与艺术博物馆馆藏文物丛书》（青铜器卷）[①]

铜鐎斗。1件。馆藏号2-25，口径18.5、通高22.2厘米。

按：时代为北朝晚期。

24.《首都师范大学历史博物馆藏品图录》[②]

铜鐎斗。1件。口径16、高16.8厘米。

按：时代为北魏时期。

八、其　　他

1.《故宫博物院藏文物珍品大系：青铜生活器》[③]

3件。①号，凫首柄铜鐎斗。高21.8厘米。②号，龙首柄铜鐎斗。高20.4厘米。

---

① 　吉林大学考古与艺术博物馆编：《吉林大学考古与艺术博物馆馆藏文物丛书》（青铜器卷），上海古籍出版社，2022年，第112页。

② 　首都师范大学历史系：《首都师范大学历史博物馆藏品图录》，科学出版社，2004年，第72页。

③ 　杜迺松主编：《故宫博物院藏文物珍品大系：青铜生活器》，上海科学技术出版社，2007年，第155～157页。

③号，龙首柄铜鐎斗。高15.4厘米。

①　　　　　　　②　　　　　　　③

按：①号时代为唐代，②号属唐代，③号时代为南北朝。

2.《中国出土青铜器全集》[①]

铜鐎斗。1件。嵊州剡山M68出土。口径28.1、高17.8厘米。

按：时代为东汉中晚期（发掘资料发表在《东南文化》2004年第2期）。

3.《海外吉金图录》[②]

铜鐎斗。1件。日本住友氏藏。

按：时代为三国西晋。

---

　　①　李伯谦主编：《中国出土青铜器全集》（第19册），科学出版社、龙门书局，2018年，第182页；张恒：《浙江嵊州市剡山汉墓》，《东南文化》2004年第2期。

　　②　容庚编著：《容庚学术著作全集：颂斋吉金图录　颂斋吉金续录　海外吉金图录》，中华书局，2012年，第747页。

4.《考古图》卷十①

铜鐎斗。1件。

按：时代为唐代。

5.《宣和博古图》卷二十②

铜鐎斗。1件。

按：时代为唐代。

6.《西清古鉴》卷三十五③

铜鐎斗。5件。尺寸不详。

---

① （宋）吕大临、赵九成撰：《考古图　续考古图　考古图释文》，中华书局，1987年，第176页。

② （宋）王黼著，诸莉君校：《宣和博古图》，上海书店出版社，第363页。

③ （清）梁诗正、蒋溥等撰：《西清古鉴》（外二种）（二），上海古籍出版社，1991年，第249、250页。

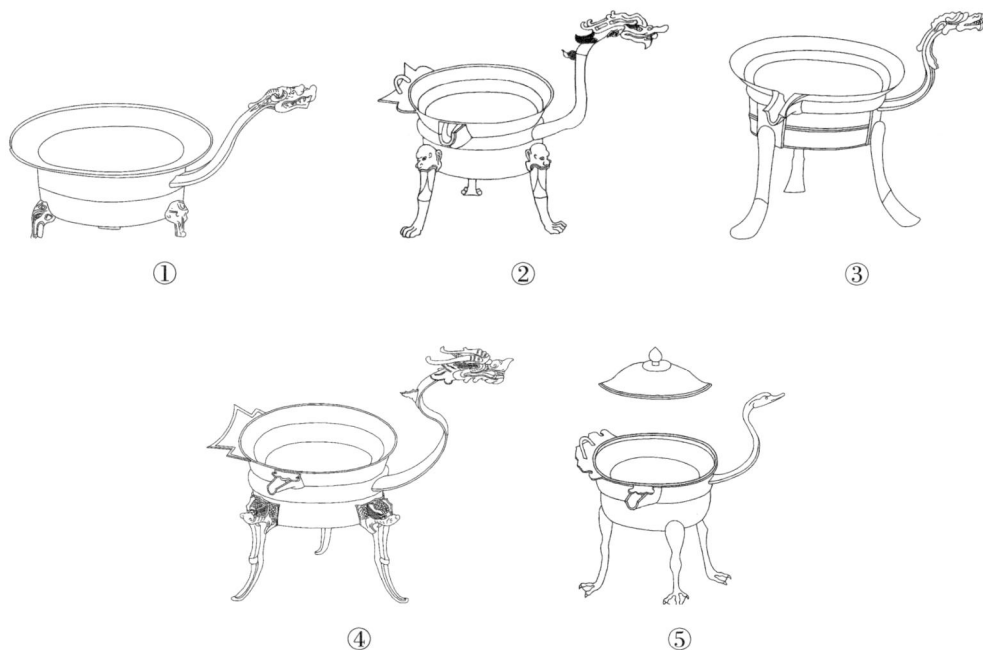

按：①号时代为三国两晋，③号为南北朝，其余均为唐代。

7.《西清续鉴·甲编》卷十六①

铜鐎斗。1件。

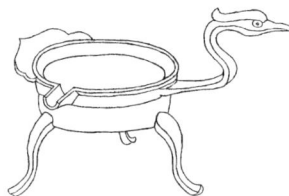

按：时代为唐代。

8.《陶斋吉金录》卷六②

铜鐎斗。1件。腹部刻铭："建始二年六月十四日中尚方造铜鐎斗重三斤九两容一斗。"

---

① （清）王杰等辑：《西清续鉴·甲编》，宣统庚戌涵芬楼依宁寿宫写本影印，第28页。

② （清）端方：《陶斋吉金录》（下），朝华出版社，2018年，第701页。

按：鐎斗的真实时代为三国西晋。铭文乃后人伪造。

后　记

2019年末开始承担了国家社科基金重大项目"汉代铜器资料整理及其综合研究"，为此重新关注和收集汉六朝时期的铜器，也顺便审视了早年关注的一些研究内容，如六朝铜器、鐎斗等。

在收集鐎斗的过程中，发现三个现象：①二十年来，考古所出鐎斗的数量明显增加了不少；②依然有不少的鐎斗深藏库房而未公布于众；③无论是国家级还是县市级博物馆，对鐎斗的年代误判概率之高并未改观。以某省级博物馆为例，其库房所藏铜鐎斗不下20件，公开出版或者展厅展示的仅一或两例，且存在明显的时代误判。

显然，鐎斗的庞大数量和形制多样乃学术研究的基础，资料的大量公开也使得对鐎斗的类型划分更为合理，从而为观察其传播和流变提供了条件，因此有必要对鐎斗进行全方位和深层次的研究，而当前学界对鐎斗的年代频频误判则进一步凸显此项研究的"基础性价值"和"急迫性"。以《陶斋吉金录》著录的"建始二年"铜鐎斗为例，学界以往并无任何异议，推断属西汉成帝时期无疑。但对比考古所出，北方境内最早出现鐎斗的墓葬集中出现在西晋前后，如临沂洗砚池晋墓、邹城刘宝墓、邳州煎药庙墓地所出，可发现其真实年代实属魏晋，铭文乃后期伪造。

鐎斗最早出现在两汉时期的江东一带，六朝和隋唐时期广泛分布于大江南北，北宋之后则基本消失匿迹。最早出现在江东的蕞尔小物，后来竟然广为流传且风靡八百年，不得不令人惊叹。

最初写作的本意是对2008年第3期发表在《考古》的一篇小文进行更正和完善，但最后发现论文连表带图竟然将近10万字，拟在期刊发表几乎无望，但若不公布发表则心有不甘，遂产生了单独出书之意。

限于精力，本书不可能对所有公开的鐎斗进行一一收集，不过确信基本覆盖了所有的类型，并就其变化及背景展开了"自圆其说"的推断。同样囿于学术能力，就鐎斗对于中古时期的社会生活和丧葬习俗等方面的影响，本书仅浅尝辄止，期待以后其他学者深入研究。

此外，为了方便广大的读者快速检索和对照，决定对各地所见鐎斗按区域进行汇集，且重新进行年代的推断，为此形成了书稿后面的附录一和附录二。

自2022年落户岳麓山下，得到书院诸位领导和考古系同仁的关照，两年的磨合和适应期也给诸位同仁添加了不少麻烦，在此深表谢意和歉意。

相比写作，校对的心情令人沮丧，尤其是核对页码和注释之类工作，对于我这样粗鲁性格的人而言不啻于受刑。对此，只好拜托我的学生黄伟、周兴华、肖心怡、李妍。无疑，书中频频出现的错、漏字恐怕让他们和负责此书出版的编辑崩溃。为此必须感谢责任编辑柴丽丽女士，她的认真和严格令人敬佩。

本书是国家社科基金重大招标项目"汉代铜器资料整理及其综合研究"（项目编号：19ZDA197）的阶段性成果，出版得到湖南大学岳麓书院发展基金和中央高校基本科研业务费的资助，特此感谢岳麓书院。

2023年7月24日